華志文化

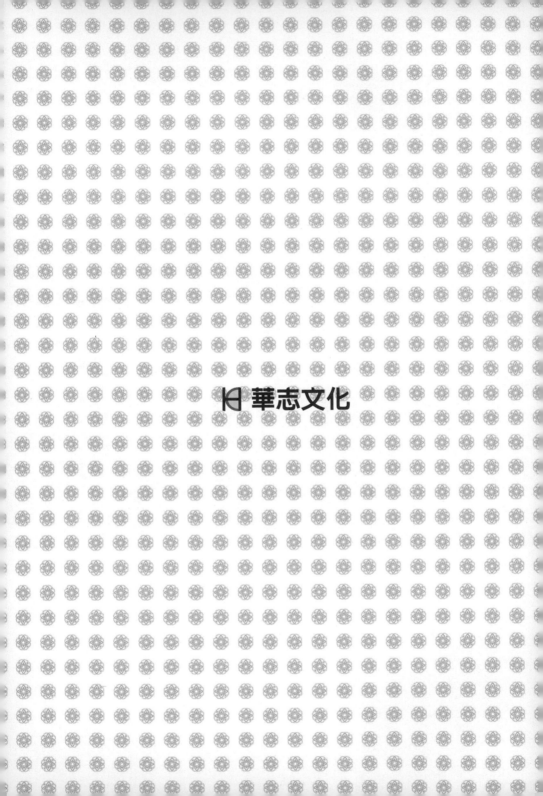
華志文化

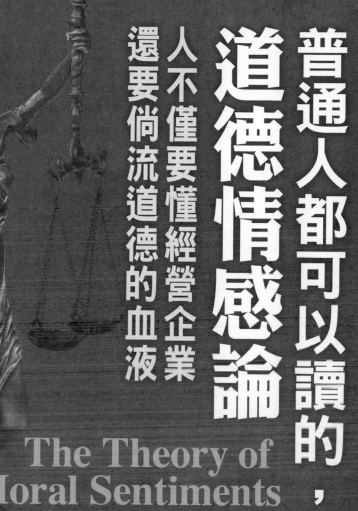

普通人都可以讀的

道德情感論

人不僅要懂經營企業
還要倘流道德的血液

The Theory of
Moral Sentiments

亞當·斯密（Adam Smith）英◎原著

邱益群◎譯者

諾貝爾經濟學家推薦的鉅著
讀者不可錯過的倫理學經典

「自愛」是人類的一種美德，它絕不能跟「自私」相混淆，人們追求自身利益的「自愛」是一切經濟活動的必要條件。本書是一部劃時代的倫理學巨著，也是古典經濟學的哲學基礎，被譽為西方世界的《論語》。

　　《道德情感理論》中，他把這種基於個人利益的利己主義稱為「自愛」。
他指出，支配人類行為的動機有自愛、同情心、追求自由的慾望、正義感、
勞動習慣和交換傾向等，人們自愛的本性是與同情心相伴隨的，

前言：普通人都可以讀的道德情感論

以「同情」為基礎的倫理觀

　　眾所周知，亞當・史密斯是18世紀歐洲著名的經濟學家，他所著的《國富論》一書，建立了「富國裕民」式的古典經濟學體系，被稱為「經濟學之父」。但同時，亞當・史密斯也是一位思想深邃的倫理學家，其主要倫理思想體現在《道德情感理論》中，而此書是先於《國富論》出版的。

　　1723年6月5日，亞當・史密斯出生於蘇格蘭法夫郡的卡科爾迪，父親是當地海關的監督，在他還沒出生時就去世了，母親是一大地主的女兒。亞當・史密斯童年時孱弱多病，又無兄弟姐妹，一生同母親相依為命，以鑽研學術為最高理想，未曾結過婚。

　　史密斯童年時就對書籍非常痴愛，在卡科爾迪上小學時以超人的記憶力而引人注目。1737年，他以優異的成績考入格拉斯哥大學，主修拉丁語、希臘語和倫理學等課程。1740年，畢業後被推薦到牛津大學深造。在那裡，他致力於鑽研拉丁語和希臘語的古典著作，認真研究了《人性論》等古今偉大思想家的作品，打下了堅實的哲學基礎。

　　1748年秋，成為愛丁堡大學的講師，主要講授經濟學。1751年，他被選為格拉斯哥大學的邏輯學教授，第二年，改任該校的道德哲學教授，直到1764年辭去教職為止。這13年是他學術思想形成的重要階段，正如他自己所說，這是他「一生中最有用和最幸福」的時期。

　　1759年4月，亞當・史密斯出版了他的倫理學著作《道德情感理論》，他以「同情」為情感基礎，論述人類的仁慈、正義等美德的產生根源及其特徵，闡明具有利己本性的個人是怎樣控制他的感情或行為，尤其是自私的感情或行為，以及怎樣

建立一個有確定行為準則的社會。

　　《道德情感理論》出版後，他並沒有就此停滯不前，而是繼續深入研究倫理道德理論。此後，他不斷聽取了一些研究哲學的朋友們的意見，對《道德情感理論》做了很多修改，於1761年出了第二版。在這一版中，他提出了有關公正的旁觀者的理論，認為良心是一種社會關係的產物。

　　1763年冬，亞當·史密斯辭去了大學教授職務，作為巴勒克公爵的家庭教師，隨其進行了為期近3年的歐洲大陸旅行。在這期間。他的生活比較悠閒，於是根據訪問法國、瑞士一些城市時收集的資料，開始撰寫他的經濟學著作—《國富論》。回到倫敦後，亞當·史密斯又利用剛剛建立的英國博物館的豐富資料，對《國富論》中所要論述的一些重要問題進行研究，一直到1776年3月，這部經濟學鉅著才最終問世。在書中，他首次提出了全面系統的經濟學說，為該領域的發展打下了良好的基礎，在經濟思想史上具有劃時代的意義。

　　亞當·史密斯在創作《國富論》時，也沒有完全放下對倫理道德理論的研究。1767年他又修訂出版了《道德情感理論》第三版，將《論語言的起源》一文附於書中。1774年，當《國富論》處於定稿階段時，史密斯修訂出版了《道德情感理論》的第四版，做了一些有關詞彙現代化的修改。1781年，他又對該書中不完美的細節做了完善性的修改，出版了第五版。

　　亞當·史密斯的《國富論》和《道德情感理論》兩部著作在學術界和社會上產生了深遠的影響，也為他的母校格拉斯哥大學增添了很大的光彩。為此格拉斯哥大學師生在1787年11月和1788年11月兩次推選他擔任該校名譽校長，給了他極高的榮譽。在一生的最後幾年裡，他的主要工作是對《道德情感理論》第六版進行修訂，這是他長期思考研究的結果，也是最具實質性的一次修訂。其中，增寫的第一卷第三篇第三章《嫌

貧愛富、趨炎附勢的風氣對道德情感理論的敗壞》；重新改寫了第三卷的第二、三章內容，發展了「良心的旁觀者理論」；增寫了整個第六卷「有關美德的品質」，論述了個人的品德可能對別人的幸福產生的影響以及自我克制等問題；新改寫了第七卷第一章「論在道德情感理論中需要討論的問題」，集中論述和詮釋了其他有關學派的學說。

　　由於亞當·史密斯意識到這次修訂是對《道德情感理論》的最終審訂，為了使其成為一個最完美的版本，他做得非常細緻，修訂工作進展緩慢，直到1790年逝世前幾個月，此版本才告出版。本次對《道德情感理論》的翻譯，所根據的就是1790年發行的第六版。

　　《道德情感理論》以「行為的適當」為第一卷，並且將這一觀點貫穿於整部著作中，這事實上暗示了亞當·史密斯把行為的「適當」作為普通人都應該和可以達到的道德標準。亞當·史密斯從人性出發，提出人是激情的動物，其中除了自私外，還有同情。他認為道德的基本核心是同情，同情是一種人們透過情感遷移和換位思考，對他人的行為與情感的正當性的認同。緊接著他轉入對仁慈與正義這兩種美德的闡述。亞當·史密斯認為，仁慈是一種普遍的情感，它源自於對他人適當性行為和情感的肯定認同，當我們與他人產生情感上的共鳴時，我們就會對他產生一種仁慈的情感行為。它強調的是當事人的情感與自我情感的和諧一致，對他人的憐憫和幫助源自於我們對他人的仁慈，人類如果能夠藉由一種愛的樞紐聯結起來就會組合成一個充滿溫情的社會。

　　在亞當·史密斯看來，經濟社會的自我控制主要包括審慎和正義。前者對自我的幸福起著至關重要的作用，後者是社會存在的根基，也是社會中的每個人實現和保持幸福的前提。審慎是一種智慧和遠見，其目的主要是為了避免自身受到傷害和

促進自身未來的幸福。但僅有個人的審慎,還不能確保個人幸福的長久。因為,人是社會的動物,必須存在於社會中,個人的幸福只能依靠社會的穩定與和諧。而要實現穩定與和諧,就需要避免公民之間相互傷害,這種傷害包括對人身、財產和自由的傷害,這就需要正義的力量來調節。

然而,令很多學者迷惑不解的是,亞當‧史密斯在《道德情感理論》中把人的行為歸結於人性中間的原則,在《國富論》中卻把人的行為歸結於自私原則。從表面上看來,這兩本書之間存在著某種難以解釋的邏輯上的斷裂和矛盾。但是,如果我們細細分析,就可以看出這兩種態度在本質上是密切關聯的。

《道德情感理論》主要是闡述倫理道德問題,《國富論》主要闡述經濟發展問題。如果從現在的觀點來看,倫理學與經濟學是兩門不同的學科,但亞當‧史密斯把《國富論》視為自己對《道德情感理論》中思想的繼續和發展,這無疑有他的道理。《道德情感理論》和《國富論》兩部著作,雖在內容範圍、論述語氣和話題重點上存有不同,但就圍繞「自利行為的動機」這一中心話題來說,本質上是一致的。

在《國富論》中,亞當‧史密斯認為實現個人利益是人們從事經濟活動的出發點,他把從利己出發從事經濟活動的人稱之為「經濟人」。而在《道德情感理論》中,他把這種基於個人利益的利己主義稱為「自愛」。他指出,支配人類行為的動機有自愛、同情心、追求自由的慾望、正義感、勞動習慣和交換傾向等,人們自愛的本性是與同情心相伴隨的,然而,人在本能上又是自私的,總是在自愛心的引導下追求自己的利益,從而妨礙了同情心的充分發揮,這也就是社會存在醜惡和殘酷現象的原因。同時,他也肯定了利己主義的社會作用。他認為,「自愛」是人類的一種美德,它絕不能跟「自私」相混淆,人們追求自身利益的「自愛」是一切經濟活動的必要條件。亞當‧

史密斯在《道德情感理論》和《國富論》中，就從這種「經濟人」活動的利己主義出發，探討了人類沉迷於「對財富的追求」的原因。他認為，「經濟人」天生具有一種創造慾望和創新能力，這種慾望和能力驅使他去開展經濟活動，最大限度地增加財富，從而也使他對發明、改良和革新等行為產生「迷戀」。正是這種「迷戀」激起了人們辛勤工作的熱情，鼓勵著人類去創造物質文明和精神文明。亞當·史密斯對人們追求利益的這種論述，在他的《國富論》中是作為一種常識加以接受和發揮的。

在他看來，為追求財富而奮力工作是出於實現和維持他的社會地位的需要。人需要別人的同情，但別人的同情更傾向於同情自己的歡樂而不是悲傷，所以在旁觀者面前，每個人都想要誇耀自己的財富，而盡力掩飾貧窮。由此可見，亞當·史密斯實際上是從人與人之間的關係出發來研究人們追求財富的動機的。《國富論》和《道德情感理論》之間的聯繫也就在這裡，亞當·史密斯把人類經濟活動的動機歸於道德的和情感的因素，認為只有資本主義生產關係才是合理的、完美的。因此，他把資本主義生產關係人格化的「經濟人」描繪成一個個富有「同情心」美德的人，這也是他思想中的侷限和狹隘所在。

總之，在《道德情感理論》一書中，亞當·史密斯把人的同情心作為核心，對西方倫理學傳統中的各種「美德觀」進行了分類、疏理和批判，以此為基礎，開出了解決新興經濟社會與傳統美德觀之間矛盾的藥方，也為他在《國富論》中全面論述其經濟學思想奠定了倫理學基礎。目前，我國經濟處於高速發展之中，如何平衡財富與道德倫理的關係，是一個不容忽視的問題，尤其是作為企業家，「不僅僅要懂得經營企業，身上更要流著道德的血液。」
因此，本書對今天的讀者來說，有著重要的現實意義，值得一

讀。

在本書的翻譯過程中，既有直譯，也有意譯，以求得文句的通暢和原文的清楚表達。

因此，譯文既沒有完全拘泥於原文，也沒有先輩嚴復先生那種「我注四經，四經注我」的意譯。

也許，這種嘗試更能表達我們對原作者與讀者的尊重，如果它能成為原作者和讀者之間達成一座暢通無阻的溝通之橋，則我們將無愧於亞當・史密斯，無愧於讀者了。

內容簡介：

亞當・史密斯（Adam Smith）

十八世紀英國著名經濟學家、倫理學家。西元 1723 年出生於蘇格蘭法夫郡（County Fife）的寇克卡迪（Kirkcaldy）。西元 1723～1740 年間，亞當・史密斯在家鄉蘇格蘭求學，在格拉斯戈大學（University of Glasgow）完成拉丁語、希臘語、數學和倫理學等課程；西元 1737 年進入格拉斯戈大學學習哲學。

西元 1740～1746 年間，赴牛津大學（Colleges at Oxford）求學，但在牛津並未獲得良好的教育，唯一收穫是大量閱讀了許多格拉斯戈大學缺乏的書籍。

西元 1750～1764 年在格拉斯戈大學任教授，兼負學校行政事務，此時期，亞當・史密斯於 1759 年出版的《道德情感理論》獲得學術界極高的評價。而後於西元 1768 年開始著手著述《國富論》。西元 1773 年時認為《國富論》已基本完成，但亞當・史密斯多花三年時間潤飾此書，西元 1776 年 3 月此書出版後引起大眾廣泛的討論，影響所及除了英國本地，連歐洲大陸和美洲也為之瘋狂，因此世人尊稱亞當・史密斯為「現代經濟學之父」和「自由企業的守護神」。

西元 1778～1790 年間，亞當・史密斯與母親和阿姨在愛丁堡定居，西元 1787 年被選為格拉斯戈大學榮譽校長，也被任命為蘇格蘭的海關和鹽稅專員。

西元 1784 年雖出席了格拉斯戈大學校長任命儀式，卻因其母於西元 1784 年 5 月去世所以遲遲未上任；直到西元 1787 年才擔任校長職位至 1789 年。於西元 1790 年 7 月 17 日去世前，亞當・史密斯將自己的手稿全數銷毀，享年 67 歲。

對死亡的恐懼，成為人性中最根本的一項原則。它一方面破壞人的幸福，另一方面還人類以公平；它一方面讓個人痛苦不堪，另一方面在某種程度上捍衛了社會。

目錄

第一單元　論行為的適當

第 1 篇　適當感

第一章　論同情／ 17

第二章　論相濡以沫的快樂／ 22

第三章　論我們的感情與別人是否一致，並幫助我們判斷其恰當性／ 25

第四章　續前章／ 38

第五章　論和藹可親和可敬的美德／ 32

第 2 篇　合適得體的各類激情

第一章　論源於身體的種種激情／ 36

第二章　論源於思維定式的激情／ 40

第三章　論不友好的激情／ 43

第四章　論友好的激情／ 49

第五章　論自私的激情／ 50

第 3 篇　論順境和逆境對人們行為正當性判斷的影響，兼論為什麼情況不同會造成同情心的差異

第一章　雖然我們同情悲傷一般要強於同情快樂，但它仍然遠遜於當事人自己的感受／ 53

第二章　論野心的起源及社會等級的區分／ 59

第三章　論嫌貧愛富、趨炎附勢的風氣對道德情感理論的敗壞／ 67

第二單元　論優點和缺點，或獎賞與懲罰的對象

第 1 篇　論對優點和缺點的感覺

第一章　獎賞任何理應受到感謝的行為，懲罰任何理應得到怨恨的行為／ 72

第二章　論合乎情理的感激或怨恨的對象／74

第三章　如果我們不贊成行善者的義舉,就難以同情受益者的感激。反之,如果我們同意施暴者的動機,就根本不會同情受害者的憤怒／76

第四章　簡要回顧前幾章的內容／77

第五章　試析人們對優點和缺點的判斷力／78

第2篇　正義與仁慈

第一章　兩種美德的比較／80

第二章　論對正義和悔恨的感覺以及客觀的自我情感評價／84

第三章　論天賦社會結構的效用／88

第3篇　就行為的優點,論命運對人類情感所產生的影響

第一章　論命運產生影響的原因／95

第二章　論命運影響所及的範圍／98

第三章　論情感變化無常的根本原因／106

第三單元　個體評判自身情感及行為的標準,兼論責任感

第一章　論自我贊同和不贊同的原則／111

第二章　論尊崇值得贊揚的品質,摒棄該受譴責的品質／114

第三章　論良心的影響和權威／132

第四章　論自欺欺人的天性及普遍原則的起源和作用／151

第五章　論上帝的法則:道德普遍原則的影響和權威／156

第六章　論如何詮釋責任感及與之相關的其他動機／

165

第四單元　效用性對贊許感的意義

第一章　論效用的意義以及廣泛影響　／ 172

第二章　論效用性表現賦予人的品質和行為的美，以及
這一種美在何種程度上被看成原初的贊同原則／ 179

第五單元　論習慣和風氣對我們的影響

第一章　習慣和風氣對我們關於美和醜的看法的影響／
185

第二章　習慣和風氣對道德情感的影響／ 191

第六單元　有關美德的品質

第一章　我們的天性根據何種次序來關注個人／ 209

第二章　我們的天性和善心對社群的關注次序／ 217

第三章　兼濟天下萬物的善行／ 224

第七單元　關於道德哲學的體系

第一章　試論將美德置於合宜性之中的道德學說體系／
259

第二章　試論將美德置於謹慎之中的哲學體系／ 289

第三章　試論將美德置於仁慈之中的體系／ 296

第四章　試論將美德等同於放蕩不羈的哲學道德體系／
303

同情，是人類與生俱來的情感之一。

第一單元　論行為的適當

第1篇　適當感

第一章　論同情

　　人性中，總有一些看起來不可思議但卻是根深蒂固的東西。一個簡單的例子是，無論人們認為某人如何自私刻薄，他卻可能對別人的某些遭遇十分關心，對那些與他完全無關的事情非常熱心，即使他自己從中得不到什麼好處，卻也由衷地為別人的幸福感到高興。

　　這似乎不可思議，但是當我們親眼目睹或者只是設身處地地想像他人的不幸，我們的內心便常常會泛起憐憫之情。這種感情，如同人性中所有與生俱來的感情，並不專屬於正人君子—雖然他們可能對此較為敏銳—因為即使是一個罪大惡極的無賴，也不會完全喪失同情心。

　　同情，是人類與生俱來的情感之一。

　　我們並非他人，因此要想對他人所處的境遇有所體會，只能透過想像的途徑。當我們關閉想像的大門時，就算是我們的手足正在忍受酷刑折磨，我們也會因為感受不到他的痛苦而無動於衷。

　　因為人們的感官不可能超越自身直接經驗的限制去感受他人的痛苦與愉悅，只有透過想像，我們才能對他人的感受略有所知。

　　但是想像也不是萬能的，它除了告訴我們如果身歷其境會如何，其實並沒有別的作用。因為想像只是一個模擬的過程，我們由此得出的印象並不是他人真實的感受。

　　在想像過程中，我們將自己置身於他人的境遇，彷彿進入

他人體內，與他合二為一，經歷著同樣的痛苦。

因此，當我們完全地接收了他的痛苦，並且在意識裡把它變為自己的痛苦時，我們開始為其所動，一想到他的感受（事實上，此時已經成為我們自己的感受）就不由得渾身顫抖。

因為，任何的痛苦或憂傷都有可能激起悲傷的情緒，當我們在頭腦中為自己模擬出這一種受苦的情境時，就會產生相應的情緒，進而影響到我們的行為。

人類的同情心正是產生於我們設身處地地想像別人的痛苦，且由此產生與他們相似的感情。當我們看到別人的手腳要被鞭打時，會情不自禁地縮起自己的手腳，彷彿這一下會打在自己身上。

當一個演員在繩索上表演著翻滾、搖擺動作，努力保持身體的平衡，緊盯著他的觀眾也會不自覺地做出類似的輕微舉動，因為下意識裡他們覺得自己彷彿也正在那條繩索上做著那些動作。

那些身體較弱的人時常抱怨在街上看到乞丐暴露在外的膿瘡潰瘍時，他們自己身體的相應部位也會感到不舒服。

之所以會產生這種情況，是由於他們聯想到自己有可能感受這種痛苦，對這種痛苦的恐懼就會在身體的相應部位造成反應。這種意念的力量足以讓他們的身體感到不適。

同樣地，再剛強的人看到別人疼痛的眼睛時，自己的眼睛也會莫名其妙地感到不舒服，因為眼睛是人身上最脆弱的器官，無論強者還是弱者皆然。

其實，讓我們產生同情的不只是別人的痛苦和悲哀。對於一個敏感的旁觀者來說，他所關注對象的任何一種激情都能讓他產生相應的反應。

因為一旦聯想到自己正身臨其境，他的心中就會湧起一種類似的情緒。當我們看到悲劇或浪漫故事中自己喜愛的人物成

功地脫離險境，就會不由自主地感到高興。

我們對故事中與主人翁患難與共的朋友抱有相同的感激之情，對那些陷害或背叛他的惡徒痛恨不已。

我們為他的幸福感到欣慰，對他的不幸抱有深切的同情。這一切感情的產生，都來自於人類的同情心。透過設身處地的想像，旁觀者產生與當事人一致的情感，這些情感，包括了震撼人類心靈的每一種激情。

當我們對別人的憂傷表示同感的時候，常常使用「悲憫」、「憐恤」的形容詞。「同情」與它們幾乎是同義詞，只不過現在「同情」也可以用來表達對各種情緒的同感了。

有時候，我們受到別人情緒的感染就會產生與他們相似的情緒，即使還不知道當事人為什麼如此激動。一個合理的解釋是，激情往往在瞬間從一個人身上傳染到另一個人身上。

明顯流露的大喜大悲情緒很容易在旁觀者心中激起共鳴。和藹的笑臉使人如沐春風而受到歡迎，憂戚的面容則令人倍感沮喪。

當然這並不是說同情就是盲目的，有時候一些情緒，如果我們不知道它們從何而來就不會接受它。

因此也就不難理解，面對憤怒者脫序的行為，我們的直覺往往是反感，認為這個人無理取鬧，沒有理智。

此時，我們非但不會同情，反而可能覺得這個人非常討厭。對於那些成為他發洩怒氣的對象，不管之前原因如何，他們現在是受害者。

出於對弱者的同情，我們通常會站到他們這一邊，去反對那個不知何故而怒氣沖沖的人。

我們瞭解好運或厄運會給人們的日常生活帶來什麼，因此我們會格外關心身處其中的人。正是那些快樂或悲傷的表情，讓我們能夠判斷別人情緒的好壞，使我們產生快樂或悲傷的感

情。這些情緒只會對有心去感覺它們的人產生影響。

但是人們對待怨憤的態度則不同，出於平素對憤怒的不佳印象，我們通常不會去同情那些發怒的人。

因為怨憤使我們聯想起所有我們關心的人以及與他作對的人可能在別人的憤怒下受到的傷害。

因此，似乎人們天生就對憤怒這種感情抱有反感，且如果不知道發怒的原因，都會持反對態度。

但是，對別人產生深切的同情還是需要基於對他人的悲傷或快樂的緣由的瞭解，否則就算我們受到影響，也是非常有限的。舉一個簡單的例子，基於常識，我們都知道痛哭流涕是受難者內心痛苦的表現。

但是在知道當事人悲痛的原因之前，面對這樣的情景，我們首先會問：「發生了什麼事？」他的悲傷只會讓我們產生追根究柢的好奇心，或是某種同情的願望，而不是與他一同悲傷。

這樣的情緒，還算不上是真正的同情。在弄清楚事情的原因之前，雖然我們會有點於心不安—因為隱約感覺到他的不幸，但更多的是費盡心機去揣測他的遭遇究竟為何。

因此，與其說我們對別人產生同情是受到對方激情的感染，不如說是由產生這種激情的環境所引起。我們有時會從別人的行為感受到一種激情，當事人卻渾然不覺。因為當我們設身處地地考慮他人的處境時，有時會不由自主地產生一種可能連當事人都沒有感覺到的感情。

常見的例子是，看到別人不合禮數的行為，我們自己會感到羞愧，雖然他自己可能並不覺得有什麼不對的地方。在想像中，我們會覺得，如果做出了這種可恥的舉動，我們自己肯定會感到無地自容。

在人類可能面對的種種不幸之中，喪失理智可能是最可怕的一種。對於那些敏感又善良的人，他們比別人更害怕這種深

重災難的降臨。因為他們看到，那些身處其中的可憐人對自己的悲劇渾然不覺，甚至有說有笑地唱歌跳舞。他們因為目睹此種情景而痛心疾首，當事人自己卻渾然不覺。

他們一面想像著如果自己落入相同的不幸境遇，同時又用正常的理智和判斷力去思考，那是多麼的痛苦，因此他也對喪失理智的人產生了同情，但是事實上這種情況是不存在的。

例如，由於嬰兒還不會說話，生病了只能「咿咿呀呀」地呻吟，無法清楚地表達他哪裡不舒服，而母親因此倍受煎熬。她心疼孩子無法說出自己的不適，又害怕孩子的病會治不好，這些擔憂的聯想讓她憂心忡忡。

事實上，嬰兒所感受到的只是暫時的不適，他不久就會康復。嬰兒不會想得那麼多、那麼遠，正因為如此，他們得以免除恐懼和憂慮。而嬰兒的母親卻因為心疼心愛的寶貝遭受折磨，這真是人類的不幸，即使是理性和哲理也無法抗禦籠罩著成人心靈的巨大痛苦。

甚至聯想到死者死後的可怕遭遇也會引起我們的同情。使我們產生驚恐與同情的主要原因是死者將要長眠的環境令人恐懼——我們想像著他們即將長眠的地方是多麼地可怕：不見天日，與世隔絕，躺在冰冷的墓穴裏腐朽生蛆，從這個世界上永遠消失，甚至親朋好友也不再記得，多麼悲慘啊！我們理所當然地認為，

對遭遇如此可怕不幸的人應該報以最大的同情。其實對於死者來說，那根本就不是問題。我們忽略了對於他們至關重要的東西—充滿未知的來世。只要想到他們可能被世人遺忘，我們的心情便加倍地沉重。

出於同情心和一時的感傷，或者是對我們自己將來不可避免的境遇擔憂，我們努力保持著對他們的回憶。可是我們的同情非但不能安慰死者，反而使他們的不幸看上去更為不幸。到

頭來,一切都無濟於事。

　　儘管我們竭力寬慰死者的親友,減輕他們內心的眷戀、愧疚和傷痛,但這些都與死者無關,只能平添我們自己的憂傷。死者已然長眠於地下,不再理會世事的紛擾。我們覺得死者永遠處於陰森恐怖之中,這是因為我們把自己的感覺和他們的環境連結在一起。

　　我們設身處地地想像讓我們將自己鮮活的生命注入死者僵硬的屍體,導致恐懼的產生。這種對於死亡的幻象讓我們感到恐懼,儘管我們死後不會有任何痛苦,但是生前卻為此倍受折磨。

　　對死亡的恐懼,成為人性中最根本的一項原則。它一方面破壞人的幸福,另一方面還人類以公平;它一方面讓個人痛苦不堪,另一方面在某種程度上捍衛了社會。

第二章　論相濡以沫的快樂

　　不管是什麼理由,當我們身處逆境時,別人發自內心的同情總讓我們感到溫暖;相反地,那些對我們的不幸無動於衷的人則會讓我們感到失望甚至生氣。因此,有些自以為瞭解人性的人,便用他們的標準去揣度人類的這種情感。

　　根據他們的說法,人們在感到軟弱無助的時候,別人的同情使他們相信自己能夠獲得幫助,因而感到欣慰;別人的冷漠則會加劇他們的挫折感,使他們更加沮喪。

　　但是,這些人忽略了人們的喜怒之情轉瞬即逝,且往往不是刻意為之。一個人使盡渾身解數去逗他的同伴開心,卻發現除了自己沒人覺得他的笑話好笑,他當然會對此感到非常沮喪。

　　反之,如果大家都被他的笑話逗得捧腹大笑,他會從中感受到朋友對他的認同,覺得獲得了最大的獎賞。

他人的同情可以為快樂錦上添花，而無人回應也會讓我們嘗到失望的痛苦。或許我們已經對一本反覆閱讀過多次的書或一首詩感到毫無新意，但是當我們為朋友朗讀的時候仍然興致盎然。

　　因為朋友覺得它很新鮮，即便我們自己已經不再感到有趣，卻仍能從朋友的角度去體會其中的意蘊，並為一種如獲知己的感覺而興奮不已。

　　相反地，如果朋友對此毫無興趣，我們會馬上興致全無，無心繼續朗讀下去。

　　這又一次證明，同伴們的認同無疑是我們快樂的源泉，而他們的冷漠則會令我們失望。這在一定程度上解釋了我們情緒高漲或者低落的原因，卻不是唯一的源頭。

　　心有靈犀讓我們快樂，知音難求使我們痛苦。當我高興的時候，朋友的認同會錦上添花；但是當我陷入憂傷時，朋友的同情若不能雪中送炭，卻有可能加劇我的悲傷。

　　通常，同情總能另闢蹊徑，增加快樂，且能溫暖人心，減輕痛苦。所以，與高興的時候相比，我們在不高興的時候更希望找個人一吐為快，此時出現的同情如同救急的糧草，比平時更能安撫我們不安的心靈。

　　因此我們也就不難理解，為什麼說最能讓不幸的人感到寬慰的事莫過於找到一個願意傾聽他們不幸的對象。因為他人的同情使不幸者卸下心中的部分重擔，分擔了他們內心的一部分痛苦，他們的痛苦與焦慮在某種程度上得以緩解。

　　因為在這個過程中，他不僅和他們一樣感受到痛苦，且與他們共同承擔痛苦，從而減輕了他們心靈的重負。

　　在傾訴的過程中，那些惱人的憂傷在腦海中重演，喚醒了過去的傷心事，情緒得以宣洩，他涕淚橫流，沉浸在悲痛之中，然而，他也從傾聽者那裡得到安慰，重新喚起的悲痛在別人的

同情中獲得更大的補償，因此悲痛過後他們如釋重負；反之，對不幸者最大的侮辱莫過於輕蔑他們的不幸，對他們的不幸充耳不聞，由此激發起來的怨恨與惱怒，在一般人看來不可理解，但卻是真實的。

因此，如果你們不與朋友一起分享快樂也只是被看作是缺乏禮貌，但倘若你們不能神情莊重地傾聽他們的煩惱，那就是不近人情了。

愛給人帶來愉悅，恨則讓人產生不快，獨享快樂應該得到理解，獨自承受不快卻是艱難的。

因此，雖然我們希望朋友分享我們的快樂，但更渴望他們理解自己的不幸。當我們身處順境時，即使朋友很少關心我們，我們通常不會太計較。

但是當我們受到傷害時，如果朋友表現得無動於衷，我們就會憤憤不平。即使朋友沒有與我們分享快樂，身處順境的我們可能並不太在意這些。

但假如當我們身處逆境時，朋友對我們的不幸不聞不問則會讓我們怒火中燒。一個類似的例子是，我們對朋友的朋友並沒有太多的興趣，但是對那些與我們的對手接近的人卻很容易心懷敵意。

那是因為即使我們對朋友的朋友抱有成見，也能保持禮貌的克制。但是對跟我們的對手友好相處者就用不著那麼客氣了。

如果說愛和快樂總是令人愜意，讓人們內心滿足，別無他求，那麼悲痛和憤懣則總是讓人耿耿於懷，它強烈地需要別人的同情來撫慰。

對於同情心的施予者來說，得知自己所表達的關心會使得他人得到極大的安慰，那麼我們是會非常樂於獻出自己的愛心，且會在無法提供同情的時候感到自責。我們不僅對成功人

士表示祝賀，也會去安慰那些在逆境中的人。

對我們肝膽相照的朋友，雖然在分擔他的痛苦時我也感到痛苦，但是這些痛苦與我們交往過程中得到的歡愉比起來，又是多麼的微不足道！假如我不能在他需要的時候給他安慰，分擔他的痛苦，我會覺得自己不是一個合格的朋友。

然而，千萬不可因此就在朋友面前肆意表達自己不恰當的情緒。如果我們看到一個人因為不幸而痛哭，設身處地地考慮他的遭遇之後覺得自己不致如此，我們就會認為他小題大作。

另一方面，如果有人因為得到一點小便宜就沾沾自喜，我們也會瞧不起他，覺得他目光短淺。

如果我們聽到一則平淡無奇的笑話，朋友卻為此大笑不止，我們也會很不高興。

第三章　論我們的感情與他人是否一致，並幫助我們判斷其適當性（一）

我們能夠在多大程度上影響別人的情緒？怎樣的表達方式才是適當的？這裡並沒有唯一的標準。

但是一個很有參考價值的判斷標準是：如果旁觀者的情緒與當事人的完全一致，他就會認為這種情緒是適當的；相反地，當他設身處地地體驗這種情緒時發現自己的感覺與當事人的有出入，很自然地，他會覺得當事人的反應有些過度了。

因此，當我們透過自己的想像去感受，進而實實在在地認同了他人的感情，就很容易對對方的反應表示同情；反之，則難以對他產生認同感。

想像一下，假如一個人對我所受到的傷害感到氣憤，且與我一樣義憤填膺，他就很容易認同我的觀點。一個自始至終對我的悲痛表示同情的人，也會認為我悲傷是合情合理的。

如果一個人跟我一樣欣賞同一首詩或同一幅畫，他一定會

對我的讚美之詞點頭稱是。

如果一個人跟我聽了同一則笑話並開懷大笑,他便不會覺得我的笑聲有何不妥。相反地,在所有這些場合與我的感受完全不同的人,便難免會對我的反應持有異議,因為我們的感情格格不入。

無論是我的仇恨超過了朋友的義憤,還是我的悲傷超過了他們能夠接受的程度;只要我的評價不合他意,只要他在設身處地地權衡客觀情況以後認為我們的感受是有差異的,就會對我有所不滿。

在這種情況下,他會用自己的感情作為標準來衡量我的感情。

事實上,贊同的下一步就是行動。我們對別人意見的贊同往往意味著我們傾向於採納,反之亦然。如果我們都贊成一個觀點,顯然我會同意你的看法,否則我會表示反對。

同樣地,我也不可能同意你的看法卻不採用你的意見。我們贊同別人的意見,往往是因為這些意見符合我們的看法。這一點也同樣適用於感情。

有時我們在理智上贊同一件事,但是情感上的反應卻不完全認同,很多時候我們在表示贊成的同時內心沒有一絲同情。

可是只要稍加思考我們就會承認,哪怕在這種情況下,我們理智上的贊同也是來自於我們的同情。

在日常瑣事中,人們的判斷不容易被錯誤的理論誤導,讓我舉一個最普通的例子:我們經常會覺得一個笑話很不錯,且朋友們的笑聲也很自然,但我們自己並沒有笑。

因為那時我們或許正好憂心忡忡或者心不在焉。

根據經驗,我們知道一般情況下什麼樣的笑話會引起哄堂大笑,而這個笑話正巧是這一類。雖然當時的情緒不允許,但是知道如果是平時,我們完全會跟大家一起開懷大笑,所以我

們並不會對朋友的笑聲產生反感，理智告訴我們那是一種很正常的反應。

這種理智與情感不一致的情況同樣可能出現在其他的場合。一個面容悲戚的陌生人在街上與我們擦肩而過，有人告訴我們他剛剛收到父親去世的噩耗。

毫無疑問，我們能夠想像他此時的悲痛心情。雖然我們並不是冷血動物，卻難以切身感受他悲痛欲絕的心情，甚至根本沒想到應該對他表示一點關心。

也許因為我們與他和他的父親素不相識，也許因為我們自己正雜務纏身，沒有時間去想像他此時的處境。只是我們的日常生活經驗告訴我們，遭遇如此不幸的人必然是痛不欲生的，我們很清楚，如果有時間周到地為他著想；無疑地，我們會對他的遭遇深表同情，且認可他的悲痛。

正是因為我們意識到這種同情的出現是有一定條件的，即使有時實際上並未產生同情，我們也會如此表現。

因為日常經驗使我們懂得在什麼樣的場合應該有什麼樣的情感，這種規則能夠修正我們暫時不合適的情緒。

人們的行動是由內心的情感引起的，並且決定了行為結果的善惡是非。我們通常在考察一項行動時是從兩個方面出發：一方面是其產生的原因或動機，另一方面是它的目的或後果。激發某種行動的感情的動機，決定了隨之而來的行為是彬彬有禮還是野蠻粗俗。

一種感情的意圖是行善還是作惡，決定其後果是有益或是有害，是獎賞還是懲罰。

近年來，哲學家們都把自己觀察的焦點集中在人類感情的目的上，很少留意感情產生的原因。但是我們在日常生活中對人的情感及其行為進行判斷時，往往離不開以上兩個標準。當我們責怪一個人對自己的愛恨缺乏自制，我們考量的是可能導

致的不良後果，以及造成他內心激動的微妙因素。

　　我們可能會認為他不至於那麼激動，他所欣賞的人物並不出色，他的遭遇不是特別悲慘，激怒他的事情也不是那麼糟糕。

　　但是只要他的情緒還不算特別離譜，我們還是能夠諒解和容忍。

　　判斷一種感情是否恰如其分，除了我們自己對他人情感的認同感外，並沒有其他可以依據的標準。

　　當我們設身處地地考量之後，發現自己的感情與其完全吻合，便自然地會認為它是恰如其分的；如果我們覺得它太過份，當然就不會表示贊同。

　　人總是用自己的感覺去衡量別人的感覺：我只能用我所看到的去衡量你的視覺，用我所聽到的去衡量你的聽覺，用我的理智去衡量你的理智，用我的愛恨去衡量你的愛恨。

　　除此之外，我們找不到其他更合適的方法。

第四章　論我們的感情與他人是否一致，並幫助我們判斷其適當性（二）

　　我們根據自己是否對別人的情感產生認同，來判斷這種情感是否恰如其分。這個標準又有兩種不同的情況：一是激發感情的事物與我們以及當事人都沒有特殊的關係，二是它們對我們當中的某些人有特別的影響。具體分析如下：

❀ 1 在面對那些與我們雙方都沒有什麼特殊關係的客觀事物時。

　　如果對方的感覺時時與我們相吻合，我們就會覺得他品味高雅、見識不凡。壯麗的河山、華美的建築、繪畫的構圖、演說的謀篇布局、第三者的所作所為、數位的奧妙、宇宙天體體系神祕的運轉，所有這些有關科學和品味的事物，與我們都沒

有什麼特殊關係。

我們可以從相同的角度去觀察它們，且沒有必要對它們報以同情，因為我們與對象之間不需要感情上的和諧一致。

但是，由於我們各自的生活經歷不同，使我們對於複雜事物的關注角度不同；又或者由於我們意識的敏感性差異很大，對於相同的事物我們常會有不同的感受。

面對同一件事物，如果朋友對它的觀感與我們完全一致，但是卻沒有任何特別的見解，雖然我們內心會表示贊同，卻不會覺得欽佩景仰。

但是如果他們在觀察對象時留意到我們所忽略的細節，使得他們的觀點不僅與我們的相同，還能從別的角度指引和提點我們，我們不僅會感到英雄所見略同，且會被他們過人的敏銳和悟性所折服，仰慕之情油然而生。

這是因為說出人盡皆知的真理並不能讓人欽佩，人人都認為絕代佳人勝過醜陋的殘廢，或者二加二等於四，只有那些品味不凡的鑑賞家能夠在毫釐之間鑑別出美醜高下。

那些頭腦清晰的數學家能夠不費吹灰之力就解決一團亂麻似的難題，他們是具有敏銳和精確欣賞力和鑑別能力的人，只有他們才受得起我們的仰慕，無愧於我們的頌揚。

因為這些藝術和科學領域的天才指引著我們，他們廣闊的視野和超凡的見識總是出乎常人的思維之外。

人們或許認為，我們之所以讚賞這種才氣是因為它的實際效果賦予其特殊的價值。

實際上，我們最初在肯定別人的見解時往往並沒有考慮它的效用。只是因為感覺它正確得當，實事求是地表示贊同。

毋庸置疑地，我們覺得別人有眼光只是因為他們的看法正合我們的意願，此外沒有其他原因。

同樣地，我們最初對別人的品味表示贊同也是因為它公允

精準，恰如其分。評價其功用只不過是事後的想法。

❀ 2 面對那些跟我們和對方都有特殊關係的事物時，我們往往很難做出心平氣和的判斷。

我的朋友當然不會完全從我的角度去看待我所遭遇的厄運和傷害。這不像欣賞一幅畫、一首詩或者討論一套哲學理論那麼簡單，因為我所受的影響更為直接。

如果朋友對我所欣賞的一幅畫、一首詩甚至一套哲學理論感到不以為然，我們不會為此而爭吵，從常理上講，我們都會認為雙方沒必要對此太介意。

因為這些對於我們彼此都無關緊要，所以即使我們針鋒相對，也不致為此傷了和氣。就算我們在個人興趣或者思考方式上各不相同，我們也都可以很大方地予以接受。

如果大家的心情不錯，還可以興致勃勃地探討這些話題。但是，如果事情跟你我都息息相關，情況就大不相同了。

在我厄運纏身、悲痛欲絕的時候，作為朋友的你既不報以同情也沒有為我分憂；在我蒙冤受屈、滿腔激憤之時，你卻毫無同感，更不用說仗義執言，則我們之間就不必相互容忍了。我們可能會互相看不慣而指責彼此，你可能會對我的激動狂熱感到反感，我也痛恨你的冷漠無情，最後極有可能是兩個人交惡。

即便出現這樣的情況，旁觀者和當事人之間仍然可以達到心靈的溝通。只要旁觀者盡可能地體諒對方的處境，從最微小的細節上設身處地地考慮對方的痛苦，還是有可能實現溝通的。

但是做出這樣的努力之後，旁觀者的感受仍然與受難者本人有很大差距。雖然人類天性慈悲，但也不至於為了別人的痛苦讓自己陷入同樣的困擾之中。

設身處地地想像雖然能夠產生同情，但不會長久。在意識深處人們總會覺得自己是安全的，並沒有真正地遭受折磨。

　　雖然在想像中他們多少可以產生與受難者相似的感覺，卻不會那麼深切。當事人雖然也明白這個道理，還是渴望得到更深切的同情，一種感到旁人與他悲喜與共的安慰。

　　在自己內心激烈的掙扎中看到旁人與自己心意相通，是他唯一可能得到的慰藉。但是，他只有控制自己的情緒，讓旁觀者可以接受而產生同情才行。

　　事實上，為了照顧其他人的心情，他不能任性而為，口無遮攔。旁觀者在潛意識裡總是覺得他對當事人處境的體會不過是一種想像，這不僅降低了同情的程度，且改變了同情的性質。

　　因此，他人的同感和自己的悲傷從來就不是一回事，兩者的感覺總是存在差別。但是這兩種情感之間的協調一致已足以維繫社會的和睦。

　　出於人類的天性，旁觀者與當事人為了互相溝通都會努力地設想對方的處境。旁觀者經常設身處地地去體會當事人的情緒，當事人也同樣會把自己放在旁觀者的位置，用對方的眼光來冷靜地看待自己的命運。

　　旁觀者常想如果倒楣的是自己會有什麼感覺，受難者也時常顧影自憐。同情讓他們學會了從對方的角度反觀自己的處境。

　　在旁觀者面前，受難者感到旁人會公正無私地看待自己的遭遇並深深為之感動，他內心的波動必然會因此平息不少。

　　朋友在身邊會讓心亂如麻的人平靜下來，知己的出現會讓我們的心靈得到某種寬慰。同情會產生立竿見影的效果，我們一想到他正在關心著自己的處境，就開始像他那樣可憐自己。

　　我們不能指望一個普通相識像至交一樣同情我們，他不會不厭其煩地傾聽我們的嘮叨，因此我們在他的面前顯得非常鎮

靜,盡量三言兩語就把自己的情況說個大概。

我們更不能指望一群素不相識的人會對我們多加關心,因此我們在他們中間更加鎮靜,努力將自己的情緒控制在他們能夠接受的範圍內。這不僅是裝模作樣,還與我們面對的環境以及聽眾有關。

只要我們能夠控制自己,一個普通相識比一位知己更能給我們帶來安寧,身處一群陌生人中間比面對一個熟人更能讓我們平靜。

因此,無論何時,如果我們不能控制自己的情緒,參加社交和談話都是調整心情的好辦法,能讓我們恢復平靜和愉快,自得其樂。

離群索居、愛好苦思冥想的人,經常為了自己的煩惱憂傷而閉門鬱鬱不樂,雖然他們慷慨仁慈、自尊自愛,卻很難獲得凡人常有的平和心態。

第五章　論和藹可親和可敬的美德

將心比心是一種難能可貴的美德。旁觀者設身處地地去體會當事人的感受,當事人盡量控制自己的情緒來照顧旁觀者的感受,在雙方的共同努力下,事情會朝著好的方向發展。

這一方面展現了旁觀者的溫文爾雅、和藹可親、公正無私和謙遜仁慈的美德;另一方面表現出當事人雍容持重、自我克制的人品。正是將心比心把激情納入了自尊自愛、合理恰當的軌道。

一個人如果能夠以慈悲的心腸感受著他人的點滴感受,為他們的不幸而傷心,為他們的遭遇而不平,為他們的好運而欣喜,在眾人眼中他會是一個和藹可親的人。

即使是旁觀者,只要想一想,假如我們擁有這樣一位貼心的朋友,該是多麼的幸運。

相反地，一個鐵石心腸、自私自利、對別人的歡樂和痛苦無動於衷的人，又是多麼面目可憎！此時，我們也完全能夠理解他周圍的人因為他的冷漠所承受的痛苦。

另一方面，有些人把自尊看作一種高貴的品質，時時注意克制自己的情緒，在任何環境中都能做到處變不驚。在芸芸眾生中，他們得體的風度顯得鶴立雞群。那些只會哀聲歎氣、呼天搶地、吵吵鬧鬧來博得同情的人只會讓人望而生厭。

但是，千萬不要以為哀痛就是可恥，想想那種莊重沉靜的悲哀—只有在紅腫的雙眼、顫抖的嘴唇以及看似冷淡平靜卻動人心弦的舉止中才有所表露的痛苦—實在是令我們肅然起敬。

為了表示我們對這莊重的哀傷的敬意，我們往往會不自覺地忐忑不安地檢視著自己的行為，生怕自己舉止不當破壞了和諧的寧靜。

同樣地，當人們放任胸中的怒火蔓延，隨之而來的那種傲慢蠻橫的態度是最令人討厭的，那種雖處於憤恨之中卻不失寬宏大量的氣度才讓人由衷欽佩。

這樣的氣度，使人即使在遭受莫大的傷害時，也不會超越公正的旁觀者發自良心的義憤，縱容自己內心的怒火恣意地反擊。

他不允許言行踰越情理的界限，甚至要求自己的內心也像個與己無關的過客般保持平和，他不索要更痛快的報復和更沉重的懲罰。正是這樣的沉靜，更使人肅然起敬。

因此，在我們看來，完美無瑕的人性，就是關心他人勝過關心自己，就是公正無私和慈善博愛的情懷。唯有如此，人與人之間才能達到感情上的溝通與和諧，人們才能在得體適度的行為中交往。

基督教戒律規定，要像愛自己一樣去愛我們的鄰人，我們對自己的愛不要超過給予鄰人的愛。換言之，我們愛自己不要

超過鄰人愛我們，這是基督教徒行為處事的基本法則。

如果我們對某種品味和見識讚不絕口、深感敬佩，毫無疑問地，產生這種品味和見識的那種細膩的感覺和敏銳的眼光必然是難得一見。

同樣地，敏感和自制的品格也只有卓爾不群之士才能具備。仁慈的美德人人嚮往，因為它讓人有一種和藹可親的感覺，不過要具備仁慈這種品格，則需要非俗人所能想像的細膩情感。

寬宏大量這種崇高的美德，它要求必須具有常人所無法達到的自制力。就像小聰明產生不了天才，日常的倫理規範也造就不了美德。美德是卓越非凡、崇高優異的品質，遠超過了世俗的人們對自身所提出的道德標準。

善解人意到了某種程度就會使人感到和藹可親，它往往表現為溫文爾雅的態度和對人無微不至的關懷。自我控制到了一定的程度不得不令人肅然起敬，因為能夠抑制常人按捺不住的激動，而這確實需要驚人的意志力。

因此，我們不難理解，在高尚的品行與常見的品行之間存在著的巨大的差距。因為在一般的場合下，多數人所具備的那些敏感和自制（有時甚至連這點都不用）就足以使他們表現得合理得體。

舉一個非常粗俗的例子，在一般場合，肚子餓了就吃東西當然是無可非議的。

但是如果我們說吃東西就是美德，就會讓人感到很滑稽。相反地，在那些需要竭力克制自我才能表現得體的場合，人們的行為表現即使並不完美，但是其中體現的個人的自制仍然可以被視為美德。

人類天生存在缺陷，當遭遇強烈的刺激時，即使已經做了最大限度的克制，軟弱的人性總要發出叫喊，無法將內心的激動控制在旁人能夠容忍的程度。

因此，即使受難者的行為不是十分得體，仍然值得稱道。因為這種自制力雖不是無可挑剔卻也是常人力所不及的，比起在這種難堪的場合中司空見慣的失態行為，已經接近於完美了。

在我們決定如何對一種行為加以評價的時候，通常會採用兩個不同的標準。首先是得體適度、完美無缺。但是在大多數場合中，人們的行為不可能達到完美，總是有讓人批評的地方。

第二個標準是雖不完美但是竭力接近，這是大多數人努力在做的。人們通常認為，只要超過了特定的標準，即使行為還有欠缺，也應該受到表揚；但是若達不到這個標準，眾人的指責就不可避免了。

我們在評價藝術作品時採用的也是同樣的方法。如果一個評論家用所有作品都從未達到的完美標準來要求大師們的詩歌和繪畫，則他看到的只有敗筆和瑕疵。

但是，如果他將大師的作品與同類作品相比較，在這個標準之下，大師們的作品就是這類作品通常所能達到的最高水準，它們比大多數作品要更接近於藝術上所要求的完美，因此也就應該得到最高的讚賞。

第 2 篇　合適得體的各類激情

引言

顯然，我們對於其他事物所產生的每一種激情，只有在中庸之道中駕馭，才可能做到合適得體，也才更容易獲得他人的理解。因為無論感情是過於激烈還是過於冷淡，旁觀者都會覺得難以接受。

大多數人會因為個人遭受的不幸或傷害而悲憤過度，在極少的情況下有人表現得無動於衷。

但是情緒過分激動會被視為意志薄弱或脾氣暴躁，而過分冷淡又會變成糊塗、麻木不仁或心靈萎縮。無論是哪一種，都會讓人感到難以接受，甚至產生反感。

　　可是中庸之道在各種激情之中也會表現各異，它時而高漲，時而低落。有些感情不宜強烈地表現出來，即使在公認為不可避免地會極為強烈地感受到它們的場合。

　　另外，有些極其強烈地表現出來的激情，或許其本身並不一定達到如此強烈的程度，但是這樣的表達方式在當時的場合卻是合乎情理的。

　　前者因某種理由而很少得到同情，後者則因另一種理由卻常為人所接受。如果對人類的各種激情做調查，我們就會發現，各種情緒是否得體適度，完全取決於他們想對這些情緒表示多大的同情。

第一章　論源於身體的種種激情

❀ 1 我們的身體是我們各種慾望的載體，它整天忙碌地試圖去獲得我們想要的一切。

　　但是由身體的某種狀態或慾望而產生的情緒不應該表現得過於強烈，因為別人的身體可能並沒有處於相同的需求狀態。

　　例如，饑餓雖然是人的正常生理反應，狼吞虎嚥的吃相仍然被看作壞習慣。

　　但是在其他情況下，人們也會對食慾產生某種程度的同情。當朋友們愉快地享受美食時，只是受到當時氣氛的感染，我們在一旁也能感受到進食的愉快。

　　一部戰爭時期的圍城日記或航海日誌所描寫的大饑荒的情景會引起我們的同情。我們在頭腦中重現當時的情景，連同當時人們的悲傷、恐懼和驚恐也一併湧上心頭，使我們震驚痛苦。

即便如此，只要在我們讀書的時候並沒有真正感到饑餓，說我們對他們的饑餓表示同情就不太合適。

　　吸引兩性結合的情慾也是一樣。所有世俗和宗教的戒律都不會加以任何禁止的兩個人之間，這種最為自然的火熱情感並不是隨時隨地都合適的。

　　但無論如何，這種激情或多或少還能贏得人們的同情，因為大家都知道，這是人之常情。我們都知道，與女士交談不應該採取面對男人時的態度，而是應該顯得更為輕鬆、幽默、彬彬有禮。

　　那些對女性漠不關心的人，甚至在男人眼裡都是可鄙的。

　　由於各種歷史原因，我們對一切源於身體的激情都會產生本能的反感，如果誰強烈地表現出這樣的慾望，則會讓我們感到厭惡。

　　一些古代哲人認為，這些人類與動物所共有的衝動削弱了人性的尊嚴。但是這種說法令人難以信服，因為我們和野獸共有的許多其他情緒並不讓我們那麼反感，例如感恩、感動，甚至怨恨。

　　其實，別人身體的慾望之所以會讓我們覺得噁心，是因為我們對其沒有同感。其實就是那些身在激情中的人，一旦慾望得到滿足，激情得以釋放，也許那些從前讓他著迷的東西對他就不再有吸引力，甚至會感到討厭。

　　只是一瞬間，那些剛才還讓他如癡如醉的魅力已經消失，現在他跟旁人一樣無法理解自己的情緒。

　　正如晚餐過後我們就會吩咐收拾餐具，任何使肉體產生強烈慾望的客觀條件也會被我們以同樣的方式處置。

　　因此對身體慾望的克制也被稱為節制的美德。我們以謹慎的態度把這些慾望限制在健康和財富容許的範圍內，讓它們符合大方得體、謙和有禮的要求。

❀ 2 人們對受到病痛折磨的身體也會報以相當的同情。

但是出於相同的原因,無論肉體的疼痛是多麼難以忍受,大聲叫喊總是讓人覺得有失男子漢的臉面。

前面講過,如果我看到別人的手腳要挨打,我也會不由自主地縮回自己的手腳;如果鞭子真的落下,我也會像被打者一樣感覺受了傷害。可是我所受的傷害肯定是微乎其微的,因為事實上我不能同等程度地感覺到他的疼痛;所以,如果此時他大喊大叫,我會覺得他小題大作。

因此,若源於身體的所有激情完全不能讓人產生同感,就算引起同情,也根本不能與當事人強烈的感受相比。

但是,那些由想像產生的感情則全然不同。我們可能無法完全體會朋友身體上的感受,我卻能輕易地想像出他們情感上的狀況。因此也就不難理解為什麼愛情或雄心的挫折比肉體上最殘酷的傷害更容易讓人同情,因為那些激情全部出於想像,我們能夠更好地把握。

一個傾家蕩產的人如果其身體健康,身體上不會有任何痛苦,他的痛苦僅來自想像。這種想像讓他看到了即將面臨的慘狀:尊嚴的喪失、朋友的白眼、敵人的輕視、無法獨立、貧困窘迫等等。

同身體相比,我們的想像更容易受到當事人的影響,因此我們會對他報以更強烈的同情。

通常,人們認為失去一條腿比失去一個情人更為不幸。然而,如果災難的結果只是造成前者的損失,那就是一齣滑稽、荒唐的悲劇。後者的不幸無論是多麼微不足道,卻寫就了許多好的悲劇。

沒有什麼感覺像疼痛那樣轉瞬即逝。疼痛一旦消失,所有煩惱都隨之而去,回想起來也不會讓我們感到痛苦,因此我們也不再能體會從前所經歷的折磨。

但是朋友無心的一句話會讓我們好長一段時間都耿耿於懷，由此而來的苦惱不會隨著這句話一起消失。

　　煩擾我們的並不是客觀的條件，而是頭腦中的觀念，因為它在我們的想像中會持續不斷地折磨我們，除非時間或其他偶然因素讓它從記憶中消失。

　　沒有危險的疼痛不會引起強烈的同情，因為激發人們同情心的不是受難者的痛苦，而是他的恐懼。

　　恐懼這種情緒完全來自想像，它飄忽不定、難以把握，讓我們面對那些從前未曾真切感受、以後卻可能遭遇的事物，感到憂心忡忡。

　　這就像牙痛和病危重症之間的關係，牙痛和痛風雖然痛苦難耐，卻不會招來多少關注；病危重症雖然沒有什麼疼痛，但是來自於對它帶來的後果的想像，往往能夠引起最深切的同情。

　　有些人一看到外科手術就會頭暈作嘔，那種撕裂肉體的疼痛似乎會讓他們產生過度的同感。

　　一種痛苦若能給人們帶來強烈的視覺衝擊，則它獲得的同情也更多。因此外部原因造成的身體疼痛給我們留下的印象，比內部器官失衡帶來的痛苦更為鮮明生動。

　　朋友因為痛風或結石所遭受的折磨沒有給我留下任何印象，但是剖腹手術、外傷或骨折給他帶來的痛苦我卻一清二楚。

　　這些事情之所以令人難忘，主要是由於一種新奇感。假如一個人在觀看過十幾次解剖和截肢手術以後，就不會再為這種事情大驚小怪。

　　哪怕是閱讀或觀看五百多部悲劇，也不會讓我們麻木不仁！

　　有些希臘悲劇將展現肉體的痛苦作為激發同情心的一種藝術手段。實際上讓觀眾感興趣的，並不是疼痛本身，而是另一

些與痛苦相關的情景。

充塞在我們腦海的是我們感同身受的痛苦,是那種寂寞悲涼的氣氛,彌漫著迷人的悲劇色彩和浪漫主義的蠻荒氛圍。只有在我們看到了他們死亡的結局之後,英雄的痛苦才會引人注目。

假如他們能夠復活,那些受難的表演就會顯得極為荒謬。真正的悲劇不可能只表現為一陣絞痛,痛苦也不會因為疼痛本身而增色,它是來自心靈與想像的。企圖透過表現肉體痛苦引起同情心,也許是對希臘戲劇所建立規範的最大破壞。

正因為人們對肉體的痛苦極少報以同情,我們才覺得在忍受這類痛苦時應該具有堅忍和耐性。一個人在經歷殘酷折磨時若能夠堅忍不拔,且表現如常,就值得我們由衷敬佩。

我們在心中評估自己在這種情況下可能出現的失態表現,他冷靜的行為就更讓我們在稱道的同時充滿敬佩,難以想像他如何能做出這樣的舉動。

驚奇和詫異結合激發了我們的讚歎和景仰之情,讓我們情不自禁地為他鼓掌歡呼。

第二章　論源於思維定式的激情

一些激情雖然合乎人性,卻往往難以得到同情,因為如果其他人沒有以當事人同樣的思維方式去理解,就很難產生同感。雖然這種激情在日常生活中無法避免,但是在他人看來多少有點可笑。

一對男女彼此產生的強烈相互依戀就屬於此類。別人的情感不可能跟著有情人的思路發展,因此也就難以體會其急迫心情。

與此相反,我們的朋友遭受傷害之後的憤怒或者領受恩惠之後的感激之情都很容易得到我們的同情和理解,且我們會對

他的敵人或者恩人表現出類似的憤慨或感謝之情。

但是當他為某個異性傾倒時，雖然從情理上我們可以理解他的感情，卻並不意味我們也會對他熱戀的對象產生同樣的感情。

除了身陷情網的當事人以外，其他人都會覺得這種感情所描述的完美形象及其條件與實際情況實在是相差懸殊。雖然到了一定的年齡人們對異性產生愛戀之情是自然的，但是對於沒有親身體驗過的人，這種感情總是成為被嘲笑的對象。

對於第三方的他人來說，所有真摯熱烈的情話聽起來都是那麼荒謬可笑。

「情人眼裡出西施」也完全不適用於局外人，即便是熱戀中的人也很清楚這一點，且只要保持清醒，就會盡量用一種玩笑的態度來描述自己的感情。因為人們比較習慣聽當事人以這樣的方式來講述愛情，而我們自己也喜歡這樣來談論愛情。

正因為人們以這樣的態度對待愛情，考利和佩特拉克那一本正經、又臭又長的情詩才不受待見，因為他們一談起纏綿悱惻的戀情就沒完沒了，倒是奧維德的輕鬆調侃、賀拉斯的大膽描述方式總是受人歡迎。

然而，即使我們對這種兒女情長難以產生真正的同情，且我們在想像中從來沒有愛上過哪個情人，只要我們願意去設想這種激情，就很容易體會從愛的甘醇中所產生的對幸福的強烈渴望，以及失戀帶來的巨大痛苦。

其實吸引我們的並不是愛情本身，而是由愛情產生的希望、恐懼和憂傷，正如在一本航海日記的描述，吸引我們的不是饑餓，而是饑餓帶來的痛苦。

雖然我們無法完全進入情人的感情世界，我們卻容易理解由此產生的對浪漫幸福的期望。

我們知道，對於一顆飽受情愛慾望折磨而疲憊不堪的心，

這種期待,這種內心火熱的激情在得到滿足之後,會對平靜和安寧產生渴望,對恬靜安逸的田園生活(文雅、細膩、熱情洋溢的堤布魯斯曾經興味十足地描述過)產生自然的嚮往。

那是一種詩人們在「幸福島」中描述過的生活,充滿友誼、自由和安逸,遠離勞碌、心機以及附帶的所有令人煩躁的情緒。

即使我們清醒地意識到它只是對理想而不是對現實的描繪,這種景象仍然讓我們神往。混雜在愛情中的肉慾(或許它就是愛情的基礎)如果看不到能夠得到滿足的希望就會消失,一旦它變得唾手可得,又會使所有的人感到討厭。

因此,歡樂的情緒對我們的吸引遠不如恐懼和憂鬱。我們害怕這種自然合理的希望可能化為泡影,因此就能夠體諒情人們的所有焦慮、關切和痛苦。

於是,在一些現代悲劇和浪漫故事中,愛情展現出神奇的吸引力。不管有沒有意識到,其實吸引我們的不是愛情本身,而是愛情帶來的痛苦。

在悲劇《孤兒》中,與其說是卡斯塔里埃與莫荷莫尼彌埃的愛情扣人心弦,不如說是那種愛情所引起的痛苦。

如果作者安排男女主人翁在一個毫無危險的場景中互訴衷腸,觀眾會感到毫無新意而不是產生同情。

但是一齣悲劇中的愛情場景會讓觀眾格外關注,這並不是因為劇中人物的愛情格外美好,而是因為預見到隨之而來的危難並為其牽腸掛肚。

社會規範強加給女性的約束使她們在愛情之中更加舉步維艱,正因為如此,女性的愛情才更為深切動人。儘管《菲德拉》中女主角的愛情之路伴隨著放縱和罪行,我們仍然為之著迷。她的憂慮、羞愧、悔恨、恐懼、失望,全都因此而變得更加引人入勝。

所有這些由愛情背景所催生的「次生情感」(這個稱呼也

許不太恰當），卻註定會變得更加狂熱激烈，而我們所同情的確切地說只是這些「次生情感」。

　　然而，在所有的激情中，愛情是唯一讓人覺得既美好又愜意的，甚至是連最軟弱的心靈也能感受到的一種激情。

　　首先，愛情本身雖然有點荒謬，它並不是生就一副可憎的面孔；雖然經常會伴隨著不幸和災難，但它並沒有惡意。

　　其次，雖然愛情本身很少能將激情控制得當，但伴隨愛情產生的一些感情卻大不相同。愛情之中包含著大量的人道、寬容、仁慈、友愛和尊重，這些情感就算有些過分，仍然會引起最深切的同情。

　　這種同情使得與它們相伴的愛情顯得更加可愛。並支撐著我們對愛情的想像。

　　儘管它經常伴隨著一些不好的後果：如有時候它會讓一個人一敗塗地、聲名狼藉，另一個人即使沒有遭到如此致命的打擊，也常常是事業荒廢、責任疏忽，將個人的名譽視同兒戲；但是，

　　人們心目中與愛情共生的敏感和寬容，仍使它成為人們追逐的理想。一旦他們真的成為愛情的俘虜，也會裝作自己可以預料到不好的結果。

　　就像對待愛情的態度，我們在談論自己的朋友、學業和職業時，也必須有所保留。在很多方面，我們不能期望同伴對我們的興趣與我們對他們的興趣相同。

　　只有清醒地意識到人類感情上這種有所節制的特點，人與人之間的相處才不會因此而變得困難重重。

　　否則，哲學家只能跟哲學家做朋友，一個俱樂部的成員也只能在自己的小圈子裡交際。

第三章　論不友好的激情

仇恨和怨憤雖然也來自於人們的心靈，但是我們只有把它們降到未開化的人性的水準，才能理解它們。雖然兩者的利益是完全對立的，我們卻往往對心懷怨恨者及其所敵視的對象報以同情。

　　我們對後者的同情會讓我們滿懷希望，對前者的同情會使我們憂心忡忡。

　　因為他們都是人，所以我們對兩者都表示關心。我們擔心後者可能遭到報復，而削弱了我們為前者受傷害而感到的憤怒。

　　因此，我們對被激怒者的同情，遠遠比不上他內心的怒火，這不僅是因為所有的同情通常都無法與當事人自身的激情相比，且由於我們對另一個人也抱有相反的同情。

　　因此，要使憤怒變得容易讓人接受，就必須將其激烈程度控制在其他激情之下。

　　人類對他人所受的傷害特別敏感。我們喜愛悲劇或浪漫故事中的英雄，痛恨其中的惡棍。儘管我們對自己同胞的遭遇抱有深切的同情，但是我們對此表現的義憤絕不會超過受害者自己的憤怒。

　　大多數情況下，只要被害人的自我克制不是因為膽小怕事，他愈是溫良忍讓、寬厚仁慈，人們就愈發痛恨那個傷害他的人，可以說他和藹可親的品格加深了人們對暴行的反感。

　　但是，憤怒被認為是人性中必不可少的一部分。如果一個人一味逆來順受，面對傷害一味退讓，絲毫不作抵抗和報復，反而會受人鄙視。

　　人們認為他的麻木不仁與他敵人的傲慢一樣讓我們氣憤。當人們看到一個人甘心忍受凌辱和虐待時，會感到義憤填膺。

　　他們渴望看到受害者對這種侮辱表示憤怒，希望他奮起反擊。一旦他的怒火爆發，他們就會報以由衷的歡呼和同情。他

們很高興看到受害者反過來攻擊他的敵人，他的復仇（如果不過分）滿足了他們的義憤，好像他們自己就是受害人。

然而，儘管憤怒對公眾的作用同維護正義和保障平等一樣不可輕視，但它本身仍有一些不盡如人意的地方，因為憤怒的情緒有可能會危及自身，使它在向別人發洩時很容易引起我們的反感。

受害者向對方表示的憤怒如果超出我們所感覺到他受迫害的程度，我們就會認為那不僅是對對方的侮辱，也是對現場所有人的無禮。出於對其他人的尊重，我們應該克制自己那種狂躁不安的情緒。

這些激情的間接效果雖然令人愉快，其直接效果卻是給受敵視的人帶來傷害。

但是對（人們的）想像來說，使各種客觀對象變得令人愉快或者不快的是直接效果而不是間接效果。

對公眾而言，一座監獄肯定比一座宮殿更為有用，監獄的創建人通常比宮殿的創建人接受更為正確的愛國精神指導。

但是，一座監獄的直接效果—監禁不幸的人—是令人不快的；並且想像要麼不為探索間接效果而耗費精力，要麼認為它們距離太遠而不受其影響。

因此，一座監獄將總是一個令人不快的客觀條件，它愈是符合預期的目的，就愈是如此。相反地，一座宮殿總是令人愉快的，可是它的間接效果可能常常不利於公眾。它可能助長奢侈豪華，及樹立腐朽的生活方式的榜樣。

然而，它的直接效果—住在裡面的人所享受的舒適、歡樂和華麗都是令人愉快的，並使人們產生無數美好的想像，那種想像力通常都以這些直接效果為依據，而很少再深入探究一座宮殿所具有更為長遠的後果。

以油漆或粉泥仿製的樂器或農具等紀念品，成為我們大廳

和餐廳裡一種常見和令人愉快的裝飾品。

由外科手術器械、解剖刀、截肢刀等所組成的紀念品，則是荒誕而令人震驚的。然而，外科手術器械總是比農具擦得更為閃亮，且比農具更好地適用於其預期的目的。

它們的間接效果—病人的健康—也是令人愉快的，但由於它們的直接效果是疼痛和受苦，見到這些器具總使我們感到不快。武器是令人愉快的，雖然它們的直接效果也是疼痛和受苦。但這是我們敵人的疼痛和痛苦，我們對其絲毫不表示同情。

對我們來說，武器直接與有關勇敢、勝利和光榮等令人愉快的想法相聯繫。

因此，它們本身就被設想成服裝中最精華的部分，它們的仿製品就被設想成建築物上最華麗的一部分裝飾品。

人的思想品德也是如此。古代斯多葛（Stoics）哲學的信奉者認為：由於世界被一個無所不知、無所不能且心地善良的神全面地統治著，每一單獨的事物都應被看作宇宙安排中的一個必須部分，且有助於促進整體的總體秩序和幸福；因此，人類的罪惡和愚蠢，便如同他們的智慧或美德，成為這個安排中的必須部分，並透過從邪惡中引出善良的那種永恆的技藝，使其同樣有助於偉大自然體系的繁榮和完美。

不過，無論這種推測可能怎樣深入人心，也不能夠抵銷我們對罪惡出於本性的憎恨—罪惡的直接效果是如此有害，且其間接效果則相距太遠以致無法以人們的想像力來探索。

不過在人們的觀念中，客觀事物的直接效果對人們的影響遠大於間接效果。我們所討論的憤怒這種激情也不例外。憤怒的直接效果便是伴隨著咒罵、怒火甚至拳腳相向，使對方受到傷害，這樣的場景是令人很不快。

因此，如前所述，我們之所以在得悉人們發怒的原因之前並不願意同情這種感情，正是因為它們的表現讓人感到不舒

服。當聽到遠處傳來痛苦的叫聲時，我們絕不會無動於衷，而是會立即加以注意，不由自主地趕去救援。

同樣地，一張笑臉會讓沉重的心情變得愉快輕鬆，在分享喜悅的過程中，人們的心情很開朗。

但是，仇恨和怨憤的表現形式卻讓人厭惡。混亂嘈雜的怒罵廝吼聲讓我們從心底感到恐懼和厭惡。即使明白這怒火不是衝著他們來的，婦女和承受力差的男人還是會心有顧忌。

即使是那些鐵石心腸的人也會覺得心煩，這種煩擾不會讓他們害怕，而是讓他們煩躁生氣。仇恨也是如此。一味傾訴怨恨只能令人生厭，影響人們追求快樂的生活。我們天生就討厭這兩種情緒。

那種粗暴激烈、讓人討厭的表現非但不能引起我們的同情，反而會適得其反。悲傷也屬於這類讓人避而遠之的情緒，在不瞭解原因的情況下我們往往會避開悲傷的人。

造物主彷彿特意使那些讓人們彼此疏遠的粗暴和不友好的情緒難以傳播。

以音樂為例，憂傷或快樂的曲調能讓我們在音樂中真實地體會到這些迷人的情緒，勾起我們自身憂傷或愉快的回憶。快樂、憂傷、愛戀、欽慕、熱忱等具有天然的音樂性感情，其天然的曲調顯得柔和、清晰而優美，段落由有規則的停頓被很自然地劃分開，很容易按部就班地再現和重複。

但是，憤怒的曲調卻令人毛骨悚然。憤怒以及與其相近的所有情緒的聲音都是刺耳且不和諧的。段落時長時短，很不規則，由不規則的停頓隔開。

因此，音樂很難表現這類情緒，而準確表現這類情緒的音樂也不太動聽。一場由和諧而令人愉快的音樂組成的演奏不會有任何不妥之處，但若全都是表現仇恨和憤怒的音樂，就顯得荒誕不堪了。

不愉快的情緒往往讓當事人和旁觀者都感到不快。類似仇恨和憤怒的壞情緒，對人們的身心健康極為有害。

　　因為這些情緒包含著尖銳、刺激、讓人心痛的東西，使人心煩意亂，會徹底摧毀幸福所必須的內心平和安寧（只有感恩和博愛這類的感情才能造就這種寧靜）。

　　無論小人的背信棄義帶來的損失有多大，也絲毫無損仁人君子的信念。他們最大的煩惱來源是自己，如果對自己產生背信棄義的念頭，他們認為，這種念頭所引起的種種不快才是最大的傷害。

　　在什麼樣的情況下，憤怒的發洩才能完全被人接受，旁觀者才會充分同情我們的報復呢？

　　首先，激怒我們的事端必須很嚴重，如果我們不表示一下憤怒，就會被人看不起，永遠蒙受恥辱。

　　因此，最好不要追究小過失，沒有比為了雞毛蒜皮小事大發雷霆的逞強任性、吹毛求疵的脾氣更讓人可笑的。其次，我們應該將憤怒的情緒控制在合理恰當的範圍內，而不是任由內心的怒火蔓延。

　　因為與其他的激情相比，憤怒的合理性最應該受到質疑，我們最應該根據內心的分寸反復衡量到底能不能放任自己的怒火，最應該認真考慮冷靜公正旁觀者的感受。

　　只有胸襟廣闊，時刻考慮到自己的社會地位和尊嚴，才能使這種令人厭惡的情緒顯得高尚。

　　我們必須表現出與眾不同的風度舉止，胸懷坦蕩、光明磊落、堅毅果斷而不剛愎自用，正氣凜然而不傲慢欺人。

　　不僅不會張狂下流，且寬容公正、耐心體貼，甚至對待得罪我們的人也是如此。不用故作姿態，我們所有的表現一定要能證明憤怒並沒有使我們喪失人性。

　　只有在再三被激怒、忍無可忍的情況下，我們才能選擇報

復。

唯有在這種情況下，憤怒才摒除了其自身固有的缺陷，而成為一種相對可接受的行為。

第四章 論友好的激情

前文所講到的那些激情因為帶有較多的負面情緒，只能獲得有限的同情，但是在多數情況下，另一些相反的激情卻總能獲得加倍的同情。

當人們在神情舉止之間流露出慷慨、仁慈、和善、同情、相互的友愛的感情時，即使對方是素不相識，這些友好和善意的感情也會讓旁觀者產生好感。

在旁人看來，接收這些友好感情的人無疑是幸福的，而具備這些感情的人則是值得欽佩的。

所以，我們總是強烈地認同慈愛的感情，因為它們讓人如沐春風。我們能夠想像付出和接受這種感情的人所體會到的和善與滿足。

這正如勇士面對敵人的殘暴可能會產生的恐懼，卻遠比不上承受仇恨和怨憤的痛苦；同樣地，對於感情細膩的人，被人關愛帶來的滿足，比獲得實際的好處更讓他感到幸福。

一個人莫大的罪惡莫過於挑撥親友之間的關係，這種傷害最可惡的地方不在讓人們喪失友情可能帶來的物質幫助，而是破壞了朋友之間的情義，擾亂了內心的安寧，且打斷了朋友間的愉快交往。

對此，無論是粗俗的小市民還是感情細膩的人都會認同。

愛總是給人帶來心曠神怡的感受，它撫慰心靈，且促進人體身心的健康，只要一想到對方，我們心中就充滿了感激和滿足，也就感覺更加愉快。

互相的關愛為雙方帶來幸福。

有的家庭，成員之間彼此互敬互愛，父母和子女相處融洽，即使在爭論時也懷著尊重和寬容，兄弟之間沒有利益衝突，姐妹之間沒有互相爭寵的矛盾，大家坦誠相見、親密無間，一切都讓我們感到平靜、輕鬆、和睦和愜意，家庭生活其樂融融。

　　相反地，如果一個家庭的成員間因為衝突爭吵而反目成仇，表面上大家彬彬有禮地和睦相處，內心卻滿懷猜疑和妒忌，即使朋友在場也隨時會不顧臉面而突然爆發，會讓人感到尷尬不安。

　　儘管和藹可親的感情不是十全十美，那些小小的瑕疵卻無損它們的美好。

　　過於慷慨熱情和過於溫和遷就，被看作是朋友友誼和父親慈愛的弱點。但是，即使是這些弱點也是從愛意本身出發。

　　這樣的愛意，使得人們即使對溺愛不甚贊同，也不忍心責備。當我們指責他們過度的愛心時，總是懷著關切、同情和善意。

　　慈悲為懷者之所以最能引發人們的憐憫心就是因為他們的看似軟弱無助，善待所有人。這種慈愛本身是沒有絲毫卑鄙下流、令人厭惡的成分的。

　　我們之所以為它和世人不相適應感到惋惜，只是因為這種感情看起來不適合這個殘酷的世界，善良仁慈的人總是在那些忘恩負義的小人手中吃盡苦頭，他們本來是最應該被善待，而不是接受這種難以忍受的待遇。

　　仇恨和怨憤的情緒卻全然不同，沒有人不畏懼和厭惡，這種情緒像野獸一樣不見容於我們文明的社會。

第五章　論自私的激情

　　悲喜，是一種處於中間狀態的激情。說它處於中間狀態，主要是指在旁觀者看來，它既不像友好情緒的優雅適度，也不

像不友好情緒的讓人討厭。

但是，悲傷和喜悅畢竟有別，我們往往容易同情理解輕度的高興和沉重的悲哀。一旦超出這個範圍，則另當別論，因為嫉妒心理會開始作祟。

這也就不難理解生活中這些常見的場景為何會出現。一個人因偶然的機遇平步青雲，此時即使是來自他平生至交朋友的祝賀也未必是出於真心。

一個暴發戶即便德行過人，一般也不會討人喜歡。因此頭腦清醒的人清楚地意識到這一點，他不會因為走運而得意忘形，盡可能地在順境之中控制自己的情緒。他放低姿態穿著平民的布衣，表示自己從未忘本。

他對那些貧賤之交倍加關注，盡力表現得比過去更加謙恭勤奮。對於他的地位，這種姿態最受歡迎，因為我們並不覺得有必要同情他的幸福，反而是他更應該了解我們內心的嫉妒和不平。

他想做好人是非常困難的，我們總覺得他的謙虛是裝模作樣，不要多久他自己也會逐漸厭倦這種假面具。所以，通常是飛黃騰達的人很快就把老朋友拋到腦後，轉而結交一些會逢迎拍馬屁的小人。

但是，他也無法順利地結交新朋友，就像他的朋友因為他的地位上升而感到自尊心受傷害一樣，他新結交的朋友也受不了一個暴發戶跟自己平起平坐。他只能低聲下氣才能安撫兩者的怒氣。

這樣的夾板氣不會持續很久，很快他就決定不再理會前者，將怒火轉向後者。最後，他的傲慢無禮，使他喪失所有人對他的尊敬。

我認為人類的幸福主要來自受人關愛的感覺，突如其來的好運不會有多大用處。有一種人最幸運：他按部就班地爬上高

位,每一步升遷都在大家的預料中,因此榮華富貴不會讓他得意忘形,而那些被他超越和遺忘的人們也不會嫉妒他。

然而,人們對那些無關緊要的小樂趣更容易產生同感,在巨大的成功中只有保持謙虛才是得體的。但是,在日常生活中,在與我們朝夕相處的朋友中,在舊日的往事中,在絮叨的閒談中,在所有那些支撐起人生的瑣事中,我們就可以盡情地表達自己的歡樂。

醉心於日常瑣事的點滴樂趣能給我們帶來愉快的心情,且經常保持這樣的心情當然是無比愜意的。

我們很願意對這種快樂抱有同感,它使得每一件給別人帶來幸福心情的瑣事也讓我們感到愉快。

正因為如此,年輕人的燦爛年華才特別容易使我們心馳神往,那種對歡樂的嚮往使得青春更加富有活力,在年輕美麗的眼睛裡激起火花(即使是同性),甚至老年人也會萌生起一種不同尋常的喜悅。

他們沉浸在那些久違的令人心醉的思緒和心情之中,眼前的歡樂讓他們暫時忘記衰老,美好往事湧上心頭的愉悅,如同久違的老友再次重逢、熱情相擁。

人們可以盡情地享受細微的喜悅帶來的快樂,而不用擔心旁觀者對其有非議。悲傷則正好相反,小小的煩惱不能引起任何同情,只有深重的悲哀才能得到最大的同情。

如果一個人因為一些不如意的小事而心煩意亂:為廚師或管家微不足道的失職而傷心;在自家或別人家的高級社交禮儀中挑毛病;因為好朋友今天上午見面時沒向他問好,或是在自己講述事情的時候哼唱而生氣;由於天氣不好,旅行途中道路泥濘,或者生活缺少玩伴和娛樂場所,感到枯燥乏味而情緒低落。

雖然說起來情有可原,但總難取得廣泛的同情。快樂是一

種讓人愉快的情緒，一點小事帶來的喜悅也會讓我們沉緬其中。

因此，如果不是妒忌蒙蔽了心靈，我們隨時都準備對別人的快樂表示同感。悲傷總讓人難受，即使我們自己不幸遇到，內心也很自然地想要抗拒和逃避。

我們盡量不去想它，或者一有這種念頭就把它甩掉。實際上，我們自己偶爾也會因為微不足道的小事傷神，但是我們卻不願意對發生相同事件的其他人表示同感。

另外，人類還有一種壞習慣，看到別人遇到小小的煩心事不但不表示同情，還喜歡拿它們消愁解悶。因此當朋友受到嘲弄時，我們會在一旁幸災樂禍。

受過良好教育的人會把微不足道的痛苦隱藏起來，那些深諳世故的人則會故意拿自己的煩惱開玩笑，因為這也是社交的一種手段。

幸好現實生活中的人都知道別人會如何看待發生在自己身上的事情，所以也習慣了對自己小小的煩惱抱持玩笑的態度。

但是，我們對深重痛苦的態度是嚴肅認真的。一齣震撼人心的悲劇都能讓我們感同深受、淚流滿面。因此，如果你遭受重大的災難，突如其來的打擊使你處於貧病交迫、忍辱偷生的絕境，就算這是因為自己的過錯造成，你還是可以得到朋友們真摯的同情和力所能及的熱忱相助。

但是，如果情況沒有那麼嚴重，也許只是仕途稍有不順，或是被情人拋棄，或是受了老婆的氣，那你就等著讓朋友們不時地調侃取笑吧！

第 3 篇　論順境和逆境對人們行為正當性判斷的影響，兼論為什麼情況不同會造成同情心的差異

第一章　雖然我們同情悲傷甚於同情快樂，但它仍然遠遜於當事人自己的感受。

與對快樂的同情相比，對悲傷的同情，往往要更真切些，「同情」一詞最確切的原意是指對別人的痛苦而不是快樂抱有同感。

一位已故的哲學家認為有必要論證一下我們對快樂的同情也是真誠的，表達對他人的祝賀也是出於人類的天性。我相信沒有人覺得憐憫也需要這樣的論證。

首先，對悲傷的同情比對快樂的同情更為常見，即使是在表達悲傷時情緒過於激動，它也能贏得我們的一點同感。此時我們的感覺的確不是完全的同情，正如前面提到的，我們即使十分贊同別人，感情上也無法達到完全的和諧一致。

由於人類天生的同情心使然，雖然我們不會和受苦的人一起流淚哀歎，但是當我們看到他軟弱無助、情感失控的悲慘情境，仍然會不自覺地出於善意去關心。

然而，如果我們面對的是一個得意忘形、手舞足蹈的人，只是出於本能，我們就會對他這種洋洋自得的失態投以輕視的眼光，並不會為他感到高興。

另外，我們的感情更容易受到來自心靈和肉體上的痛苦的刺激。我們對痛苦的同情雖遠不如受難者自己的痛苦來得真切，但對於我們自己，卻比對快樂的同情更加生動鮮明，雖然我們在感受他人的快樂時，往往能夠把握得更到位。

然而，我們經常努力克制對別人悲傷的同情，以免影響我們正常的情緒，尤其是當受難者不在場的時候。但是我們從來不需要遏制對快樂的同情。

由於妒忌心理的作祟，使得我們常常對別人的快樂產生一種抵制心理，此時根本就談不上同情。但是妒忌總是讓人臉紅的，當我們因為嫉妒而無法感到同情的時候，通常會裝模作樣，

要麼佯裝為他人高興，或佯裝毫不在意。

所以當我們表面上為鄰居的好運感到高興的時候，其實我們心裡也許很難受。即使我們不想同情別人的悲傷，我們也很容易有這種感覺。雖然我們很願意同情別人的快樂，我們卻常常因為嫉妒而感覺不到。

由此我們很自然地得出結論，人們很容易對悲傷產生同情，卻很不容易同情快樂。

儘管如此，我還是想大膽宣布，如果沒有妒忌，與同情痛苦相比，我們會更傾向於同情快樂，而且我們對快樂的同情與當事人自己的感受更為接近。

面對使人悲傷的事情時，當事人為了得到旁觀者的諒解需要盡力克制自己的情緒，所以即使對這種過度的情緒並不贊同，我們也願意表示寬容。即使他沒有完全做到自我克制，我們還是會原諒他的。

但是我們卻不會寬容過度的快樂，因為我們認為當事人要控制自己的情緒並不是非常困難。

我們通常會敬佩那些厄運纏身卻能節制悲哀的人，但是沒有人會表揚那些一帆風順而不得意忘形的人。

在我們的觀念裡，前者需要付出努力自我克制，而後者不過是一個人在那種環境中應有的得體表現罷了。

對於家世良好、發展順利的人，所有額外的幸運都可以說成是多餘的，只有輕浮之輩才會為此飄飄然。這種飄飄然的輕浮感情正是人類最自然的常態。

常人在這個充滿未知和艱難世界裡的生存狀態正是如此，因此他們很樂意與朋友同享這種錦上添花的樂趣。

快樂讓人心情愉快，只要沒有妒忌作怪，我們就樂於沉浸在自己和他人的歡樂中。對於悲傷的同情會讓我們的心情也沉重起來。所以在觀看悲劇的時候，我們就會盡可能地克制自己

的同情心。

就算實在無力控制自己的感情，也會在朋友面前努力掩飾自己內心的波動。我們會不動聲色地擦去眼角的淚水，生怕旁人了解我們的多愁善感。

一個遭遇不幸、渴望得到同情的可憐人在向我們傾訴他的痛苦時仍然猶豫不決，那是因為他感覺到我們的同情中帶著勉強。

如果要把自己的不幸置於冷酷的眼光之下，還不如隱藏起自己的悲傷。但是那些春風得意、趾高氣揚的人，他知道只要我們不是因為妒忌而討厭他，便是對他的成功表示衷心的同情和讚賞，所以他絲毫不必掩飾自己的得意之情。

雖然在人們的情緒中，笑聲和淚水都是很正常的，但我們總覺得旁人更願意同情我們的歡樂而不是悲傷，因此我們更願意在朋友面前露出笑容，而不是潸然落淚。即使遭遇最不幸的打擊，可憐兮兮的抱怨也會讓人難堪。

但勝利的狂歡卻不是什麼很失態的行為，雖然我們常常因審慎而在成功時保持克制，這是為了避免招致別人的妒忌。

人們對競技場上的勝利者報以熱烈的歡呼，而旁觀一次死亡時又是莊嚴肅穆。我們在葬禮中的哀慟往往只是偽裝出來的表情，在受洗禮或婚禮中卻感到由衷的快樂，毫無做作之情。在所有這些喜慶場合，我們的快樂雖然短暫，卻與當事人的感覺一樣真實。

當我們熱情地對朋友表示祝賀時，的確是為他們的幸福感到高興。此時我們內心充滿了真正的快樂，眼裡閃耀著喜悅和滿足的光芒，舉手投足都顯得生動愉快。

然而，當我們安慰痛苦的朋友時，我們的感覺卻遠遠無法與他們相比。我們坐在他們身邊，看著他們，嚴肅而專心地傾聽他們訴說自己的不幸。看著他們在講述過程中不時因為內心

情感的波動而哽咽難言，我們心裡卻愈來愈不耐煩，完全和他們的情緒不協調。

　　但是我們也知道，他們情緒如此波動是理所當然的，換成我們自己也會有同樣的表現。在內心深處，我們甚至會責怪自己麻木不仁，也可能由此「製造」出一種同情，但是這種人為的同情是多麼經不起考驗，一旦我們轉身離去它就會無影無蹤。

　　也許上帝覺得我們自己的痛苦就已經夠受的了，所以並不要求我們去分擔別人的痛苦，只是鼓勵我們努力減輕別人的痛苦。

　　正因為我們對別人的痛苦感覺遲鈍，那些在巨大痛苦中仍然雍容大度者在我們眼中才顯得超凡脫俗。面對不斷的小麻煩還能保持心情愉快的人，與那些臨危不亂者一樣值得敬佩。

　　因為要在那樣的處境中控制住內心激烈的情緒是非常不容易的，他們的冷靜讓我們深感敬佩，同時也正好與我們不情願的同情相符合。

　　所以，他的所作所為在我們看來正是無可挑剔。我們深知人性中固有的缺陷，按照常理我們並不奢望人們在這種情況下還能表現得如此得體。

　　但是他做到了，所以一個如此高貴尊嚴的靈魂讓我們驚歎不已，徹底的同情和讚許與驚奇和感歎相結合，我們的仰慕之情便奔流而出。

　　平日我們經常被這種看似不符合常人的高尚行為所打動，若無其事的風度很容易讓我們感動不已，那些草木皆兵的反應則令人鄙視。

　　在某些關鍵時刻，旁觀者的感受似乎比當事人的情緒還要悲傷。當蘇格拉底平靜地吞下毒藥時，陪在他周圍的朋友全都泣不成聲，他卻顯得格外輕鬆。在這種時候，旁觀者用不著努

力克制自己充滿同情的悲傷，他並不害怕自己會行為失控，而是帶著自我陶醉的心理盡情欣賞著自己的細膩感情。

這憂鬱的念頭令他心醉神迷，出於對自己欣賞的同情心，他對朋友遭遇的關切也油然而生。可能在此之前他從未對朋友有過如此細膩而真切的關愛。

但此時當事人的心境卻截然相反，他強迫自己盡量不要注意眼前那些可怕或心煩的事情，害怕情緒受到它們的影響，一時失控而讓旁觀者覺得無法接受。

因此，他迫使自己只去想像那些讓人高興的事情，想像人們對自己英雄壯舉的讚美和仰慕。

一想到自己能夠在險惡的逆境中臨危不懼、堅定不移，達到常人難以企及的崇高境界，他心中也不由得激情澎湃，沉浸在虛幻的勝利喜悅當中，這樣他就使自己擺脫了不幸。

反之，因為自己遭遇了一些挫折，就整天垂頭喪氣的人總是顯得頹廢猥瑣。或許換作我們自己，也一樣會自悲自歎，但是顧影自憐實在很難獲得別人的同情。我們會瞧不起那些成天哭哭啼啼的人。

因為如果我們不是出於同情別人而是因為同情自己，我們對於這種軟弱的行為是無法接受的。經歷喪父之痛，孝子的哀傷無可非議，他的悲傷主要是來自對死去父親的緬懷，而我們完全能理解這種人之常情。

但是，如果他是因為自己的不幸而感情用事，就不會有人繼續縱容他。

一個人即使遭遇再大的不幸，在豪傑之士看來，也不該為自己的命運感到淒切，自憐自哀。即使人們對他的同情是發自內心的，依然不能容忍這種過分的軟弱。

因為他們認為，軟弱給他帶來的恥辱比他的不幸本身更為可悲。那個曾經在戰場置生死於度外的比朗公爵，當他在絞刑

臺上回憶祖國淪亡，為自己輕率且昔日年華不再而流下悔恨的淚水時，這種脆弱使他以往的大無畏名聲蒙受巨大的恥辱。

第二章　論野心的起源及社會等級的區分

「有福同享，有難同當」是一種理想化的境界，現實的情形是人們更喜歡同享樂而不是共患難。這也就很好理解，為什麼我們習慣於炫耀財富而隱瞞貧窮。

當我們意識到旁人冷眼對待我們的貧寒窘境時，那種羞恥的感覺簡直難以忍受。但是這種人情的淡薄並不是我們追逐財富、遠離貧窮的主要動力。

究竟是什麼促使世人忙忙碌碌、勞苦終生？人們追名逐利、爭權奪勢、一心向上，到底是為了什麼？如果是為了維持溫飽，體力勞動者最低的工資就可以讓他們衣食無憂、安居樂業。在認真研究過他們的收支狀況後，我們發現他們把大部分收入用於那些為生活提供方便的奢侈品，為了博取虛名的慷慨解囊上。

我們為什麼對他們的奢侈生活既羨慕又嫌惡呢？那些出身上流社會的人為什麼害怕落入布衣粗食、茅屋陋巷、鶉衣百結的窘境，在這種生活狀況下即使無需太過辛苦的勞動，他們也會覺得難以忍受？

是認為自己的腸胃更高級，還是覺得在豪華套房睡得比茅草屋更香？究竟是什麼引起社會各階層都無法逃避的競爭？

我們為了實現所謂人類的偉大目標，改善生存狀況而追求的利益又是為什麼？真正的答案是人們都渴望成為萬眾矚目的人物、大家關注的焦點，並從眾人的關注中獲得極大的滿足感。

真正讓我們動心的並不是安逸享樂，而是虛榮。富人看重自己的財富，是因為他覺得財富自然會為他帶來眾人的關注，而他所有由此而生的快意都很容易得到世人的認同。

這種感覺使他的虛榮心極度膨脹，也使他更加看重自己的財富，甚至超過了財富為他帶來的一切。

相反地，貧窮讓人感到恥辱，因為他覺得人們會因為他的貧窮而看不起他，即使偶爾注意到他，也不會同情他的痛苦和不幸。

儘管默默無聞不等於被人否定，但是低下的地位讓他們很難獲得尊敬和認同，因此而愈加的悲觀失望。窮人無論走到哪裡都不會有人注意，他們在大庭廣眾之下如同在自己的茅屋中一樣晦暗。

人們假惺惺的噓寒問暖只是讓他們更覺難堪；大部分的時間，人們完全無視他們的存在，就算他困窘的表情在某些場合讓人無法回避，也只是招來別人輕蔑、厭惡的眼光。

因為春風得意的人往往不能容忍可憐人在他們面前閒晃，用一副可憐兮兮的慘相破壞他們安逸平靜的幸福。相反地，位高權重的人總是世人關注的焦點。

人們爭相一睹他們的風采，帶著羨慕的眼神幻想身處那種地位的人該是多麼地志得意滿。他們的一舉一動都逃不過公眾的眼睛，一言一行都成為人們的注目焦點。

他們總是眾人關注的中心人物，當然也是眾人眼中成功的範例，人們渴望從他們那裡得到激勵和指示。只要沒有荒誕脫序的行為，他隨時都會成為人們注意的目標，引起關注和好奇。雖然伴隨成名而來的會是對自由的束縛，但是相較於他們獲得眾人的羨慕，多少也算是對悠閒自在生活被破壞的一種補償吧！

但是，那些偉大的人物在我們的想像中往往被塗上欺騙性的色彩，他們總是處於一種近乎完美的理想狀態，那種狀態正是我們為自己描繪的人生藍圖。

我們對這些志得意滿的人抱有一種特殊的同情，對於他們

所有的偏愛和願望亦步亦趨，實際上我們是在認同自己的理想。任何對這些迷人形象的汙蔑和損害都讓我們感到難受，我們難以接受這種完美的體驗會被死亡終結，甚至為他們祈禱永生。

因為對於他們像我們一樣，被迫拋棄尊貴的地位，走向上帝為子民們準備的那個可憐而溫馨的歸宿，我們會覺得太殘酷。「吾皇萬歲」雖然是一種東方式的阿諛奉承，但是我們在毫無知覺的情況下也很樂意隨眾高呼。

同樣的厄運和傷害如果落在那些眾人矚目的人身上，會比發生在平常人時激起我們更多的同情和氣憤。

所以，自古以來國王的遭遇和情人的苦難是悲劇最好的題材，也是我們在劇場中最感興趣的情節。由於偏愛，我們喜歡在這兩種劇情中設計出天下第一的大團圓結局。

雖然我們知道，按照理性和經驗，在現實生活中結果卻可能是相反的，但是不管是誰，要是阻礙我們享受這種完美的體驗，就是對我們美好願望的最大冒犯。

弒君賣國者在人們眼中是最殘忍的兇手，因此查理一世之死引起的憤怒超過了人們對內戰中所有犧牲者的憤慨。

如果我們不瞭解人類的本性，看到人們對下層民眾的慘狀視而不見，卻對上流社會的遭遇鳴冤抱屈，難免會誤以為身居高位者對痛苦和死亡的忍耐力遠不如草民百姓。

正是人們對有錢有勢者在感情上的認同支撐著社會秩序和等級差別。我們服從、尊敬那些地位高於我們的人，並不是希望他們賞賜給我們什麼，而是出於對他們優越條件的羨慕。事實上，只有很少的人能得到他們的恩賜，這些少數人的運氣讓所有人眼紅。

我們渴望為他們服務，幫助他們達成事業的完美追求，滿足他們的虛榮和榮譽感而不要求任何報答。我們遵從他們的指

令並不是完全為了維護社會秩序，因為即使社會秩序要求反抗他們，我們也無法做到。

　　從理性和學理上看，國王是人民的奴僕，我們是服從、是抵抗，甚至廢黜或懲罰他們，應該完全取決於公眾利益的需要，但這並不是上帝的旨意。

　　上帝指示我們為他們的利益服務，折服於其高高在上的地位；以取悅他們作為我們最大的滿足；如果他們有些許不快，哪怕不會因此降罪於我們，我們也會覺得遭受了極大的侮辱。

　　除非和他們相交甚深，否則就算他們不計較，也很少有人會視他們如平常百姓。更不用說在日常生活中與他們爭論。人們對位高權重者的尊敬由來已久，對他們的同情也格外的深厚。

　　因此，歷史上那些被人民以暴力推翻下臺、最後走上刑場的統治者，在此之前通常已是民怨沸騰。因為在老百姓心中他們天生高高在上，即使對他們恨之入骨，也無法完全抹殺憐憫之情，甚至很容易恢復對他們的尊敬。

　　他們不忍心傷害自己的君主，同情很快地讓他們忘記曾經的憤怒，又開始忠心耿耿地為重新建立的君主權威賣命。查理一世之死使王室貴族得以復辟。詹姆斯二世在逃亡的船上被百姓抓住，人們對他的同情幾乎使革命難以為繼。

　　那些大人物不需要額外的努力，只是憑著自己的特權地位，就能夠獲得民眾的尊敬。對普通人來說，要獲得這樣的尊重卻難如登天。那些貴族子弟天生尊貴，他們憑藉的不過是高高在上的特權。

　　處於特殊地位之上，平日一舉一動，他們都時刻注意每一個細節，遵循所有的繁文縟節。因為他們很清楚自己是眾人矚目的焦點，許多人時刻準備迎合他們的喜好，所以即使在無關緊要的場合，他們也很自然地展示出揮灑自如的翩翩風采。

他們在舉手投足間表現出的優越感是那些出身卑微者所望塵莫及的。

　　正是這種不凡的氣度，成功地讓人們卑躬屈膝，為他們奔走效勞。在上位的君主則利用這種對權勢地位的仰仗來統治臣民。

　　路易十四之所以被視為偉大君主的楷模並不是因為他學問淵博、見識過人，也不是依靠他的豐功偉業和百折不撓的堅毅性格。是他無與倫比的權勢和地位為其贏得了巨大的聲譽，讓其他的美德和優點都相形見絀。

　　溫文爾雅似乎是大人物的專屬氣度，那些模仿者只會貽笑大方。有些紈？子弟裝模作樣地模仿達官貴人的禮儀行事，結果招來加倍的輕視。有人神情舉止一絲不苟，裝出一副顯貴的派頭，以為自己像個人物，卻沒人買他的帳，因為他的派頭也太過做作。

　　作為平民百姓，就應該謙虛樸實，不拘小節，這樣的大方自然亦可以贏得朋友的尊敬。如果有誰迫切地渴望出人頭地，就必須具備更重要的素質。

　　他必須努力做到知識淵博、工作勤奮、任勞任怨、不畏艱險、百折不撓。他必須開創一番大事業，透過艱苦的努力，不懈的奮鬥和精明的眼光，讓人們瞭解他的才幹。

　　無論在什麼場合，他都要做到通情達理、慷慨大度。他應該在適當的時候被委以大任，以他過人的才幹和優異的品德圓滿完成艱鉅的使命，以博得人們的掌聲。

　　等待這些機遇的到來，需要耐心。生不逢時總是讓他們悶悶不樂，所以那些野心勃勃卻為環境所限的人，整天想盡一切辦法尋找出名的機會。

　　他甚至幸災樂禍地盼望國內國外發生戰爭或衝突，想在動亂和流血中抓住機會一展雄才，以此吸引人們的目光。

與追逐名利者的作為相反，那些位高權重的人只要平日循規蹈矩便能保全自己的名聲。他對此心滿意足，他不願意再冒險去追求更高的目標。

　　舞會的風光和情場的得意就讓他很有成就感。他討厭鬧事作亂，這不是因為仁慈博愛（其實權貴們從來不把草民當兄弟），也不是因為膽小怕事（這種時候他不大會害怕），因為他知道在這些情況下，總會有些黑馬跳出來，展現出他們所沒有的才能，這會威脅到他的地位，搶了他的風頭。

　　他偶爾也會冒點小風險，在群眾運動中投機取巧。但是一旦要求他以一種百折不撓的毅力做長期堅持不懈的奮鬥時，他就會畏縮不前，那些出身名門者幾乎少有例外。

　　因此，在所有國家包括君主國的政府機構中，出身中下階層者都是依靠自己的勤奮和才能取得最高的職位，包攬了大小事務。那些名門之後總是成為反對派，對前者滿懷嫉恨。

　　通常，他們的態度先是瞧不起，然後是嫉妒，當後來者掌握了權力，他們也只能像曾經別人對其卑躬屈膝那樣地對新掌權者屈服。

　　正是喪失這種對人類感情的從容不迫的絕對控制，使高貴地位的降低變得如此不能忍受。當馬其頓國王一家被保盧斯・埃米利烏斯在勝利中擄走時，據說他們的不幸使得羅馬人的注意力從征服者的身上轉移到國王一家身上。

　　看到王室兒童因為年紀小而不瞭解自己的處境，旁觀者深受感動，在公眾的欣喜歡樂中，帶有極為微妙的悲傷和同情。在行列中接著出現的是馬其頓國王。他像是一個神志不清且驚駭不已的人，因為遭受巨大的災難而喪失全部情感。他的朋友和大臣跟在他的身後。

　　當他們把目光投向那個失去權勢的國王時，眼淚就奪眶而出。他們的行為表明：他們想到的不是自己的不幸，而是國王

的更大痛苦。相反地，高尚的羅馬人卻用輕視和憤慨的眼光看著他，認為這個人完全不值得同情，因為他竟會品德低劣到竟在這樣的災難中忍辱求生。

然而，這是一種什麼樣的災難？根據大部分歷史學家的記載，他在一個強大且人道的民族保護之下，在一種富足、舒適、閒暇和安全的狀況中度過餘生。這種狀況似乎是值得羨慕的，因為他甚至不會因自己的愚蠢而失去舒適的生活。

但是，他的周圍不再有那班頌揚他的笨伯、諂媚阿諛者和扈從。這些人先前已習慣在他的各種活動中隨侍左右。他不再受到民眾的景仰，也不再因他擁有權力而使自己成為人民尊敬、感激、愛護和欽佩的對象。

他的意向不再對民眾的激情產生影響。正是那難以忍受的災難使國王喪失全部情感，使他的朋友忘卻自己的不幸，氣質高尚的羅馬人幾乎不能想像在這種災難中還會有人卑劣到忍辱求生的地步。

羅斯福哥公爵有句名言：「愛情往往會讓位於野心，而野心卻極少被愛情壓倒。」

野心勃勃的人，往往容不得別人與他競爭。對於那些習慣於受萬眾仰望的人，除了野心的滿足能夠讓他感到愉快，其他的一切樂趣都黯然失色。

那些失勢的政客為了尋求安慰，會想方設法熄滅自己的野心，努力忘記昔日的榮耀，卻沒有幾個人能夠真正做得到。

除了與人談起昔日的無限風光，或是忙於拉幫結派、重整旗鼓，才能讓他們得到一點滿足外，大部分人只是百無聊賴地消磨時間，為一些無關緊要的想法自尋煩惱，對所有日常的娛樂都提不起精神。

很少有人能夠真的放棄那尊榮體面的尊貴頭銜，去追求一種逍遙自在，卻默默無聞的生活。要求得這種難能可貴的選擇

恐怕只有徹底遠離名利場，拒絕野心勃勃，不要去攀比那些實權人物。

也就是，把自己的心思徹底從那個是非之地抽離。

凡人都渴望受到眾人的關注和同情。除非他真的洞察事理，非常自信，對別人的看法及評價毫不在意；或者是自甘墮落，把慾望和野心忘到九霄雲外。

否則，攫取權力的野心，讓多少人夜不能寐，造成人與人之間的爾虞我詐、互相傾軋，也讓這世界充滿了貪慾和野心！與凡人不同的是，明智之士不把地位放在眼裡，誰掌權對於他們來說都無所謂，他們不爭，大到家國天下小到雞毛蒜皮的俗事概不關心。

除了那些世外高人，恐怕誰也不能完全把地位和榮耀置之度外。

因此，最鬱悶的事莫過於自己的不幸不僅不被人同情，反而招來他人的白眼和嘲笑；最開心的事莫過於受到別人的關注與理解。因此，人們最害怕的並不是將他們置於人生谷底的災難，而是那些使自己不見容於眾人的事情。

在大庭廣眾下丟人現眼通常比表露自己的不幸更讓人難堪，因為前者只能招來嘲笑，後者卻能夠得到別人的同情。旁觀者對受難者的同情減輕了受難者心中的痛苦。讓一位紳士衣衫襤褸地出現在盛會上還不如讓他遍體鱗傷更為體面，因為後者能得到人們的關切，而前者只會招來訕笑。

國王在軍隊面前鞭笞軍官要遠甚於刺他一劍，因為前者會讓他顏面無存。按照榮譽的法則，鞭刑是一種人格的羞辱，而劍傷則否。一個視恥辱為最大不幸的紳士如果受到較輕的處罰，在君子眼中無異於遭受極刑。

因此，法律通常不對貴族階層判處具有侮辱性的刑罰，即使是處以死刑，也要尊重他們的名譽。除俄國以外，一個身分

顯赫的人犯了罪，歐洲各國政府都不會對其施以鞭笞或枷鎖示眾這種有辱聲譽的處罰。

人們不會因為勇士被送上斷頭臺而蔑視他，帶著枷鎖遊街示眾卻是對勇士的極大侮辱。前者為他贏得萬人的景仰，後者卻讓他淪為笑柄。在前一種情況下，觀眾的同情給了他力量，使他擺脫羞恥感，以及獨自承擔不幸的孤獨感。

在另一種情況下，人們不會同情他，即使同情也不是因為他所受到的恥辱讓觀眾感到羞愧。毫無疑問，從此他的聲名掃地。

相反地，犯人臨刑前鎮靜的行為和剛毅的表情能夠讓人肅然起敬，不論他曾經犯了甚麼樣的罪行，面對即將到來的死亡、出於對生命的尊敬，在觀眾心裡都會產生一種肅穆的感覺；若此時死刑犯的表情平靜如常，更會讓人心生尊敬：他戰勝了對死亡的恐懼。

卡迪納爾‧德‧雷斯的名言與我們上面的論述如出一轍：「重大的危險往往能給我們帶來種種榮耀，所以敢於奮不顧身去面對。可是一般的危險只能讓人害怕，而一旦失敗就會名譽掃地。」

一個堅強的人能夠無視痛苦、貧窮、危險和死亡所帶來的困境。

但是，如果他的痛苦遭到侮辱和嘲笑，如果他在勝利之中被俘，受萬人指責，他就很難再堅持下去。

所有外在的不幸都沒有別人的輕視所造成的傷害大。

第三章　論嫌貧愛富、趨炎附勢的風氣對道德情感理論的敗壞

嫌貧愛富，從積極的意義上說，這種風氣對於建立和維護等級差別的社會秩序發揮了一定的作用，卻同時造成了普遍的

道德敗壞。

本應給予智者和君子的尊敬常被對富豪和高官的豔羨代替,窮人和弱者則常遭受惡棍和小人才應該得到的蔑視。這種現象一直讓倫理學家痛心疾首。

我們都希望有一個好名聲且受人尊敬,都害怕名譽受損,遭人鄙視。但是,當我們進入社會,很快地就發現人們尊敬的不僅是智慧和美德,蔑視的也不只是罪惡和愚昧。我們經常看到:有錢有勢者受眾人豔羨,德才兼備之士卻無人問津。

強者即使作惡多端、愚昧無知也不會被人看不起,而貧弱者雖然清白無辜卻總是遭人恥笑。

人們之所以一心向上是為了得到別人的尊敬和欽佩,要達到這個夢寐以求的目標有兩種方法:一是升官發財、飛黃騰達;二是潔身自好、勤學苦讀。

不同的方法導致了不同的心理狀態:一種是野心勃勃、貪得無饜;另一種是謙虛謹慎、公正無私。

我們可以對這兩者做對比分析,看看何者更值得我們效仿:野心勃勃者雖有著耀眼的光環,看上去引人注目,其實華而不實;謙虛謹慎者則顯得大方得體,但除了目光敏銳的人,很少有人注意。

大多數人總是目光短淺地注視著前者的財富和地位。後者雖然天性低調,為數不多,卻是真正的德才兼備之士,是社會的棟樑。若要效仿,應該選擇後者,絕非前者。

我們尊敬智慧和美德,無疑與對財富和地位的推崇有所不同。這兩種情感不難區分。但是它們之間的相似仍值得注意,如果不細心觀察,很容易將其混為一談。

平民百姓和富豪權貴可能具有相同的優點,在這種情況下,絕大多數人對後者的尊敬會遠勝於前者。更為可笑的是,不知道出於什麼心理,他們甚至讚揚後者的驕傲自大,完全忽

略了前者的誠懇樸實。

如果我們尊敬的只是財富和地位，而不是優點和美德，那簡直是對這些高貴品德的褻瀆。不幸地是，人們始終崇仰著財富和地位，大部分人皆臣服其下。

因此，我們經常看到普通人整日循規蹈矩，偶爾一次行為不檢點就會招來他人的輕蔑和嫌惡；那些經常放縱無禮的大人物，卻總能夠得到最大限度的寬容。

還好，對大多數人來說，追求美德和追求財富（如果不是不合本分的癡心妄想）的途徑在多數情況下幾乎是一致的。只要他們腳踏實地、謹慎正直，通常都能在工作中有所成就。

但是，若庸庸碌碌，且又品行不端，或生活放縱，就算再有才華也會一事無成。大多數人總是對法律心存敬畏，尊重這種維護正義的規則。他們的成功通常離不開鄰里、同行和朋友的幫助和讚揚，品行不端的人則很難得到這些。

所以，「老實人不吃虧」這句話在他們身上幾乎是完全應驗的。因此，在一般社會公德的層面上，絕大多數人的行為是令人欣慰的，社會基本的良俗習慣在他們的身上得以傳承和發展。

然而，上流社會的生活景況則是另一番天地。在宮廷生活和社交場合，想要飛黃騰達的人，不能只是指望那些見多識廣的同儕敬重，其必須要迎合驕橫愚昧的上司。這就不難解釋為何德才兼備之士不如逢迎拍馬、坑蒙拐騙之徒更受重視。

在和平年代或大亂未至之時，娼優弄臣阿諛奉承，用一幅國泰民安的盛世景象迎合帝王，帝王也樂得把治理國家造福百姓的責任一股腦地推給這些所謂的「忠臣」，而整日沉溺於紙醉金迷的生活。

在上流社會的社交生活中，那些故作姿態和耍弄小聰明的小人，比戰士、政治家、哲人或者議員等具有男子漢氣概者更

受人重視。就是因為這樣,那些粗俗卑鄙的逢迎拍馬之徒才能夠在卑鄙地掌握權勢之後,肆意地污蔑和踐踏一切令人肅然起敬的美德,而這些美德無論是在朝堂之上或鄉野之間都是十分重要的。

據說時尚也是源自於人們對上層人物亦步亦趨的模仿。無論是上流社會的衣著打扮、交際言談,還是他們的行為舉止,甚至他們的罪惡和愚蠢,都變成了一種時髦的東西。

大部分人以模仿他們為榮,殊不知正是這些東西玷污和貶低了他們自己。雖然他們自己不一定覺得這樣的裝束有多麼好看,愛慕虛榮的人還是會以上流社會者為標準,來規範自己的言行舉止、衣著打扮。雖然他們不一定認為某種行為算是美德,他們卻仍然依樣畫葫蘆地照著做,只是因為那些貴族都是如此為之。

更令人感到羞愧的是窮人對貴族派頭的模仿,他們有限的財力根本無法承擔這些開銷卻還是打腫臉充胖子,最後只是讓自己陷入更加困窘的境地。

追逐名利與追求美德是兩條截然不同的道路,有時候,這兩者還會發生激烈的衝突。那些野心勃勃的人總認為,只要一旦攀上權力的巔峰,就能夠隨心所欲無所忌憚,到那時候再表現得風度翩翩、優雅得體也不遲。

他們以為,勝利的光環完全可以遮住其為了往上爬所使用的各種卑鄙手段,人們將他視為成功者,沒有人會注意他的過去。那些覬覦政權者就是最好的例子。他們絲毫不把法律放在眼裡,為了登上夢寐以求的寶座,不惜採取任何手段。

因此,他們將爾虞我詐、陰謀詭計和結黨營私當作家常便飯,甚至不惜冒天下之大不韙,採用謀殺、行刺、叛亂、戰爭等方式,將通往權力頂峰之路的障礙一一清除。

但是,失敗者遠遠多於成功者,弄權者的結果最後往往是

身敗名裂。

　　既然勝利的誘惑如此巨大，那些實現自己畢生夢想的人應該感到心滿意足。其實不然，一旦野心家得到了自己追求的東西，心情總是無比失望。因為野心勃勃者真正追求的並不是舒適和快樂，而是榮譽的光環（雖然往往是對榮譽的極度扭曲）能讓他們滿足。

　　然而，不幸地是，無論是在他自己或是他人的眼中，其攀上高位後所得到的榮耀，相較於他在此前為了達到目的所使用的卑劣伎倆，早已黯然失色。

　　雖然透過大肆揮霍、聲色犬馬的放縱（墮落之人常常用這種可憐的辦法打發時光）、日理萬機的忙碌、驚心動魄的征戰，他會盡力讓別人逐漸淡忘其所作所為，但是在歷史和良心的審判席上，他依然是個被告。

　　他尋求能夠使人喪失記憶的魔法，卻總是徒勞無功。一旦想起所犯的罪惡，他就知道別人也同樣會記得這些事情。

　　他可以舉行極盡豪奢的盛大儀式，可以從權臣和學者那裡收買令人作嘔的諂佞獻媚，可以得到愚民大眾發自內心的歡呼，可以在一切征服和勝利之後品嘗志得意滿的滋味，但是他卻無法擺脫如影隨形的羞愧之情的猛烈報復。

　　當所有榮耀集於一身之時，他無時不在承受千古罵名的重負。偉大的凱撒大帝氣度不凡地解散衛隊，卻依然無法消除自己的疑心。

　　他可以赦免自己的敵人，卻無法得到人們的友情、消除他們的敵意，以及在同儕的尊敬和愛戴之中安享天年。

第二單元　論優點和缺點，或獎賞與懲罰的對象

第1篇　論對優點和缺點的感覺

引言

人類行為還具有另一種品質——優點和缺點，也就是應該得到獎賞或懲罰的品質。

人們只會態度鮮明地對這種品質表示贊成或反對，不會用是否適度、莊重或者粗俗來形容。

在前面，我們已經從兩個不同的方面探討過產生各種行為以及決定全部善惡的內心情感。本章也可從兩方面來研究：一方面，我們可以從關注激發感情的原因或對象著手，探討這種感情與激發它的原因是否相符，以及這種感情決定的相應行為是否適度，是彬彬有禮還是粗俗不堪；另一方面，我們可以考察這種感情本來的目的或實際造成的結果是否有益，以決定相應行為的賞罰。

據以判斷行為是否適度的感覺在前面已經論述過，因此我們主要研究那些判斷行為應該受賞還是受罰的感覺。

第一章　獎賞任何理應受到感謝的行為，懲罰任何理應得到怨恨的行為

一種行為讓所有人都理所當然地認為要刻不容緩地去報答別人，這種感情就是感激，顯然這種行為應該受到獎賞。

相反地，一種讓我們感到要迫不及待地去報復別人的行為，這種感情是怨恨，顯然這種行為應該受到懲罰。

其實，獎賞和懲罰都是一種感情回饋，且兩者是尖銳對立的，獎賞是對別人施與我們恩惠的投桃報李，而懲罰則是對別人給予我們傷害的以牙還牙。

感激或怨恨這兩種感情可以直接促使我們對別人的喜怒哀

樂加以關注，可以直接決定我們是否為他人服務。

例如，我們與一個人相識已久，彼此融洽相處，且對他滿懷敬愛，則我們肯定會為他的幸福而高興，當然也願意為他的幸福而貢獻自己的綿薄之力。即使他的幸福中沒有我們的付出或是功勞，我們同樣也會感到滿足，因為我們全部的心願就是希望他幸福，不會在意為他帶來幸福的人是誰。

其實，這種美好的心願無法滿足我們的感激之情。雖然我們看到那個給過我們很多恩惠的人得到幸福而感到滿心歡喜，但如果他的幸福沒有我們的一臂之力，這種感激之情是存在缺憾的。

也就是，只要我們還沒報答或者尚未用實際行動去促成他的幸福，我們就會一直覺得有所歉疚，對不起他曾經給予我們的幫助。

同樣地，如果一個人平日的所作所為讓我們極其痛恨和厭惡，則我們對他的遭遇便很難產生同情，反而會幸災樂禍，甚至會很高興地看到他受罪。

但是，如果他的行為沒有給我們或者我們的朋友帶來嚴重的人身傷害，我們對他就沒有仇恨，也不希望會給他帶來不幸。我們不想親手造成他的痛苦，雖然我們可能並不害怕因此受到懲罰。

一個滿腔仇恨的人在聽到他非常討厭的人死於非命時，也許會感到高興。但是，如果感到是由於自己的原因造成了這個不幸，只要他天良未泯，就算他原本沒有這種惡念，他也會譴責自己。

這種自發的想像會使他受到異乎尋常的折磨，甚至會懼怕在心中描繪這種邪惡的圖謀，且一想到自己會犯這樣的滔天大罪，他就會覺得自己跟那個人一樣面目可憎。怨恨則截然不同。

如果一個人曾帶給我們巨大的傷害，例如殺父之仇，就算

他很快死於疾病,或者因其他罪名被斬首,或許這會平息我們的仇恨,卻無法完全消除我們的怨恨。身受傷害產生的怨恨,讓我們不但希望他罪有應得,甚至想親手處置他。

除非罪犯悲傷他自己的同時,也為他的罪惡給我們造成的傷害而痛苦,否則怨恨就不可能得到徹底消除。他應該對自己的行為痛心疾首,這樣其他人就會因為害怕懲罰而不會重蹈覆轍。處治罪人、警示大眾、使怨恨得到補償,懲罰就自然會產生政治上的效果。

第二章　論合乎情理的感激或怨恨的對象

大家認為理所當然應該得到感激或怨恨的行為,才是合乎情理的對象。因此,與人類所有其他感情一樣,真正合乎情理,被大家所認可的同情、理解和贊同,必須來自那些置身事外、正直無私的旁觀者。

我們發自內心地感激一個人,就應該理所應當地報答他,其他人也會這樣想,也希望看到這種報答。同樣地,我們發自內心地怨恨一個人,自然希望懲罰他,任何一個通情達理者都會了解和同情我們,也樂於看到這種懲罰。

對朋友春風得意時的快樂,無論是什麼為他們帶來幸運,我們都會樂於和他們一起享受這種愉快和滿足。對於他們的情感和愛心,我們能夠體會且開始對它產生感情。

如果這種幸福被破壞,甚至只是遠在他們力所能及的範圍之外,即便我們失去的只是旁觀的愉快,我們也會為他們深感惋惜。如果是一個人為朋友帶來了幸福,這種惋惜之情就更為強烈。當我們看到有人得到別人的幫助、保護和安慰時,我們對他的快樂抱有同感,也同樣感激那個給予他快樂的人。

我們站在感恩者看待其恩人的角度看,這個恩人在我們眼中一定會顯得非常和藹可親。

因此，我們很願意分享感恩者對恩人所抱有的令人愉快的感激之情，也完全贊同他知恩圖報的心理。因為我們能充分理解這種感情，所以無論怎麼看，這種回報都不過分。

　　無論何時，我們都會對朋友的悲傷報以同情，因此也能夠理解他對痛苦之源的痛恨。我們時刻跟隨著他的悲傷，很容易被他那種竭力掙扎、力圖擺脫痛苦的精神所打動。

　　但是，我們不會沉溺於消極被動的同情之中，那樣只會使我們和他一樣痛苦，我們會主動去尋求一種更為積極向上的感情，從而贊同他對痛苦根源的厭惡，以及擺脫悲傷的努力。如果造成他痛苦的是一個人，這種情緒就更為明顯。當有人遭到欺凌迫害時，我們就會同情他對施暴者的怨恨，絲毫不亞於同情他自身的痛苦，甚至很願意看到他對仇人的報復。

　　只要他想要自衛或報復，我們都會摩拳擦掌準備隨時拔刀相助。如果他不幸在爭鬥中死去，我們不僅會同情他親朋好友們的憤怒，且會為已經喪失知覺和感情的他想像出一種憤恨之情。我們甚至會想像自己進入了他的軀體，使這具已經死亡的軀體重新復活，真正體會著他內心深處的感覺，這種想像的同情，使我們像往常很多時候一樣感受到一種當事人無法感受到的情緒。

　　此時，油然而生的責任感讓我們為他受到的無法補償的巨大傷害而潸然淚下，讓我們覺得他的遭遇理應得到更多的關心。如果他那冰冷僵硬的屍體仍有意識，他的憤怒必定會與我們的想像完全一致，一定會躍起高呼血債血償。一想到他的大仇未報，我們就覺得他死不瞑目。

　　在人們的迷信想像中，經常會有夜半出現在兇手床邊的恐怖景象，以及那些從墳墓中爬出來報復仇人的冤魂。其實，這都是想像中對死者的憤怒所產生的同情。即使沒有懲罰來主持正義，對於罪大惡極之人，上帝早已用這種辦法在人類心中深

深地烙印下神聖不可抗拒的復仇法則。

第三章　如果我們不贊成行善者的義舉，就很難同情受益者的感激。反之，如果我們同意施暴者的動機，就根本不會同情受害者的憤怒。

亦即，一個人想要為別人做什麼好事，只要他的動機顯得不合情理，我們就無法理解導致這種行為的感情，也就很難同情得到好處之人對他的感激。

相反地，一個人有什麼危害他人的行為或企圖，只要我們能夠理解他這樣做的原因，我們就不會同情受害者的憤恨。前者似乎值得稍微表示一點感激，而後者則好像不應該報以滿腔仇恨，也不應該受到懲罰。我們具體從以下兩點來論述。

首先，如果我們無法理解行善者的行為，他這麼做的動機顯得不合情理，我們很難對受益者所抱有的感激之心表示贊同。

例如，只因為對方正好和自己同姓同宗、有相同的爵位頭銜，就給予對方很大的好處，甚至將萬貫家財拱手相送。我們看不起這種愚蠢的善行，認為這位恩人不值得感謝，因為這種傻瓜似的慷慨大方根本不值得給予同等的回報，所以我們就不會贊同那位得到好處之人感激涕零的表現。

假如我們是那位受益者，恩人總是寬宏大度地對待軟弱的我們，我們很難對他產生崇高的敬意，在大多數情況下很可能會把對他的敬重轉向更值得尊敬的人。就像君主慷慨無度地將財富、權力和榮耀濫施於自己寵信的人，卻很少能換來他們的忠心，相反地，忠誠往往會歸屬於那些有節制施捨恩惠的人。

英王詹姆斯一世雖然有一副慈善心腸，但是他毫無保留的慷慨大方卻沒有討得任何人的歡心，其生前死後都是孤家寡人。他那英明節儉的兒子雖然生性冷酷無情，卻能讓英格蘭的

豪紳貴族拋家捨業，為他賣命。

其次，無論一個人給別人造成多大的不幸，只要他的動機和情緒完全能夠得到我們的同情和認可，我們就根本不會去同情受害者的怨恨。

若我們偏袒爭吵中的一方，完全贊成他的憤恨情緒，就不可能會體諒另一個人的憤怒。我們贊同一個人的動機，認為他是正確的，我們就會反對那個被我們判斷為錯誤的人。無論後者可能遭受什麼樣的痛苦，只要沒有超過我們出於同情的義憤所能容忍的程度，我們就不會感到惱怒。

例如，一個被判處死刑的殘忍兇手竟狂妄地對揭發者或法官表示無禮，就算我們原本可能對他的不幸有一絲憐憫，我們也不會同情他的憤怒。

人們天生就會對那些十惡不赦之徒的正當義憤抱持一種反對傾向，雖然這對罪犯來說是致命的，但只要我們設身處地地想像一下，對這種感情傾向就會表示贊同，且不會有任何為難之處。

第四章　簡要回顧前幾章的內容

❀ 1當一個人因別人給他恩惠而心存感激時，除非我們完全贊成行善者的動機，否則我們不會真心地表示同情。

只有我們衷心地認同行善者的原則以及由行為產生的所有情感，才能完全理解並認同受益者的感激之情。如果行善者的行為顯得不合情理，無論結果多麼有益，也不一定非要給予相等的回報。

但是，如果這種善行包含慈愛的意圖和適當的感情，或若我們完全同情和認可行善者的動機，我們就會因此對他肅然起敬，我們對那些感激涕零之人的同情心也會大增。

這種善行就應該得到，或甚至有權要求相等的回報，那種渴望報答恩情的心情便會得到我們的諒解。我們一定會支持報恩的行為，認為行善者理所當然地應該得到報答。

❀ 2 即使一個人是出於某種不可饒恕的動機對他人造成傷害，我們也難以對受害者的憤怒表示同情。

只有不贊成施暴者的動機，且不願同情導致其那些行為的感情，我們才能體諒受害者的憤怒。如果施暴者的動機和感情都顯得合情合理，則無論他想對受害者造成多大的傷害，他的行為都不應該受到懲罰，對他心懷怨恨也並不合適。

但是，如果造成傷害行為的感情是不正當的，且我們對施暴者的動機滿懷憎恨，不願同情，我們就會真誠地體諒受害者的憤怒。這種憤怒在我們看來就是合情合理的，對於受害者要求懲罰罪行的呼聲也會完全地理解和贊成。

此時，我們認為罪人理應受到懲罰，且完全同情和支持那種要求懲治罪人的感情，因此懲罰行為也就成為恰當合理的了。

第五章　試析人們對優點和缺點的判斷力

判斷一種行為是否適當，我們憑藉的是對行為者的感情和動機的一種直接同情，且這種同情必須來自於那些置身事外、正直無私的旁觀者。我們對優點的感覺是源於對接受行為者的感激之心的間接同情。

如果我們不贊同行善者的動機，就不可能充分體諒受益者的感激，因此，對優點的感覺似乎是一種複合的情感。它包含對行善者情感的直接同情和對受益者感激之心的間接同情，這是兩種截然不同的感情。

下面我們具體來分析人們對優點和缺點是如何判斷的。

同樣地，我們對缺點的感覺是源自對受害者憤怒的間接同情。因為我們對施暴者的感情和動機缺乏同情，甚至直接反感，我們才會覺得他的行為不恰當，所以只有我們內心根本就不贊同施暴者的動機，對它毫無同感，我們才能同情受害者的憤怒。

　　因此，和對優點的感覺一樣，對缺點的感覺也是一種複合的情感。它包括對施暴者感情的直接反感和對受害者憤怒的間接同情。

　　很多時候，當我們覺得某種品性或行為應該得到報答時，我們可以清楚地區分這兩種混雜在一起的感情。當我們在史書中看到正義凜然、仁慈高尚的行為時，會急於瞭解其目的；我們為這些行為背後的慷慨大度精神感動不已，為他們的成功高興，為他們的失意悲傷。

　　我們把自己想像成那些為我們慷慨仗義的人，我們在幻想中置身於那些年深日久、為人忘懷的冒險經歷中，想像自己正在扮演遠古英雄的角色。

　　我們的情感依靠的就是對這些行善者的直接同情，同時我們也明顯感覺到對那些受益者的間接同情。當我們設身處地地為受益者著想時，在我們用心體會他們對那些熱心助人者的感激之情時，我們心中的同情是熱烈真摯的。我們會像他們一樣去擁抱恩人，我們對他們感激涕零的表現報以衷心的同情。

　　我們認為他們無論給自己的恩人多大的光榮和回報都不為過。如果他們對所得的恩惠給予適當的報答，我們就會對他們的行為讚不絕口；如果他們表現得無動於衷，我們反而會感到驚訝。

　　亦即，正因為我們對感激和熱愛滿懷同情之心，我們才會感覺到這些行為的優點，認為它們應該得到獎賞，應該給予適當的回報，而這種回報必然使行善者感到欣慰。當我們以這樣的心情去深入體會當事者的處境時，一定會為他們高尚大度的

行為激動不已。

很多時候，當我們覺得某種品性或行為應該得到懲罰時，我們也能清楚地區分這兩種混雜在一起的感情。當我們在史書中看到古代暴君的荒淫無恥和慘無人道時，對造成這些暴行的反感就會油然而生，我們心懷恐懼和厭惡，不願對這種罪惡的動機有絲毫同情。

我們的感情依靠的是對施暴者心態的直接反感，且我們也明顯感覺到對受害者憤怒的間接同情。當我們設身處地地想像那些遭到欺凌、出賣或被殺害的人的悲慘遭遇時，對人間竟然有如此殘暴驕橫的壓迫者感到義憤填膺。

我們同情無辜受害者的痛苦，也同時真誠地同情他們的憤怒。前者的感情只是後者的催化劑，一想到他們的痛苦，我們對那些造成痛苦者的憎恨就愈發強烈，我們則更加真誠地與受害者一同反抗壓迫者，會更加熱烈地支持他們所有的復仇之心，並且把自己想像成為伸張正義、剷除邪惡的英雄。

滿懷同情的憤怒讓我們覺得那種懲罰是他們罪有應得。正因為我們是旁觀者，很了解受害者，所以自然產生的富於同情的憤怒，使我們為這種慘絕人寰的暴行受到應有的懲罰而高興，為它逃脫應得的報應而氣憤不已。

惡有惡報，我們認為那些犯了大罪的人理應承受打擊，經歷痛苦的折磨。

第 2 篇　正義與仁慈
第一章　兩種美德的比較

只有仁慈好善、光明正大的行為才配得上報答，因為大家都對它心存感激，由此行為激起的感恩之心才能得到旁觀者的同情。

同樣地，只有存心為害、圖謀不軌的行為才應該受到懲罰，因為大家都對它心懷憤恨，由此行為激起的憤怒之情才能讓旁觀者深有同感。

仁慈是一種自由的選擇，不能強求。我們不能懲罰那些只是缺乏慈善心的人，因為這並不會導致真正的罪惡。也許有時人們依照常理期望看到善行，但事與願違，由此產生的失望心情也許會誘發厭惡和反感，但是他們不會表現出任何使他人難以理解的憤怒之情。

然而，一個人在有能力報恩或者恩人需要他幫助時不去感恩，這無疑是最令人不齒的忘恩負義行為。他的自私，不會得到任何公正旁觀者絲毫的同情，也沒有人會對他表示贊同。實際上，他沒有真正地傷害任何人，卻引起人們的憎惡，因為他沒有做到原本應該做到的善行。

但憎惡並不是憤怒，憎惡通常是人們對那些不合情理的情感和行為會產生的情緒，而憤怒卻是那些使人受到真實傷害的行為所激起的情緒，因此，缺乏感恩之心的人不會受到懲罰。

他只是沒有懷著感恩之心去做任何公正旁觀者都會支持他做的事，但是如果我們透過外部壓力強迫他，則似乎比他忘恩負義的行為更不恰當。就像他的恩人企圖以暴力強迫他報答，就只能自取其辱，這種角色也不應該由另一個相同地位者來充當。不過，出於感激之情，我們願意主動積德行善，這是一種最接近理想和完美的責任。

友愛、慷慨、寬容比起感恩之情的責任感更為自由，更加不受外力逼迫，也會讓我們自覺地去做好事。然而，在友誼僅是尊敬卻沒有對善行的感激而增強時，我們只能選擇絕口不談慷慨之恩甚至友情，只能談論感恩的債務。

上天賜予我們用於自衛且只是用於自衛的似乎是憤怒之情，它保衛著正義和清白。在它的鼓舞下，我們打敗企圖傷害

自己的陰謀,對已有的傷害實行報復,讓侵犯者悔恨自己做了錯事,讓其他人看到前車之鑑而不敢輕舉妄動。

但是,這種憤怒如果超過應有的範圍,旁觀者就不會報以同情。就像一個缺少慈善心的人,雖然不能滿足我們對合乎情理之善行的期待,但我們沒必要進行自衛,因為他不會故意傷害我們。

相反地,正義是另一種美德,對它的遵守,並不依賴我們的自由意志,違反它的人會成為眾矢之的,遭受懲罰。通常,違反正義者總是確定無疑地傷害了一些人,且背後隱藏著一些不可告人的目的。

因此,對他報以憤怒是理所當然的,而憤怒必然產生懲罰。對不義行為造成的傷害,使用暴力以牙還牙,不會有任何人反對,因此為了防暴止暴而使用暴力,為了阻止罪犯傷害其他人而使用暴力,能夠得到人們的肯定和贊同。

陰謀為害他人的歹徒,他自己很清楚,受害者及其他人為了防止或懲罰他的罪行會恰如其分地使用這種暴力。最近一位遠見卓識的偉大學者鄭重指出,正義對我們行為的約束比友誼、仁慈或慷慨更為嚴格,這是正義和其他各種社會美德之間的最大區別。

在實踐其他一些美德的時候,我們好像可以自由地選擇行為方式,但是當我們遵守正義時,會莫名其妙地感到某種束縛、限制和壓力。

也就是說,我們在遵循其他社會美德時卻感覺不到這種強迫性,而我們遵守正義法則時,則有一種力量使我們感覺到一種天經地義的強迫性。

值得注意的是,我們必須謹慎區分這兩種行為:
- ❀ 一是只適合加以責備和非難的行為;
- ❀ 二是可以用暴力來懲罰或防範的行為。

區分時要把握一個分寸，連司空見慣的尋常好人好事都做不到，就應該受到責備，而任何超過一般標準的善行都值得讚揚。介於二者之間的一般的善行似乎既不應該責備也不值得讚揚。例如，如果作為一個父親、兒子或兄弟，對親人的態度跟多數人一樣，就沒什麼可褒貶的。

但是若有人對我們異常地友好，讓我們受寵若驚，就好像應該得到好評；相反地，如果有人對我們出奇地冷酷，就要受到譴責。

然而，即使在地位平等的人之間，也不能強求最普通的好意和善行。早在人民政府建立之前，人們就理所當然地認為，每一個平等的個體都有權保護自己不受傷害，也有權要求給予對那些傷害自己的人一定程度的懲罰。任何慷慨大方的人在看到別人維護自己的權益時，都會表示贊同和理解，且願意相助。

如果有人遭到襲擊、搶劫或者謀殺，所有的人都會震驚不已，且認為自己應該救人於水火，或者為受害者報仇。但是，如果父親對兒子缺乏正常的慈愛，兒子對父親缺乏正常的孝敬，兄弟之間缺乏正常的骨肉之情，有人缺乏同情心以致拔一毛以利天下而不為，這些行為雖然人人都可以責怪，但任何看不順眼的人都無權強迫人家做得更好。

這種情況下，旁觀者或者相等地位之人，如果大打出手就會被視為蠻橫無禮之徒，對他們除了勸告和說服，別無他法。

有時，當權者確實可以強制那些統治下的百姓彼此以禮相待。所有文明國家的法律都規定，父母有撫養子女的責任，子女有贍養父母的義務，以及其他許多強制性的慈善行為。政府官員不僅有權懲治暴行以維護社會安定，更有權建設良好的行為規範，防止各種歪風邪氣，以促進國家的繁榮昌盛。

為此採取立法的手段，禁止市民之間的相互傷害，要求大家盡可能與人為善。如果君主命令大家去做那些無關緊要的事

情,從前置身事外也不會受任何追究,而違抗命令就會受責備和懲罰;一旦君主他命令大家去做那些過去若不管不問就會遭受嚴辭指責的事情,違抗命令者受到的懲罰肯定更為嚴厲。

然而,立法者在執法時,必須態度謹慎、如履薄冰,做到公正和適度。對法律的全盤否定會引起嚴重的社會動亂,使國家受到駭人暴行的威脅;執法過於嚴酷又會破壞自由、安全和公正。

在地位平等的人之間,好像不能隨意懲罰一個僅僅缺乏善心之人,但為了努力行善而做出重大犧牲者顯然應該得到最豐厚的回報,他們偉大的義舉理所當然應該受到最熱烈的感激。通常,侵犯正義者會遭到懲罰,遵行正義之人也不會得到任何獎賞。

遵行正義是一種正確的行為,應該得到肯定和贊同,但是它並沒有任何真正積極的善行,所以不值得給予感激。在大多數的情況下,正義只是一種消極的美德,只是不讓我們去傷害他人。例如,僅僅做到不去侵犯他人的人身、財產或名譽。

值得注意的是,人們並不僅僅是出於維持社會秩序的考慮而贊同違反正義的行為必須在現世受到懲罰,上帝和宗教讓我們篤信這種罪行就算是在來世也會受到報應。雖然這種懲罰沒有先例,罪人也不可能因為害怕上帝的懲罰而收手,但是人們卻感到這種報應會如影隨形地伴著他一直到死。

人類相信天界存在著一位公正的上帝,當那些在世間飽受欺凌、無人為其主持公道的人們向他祈禱後,上帝必為之復仇。因此,在任何一種宗教或為世所知的迷信中,都有天堂和地獄的對立,天堂為報答善行,地獄則是懲罰罪人。

第二章　論對正義和悔恨的感覺以及客觀自我情感評價

當我們懷著傷害別人的念頭、試圖帶給他不幸時,主要是

出於報復心理：因為自己曾經被他傷害過所以要還諸彼身。這樣的動機從某個角度看似乎是正當的，可能會得到旁觀者的理解，但若是平白無故地傷害別人則會引起所有人的憤怒。

如果因為別人的幸福妨礙了我們自己的幸福就對其搞破壞，或者只是因為原本屬於別人的東西對我們來說更有用就霸道地將其據為己有，甚或為了滿足凡人皆有的自私心理就將自己的幸福建立在犧牲他人利益的基礎上，上述種種劣行是任何公正旁觀者都不會贊同的。

人的自私天性使他將私利擺在第一位，最關心直接涉及自己利益的事物，對於別人的悲喜成敗漠然視之，因為人們確信最瞭解、最會照顧自己的那個人還是自己，關愛自己無可厚非。人們也許會為一個素不相識者的離世而難過，但那種感情的投入程度遠遠比不上日常生活中遇到的小麻煩給自己帶來的煩躁焦慮感。

是的，別人的破產跟我們沒有多大瓜葛，影響力還不及自己遇到的一些小災小難，但我們絕不能為了使自己避免遭遇災禍，甚至為了防止自己破產就讓他人付出破產的代價。無論是在上述的例子還是在其他任何時候，人都應當採取自己平素對待別人的態度來看待自己。

俗語常說：「一個人咀嚼著自己的小悲歡就以為是整個世界，在別人看來他卻什麼都不是。」

人總是把自己的幸福看得比世界上所有人的幸福都重要，其他人卻不一定這麼認為。因此，即使每個人尊奉「我愛自己甚於愛所有人」的原則，他也不敢公開宣稱。雖然這個原則對天性自私的人而言再自然不過，但他擔心說出來會遭人批評，沒有人會贊成其這種明目張膽的私心。

當人嘗試以別人的眼光來看待自己時，就會逐漸意識到自己在別人眼中的位置不過是芸芸眾生的一員，不比別人重要多

少。明白了這些，

當以後為人處世時他就能夠參考「旁觀者」的視角，務必做到在所有的場合都注意克制自己的妄自尊大之心，將其控制在別人能夠接受的範圍內，而其他人也會相對地容忍他的自私自大心理，允許他去追逐自己的幸福。只要別人設身處地地替他著想，就不會反對他去爭取個人的榮耀。

例如在財富、榮譽和權勢面前，一個人如果想擊敗所有對手拔得頭籌，應該要盡其所能，全力以赴；但是，如果他不專注於提高自己的能力而是一心使壞，想排擠或除掉對手，其他人就不會寬容他，因為人們憎惡任何陰險狠毒的行為。

每個人都是平等的，大家相差無幾，誰也不比誰強多少，要公平競爭。那種愛自己勝於任何人的自私心理難免會產生傷害競爭對手的念頭，此時，人們更願意站在被傷害者一邊，同情他的憤怒，對害人者表示憎惡和厭棄，害人者因此才會意識到極端自私只會讓自己成為眾矢之的，陷入四面楚歌的困境。

為害者犯下的罪惡愈大，愈難以補償，受難者的憤怒就愈強烈，旁觀者同仇敵愾的情緒則愈發高漲，而犯罪者亦愈覺悔不當初。

對一個人最大的傷害莫過於害其性命，死者的親友會對此怒不可遏，在所有人包括罪犯看來，謀殺都是一種最慘無人道的罪行，它破壞我們對未來美好的憧憬，其罪惡遠高於奪走我們現已擁有的東西，因為破壞一個約定只是把可能的希望化為泡影，這種罪惡遠遜於侵犯財產、偷竊和搶劫等罪行。

象徵正義的法律是神聖的，其頒布的最主要目的是保護所有人的生命和人身安全，違反它的人將會受到嚴厲的制裁和懲罰；其次是要保護個人財產及其所有權，最後才是保護一般所說的個人權益或保障義務實現的權利。

觸犯法律者在行兇之前不會考慮其他人的看法，他沒有羞

恥心、無所畏懼，也不會了解自己可能帶給別人的痛苦。當其滿足了衝動的慾望，回過頭冷靜地看待自己的行為時，他簡直無法原諒影響自己行兇的動機，那些念頭顯得極為可惡。

　　他意識到別人一定會用厭惡和憎恨的眼光看待他，於是不知不覺間他開始厭惡和憎恨自己，開始同情因自己的罪行而造成的受害者，一想到自己給別人造成的傷害就傷心後悔不已。他發現自己處於人們的憤怒聲討中，已經被排除在一切人類感情之外，必須得承擔怨恨、報復和懲罰的後果。

　　在極度的恐懼和驚惶之下，他無法面對社會，也不敢奢望在壓抑的痛苦中能得到別人的安慰，因為其他人一想起他的罪行就不會產生任何同情。世人的態度讓他絕望，深陷四面楚歌還不如逃進荒涼的沙漠，從此不見任何人，再也看不到那些鄙夷、指責的眼光。

　　但是，孤獨比社會的孤立更可怕，還不如面對黑暗、不幸和災難，以及憂鬱所帶來的痛苦。這些迫使他重新面對往日熟悉的人，他無地自容、驚慌膽怯的表情讓他們吃驚，他也希望自己的落魄能夠換來審判者的同情，儘管他們早已有了一致的宣判。

　　這種天賦的情感就是悔恨，悔恨會讓人產生畏懼心理，它包括對自己過去所犯的錯誤深感羞愧，對罪行的後果深感遺憾，對曾經被自己傷害過的深覺憐憫，以及想到所有其他人的憤怒，內心不免對未來的懲罰感到絕望。

　　相反地，一個人向來慷慨仗義，且是出自正當理由的幫助別人而不是幼稚輕率的想法，他有理由認為自己會得到那些受過他幫助的人的愛戴與感激，並會因此而得到社會上所有人的尊敬和讚賞。

　　當以公正旁觀者的態度來檢視自己最初的動機時，他會有更深的體會，並為「旁觀者」對自己的裁判和讚許而高興。

想到自己的行為從各方面看都無可挑剔，讓所有人感到滿意，他內心就充滿了快樂、安詳和鎮靜；能與所有的人融洽相處，並在人群中感到信心十足、意氣飛揚，他確信自己是個受人尊敬的人物，所有這些美妙的感情合在一起讓他強化了對自己優點的認識，也認為自己值得這些慷慨的回報。

第三章　論天賦社會結構的效用

人是社會性的動物，只有在社會中才可以生存，天性也使人能夠適應其身處的環境。人類社會所有成員之間都需要互相幫助，也可能會互相傷害。

人們如果能夠做到相互體諒忍讓、互敬互愛、互相幫助，社會就會繁榮興盛、充滿溫馨。溫情和愛將群體中所有的成員連結在一起，組合成一個溫暖的大家庭。

當然，即使是一個人人為己、自私當道的社會，人與人之間普遍缺乏愛和溫情，沒有多少快樂祥和的氣氛，社會也不會消亡。因為即使人與人之間的關係冷漠到極點，只要達成一定的共識，社會仍然可以由一種類似商品交換的關係來維持。

在那樣的社會中，人沒有必要對幫助者表示感謝，由於社會已經形成一種普遍的共識，依靠純粹功利主義的互惠行為它也完全可以延續下去。

然而，如果一個社會中人與人之間總是互相攻擊傷害，它就很難存在下去。一旦人們開始互相傷害，仇恨和敵對的情緒便開始蔓延，連結社會的臍帶就會斷裂，人們之間的關係因為感情上的摩擦和對抗而愈加疏遠。

眾所周知，如果強盜和殺人犯之間有交情，他們至少不會搶劫和殺害對方。因此，與仁慈和寬容相比，社會的存在更有賴於正義。一個缺乏仁愛之心、充滿炎涼世故的社會雖然畸形得讓人感覺不快，但仍可以維持，而一個充滿暴行、仇恨的社

會則注定要走向毀滅。

來自他人的報答總是讓人愉快、令人嚮往，上帝利用世人的這種心理督促人們多做好事。他沒有因為善行經常被忽視就放棄使用這種心理來保證和強制人們行善。

如果把人類社會比喻為一座大廈，則善行並不是支撐這座大廈的地基，而是給它增光添彩的裝飾，因此勸誡督促就可以，沒必要強迫人去做。相反地，正義如同支撐整座大廈的中心支柱，一旦動搖，這座宏偉的建築便會在頃刻間土崩瓦解。

上帝傾注許多的心血來營造和維護社會大廈，為了引導世人遵奉正義，便將惡有惡報的觀念注入人們心中，培養一種不敢輕易違背正義原則的心理，因為知道這會遭到懲罰。這種心理好比偉大的衛士，扶弱抑強，除暴安良。

人類天生富有同情心，但是他們對與己無關的陌生人，其關注程度根本無法與關愛自身的程度相提並論。與自己的蠅頭小利相比，一個陌生人的不幸無足輕重、無關緊要。

處於強勢地位者有時很容易會傷害別人，當受害者被迫自衛時，若施害者心中所謂正義的原則蕩然無存，他們一點也不會為受害者的無辜柔弱所動，反之則會像隻被激怒的猛獸般會隨時撲向對方。

此時，身處人群之中，孤立無援的受害者就好像掉進了獅子的巢穴。

處處充斥著爾虞我詐的社會不可能產生正常的人際交往，社會只有在尊重正義法則的前提下才能存在。正因為意識到正義法則的不可或缺，人類才會贊成懲罰那些違背法則的人，以維護正義的尊嚴和社會的秩序。

樂群是人類的天性，即使群體生活不一定為自己帶來什麼好處，他仍然堅信人類保持團結可以維護自身的利益。他嚮往的社會應該是秩序井然、繁榮昌盛的，而非混亂不堪、秩序全

無,一切導致社會混亂無序的原因都讓他厭惡。

因為他清楚地知道,個人利益的實現離不開社會的發展,社會安定繁榮與否決定個人的幸福,甚至身家性命的安危。

正因為個人與社會環境關聯的東西太多,故其對一切危害社會的行為恨之入骨,且願意設法去阻止駭人聽聞的壞事情發生。違反正義的行為必然會給社會造成損失,因此他對每一件暴行都感到驚恐不安,想竭盡全力阻止事態向更壞處發展,若聽任壞人為所欲為,曾經為人所視若珍寶的事物可能很快地就會煙消雲散。

當使用溫和克制的手段達不到平息暴行的目的時,他會不惜使用暴力。

所以常看到人們贊成為了維護正義而嚴格執法,甚至同意對違反正義法則的罪犯處以死刑。只有把那些危害社會安全的害群之馬驅逐出社會,才能達到殺一儆百、威懾不法分子的效果,讓他看到前車之鑑,不敢輕易以身試法。

人們經常借用上述理由來解釋自己對嚴懲不義行為的贊同。毫無疑問地,我們就是要堅持這種態度:要維護社會秩序,就不能缺少合情合理的懲罰。

很多時候,當罪犯在正義原則的懲罰下得到應有的下場時,雖然人們出於義憤認為這是咎由自取,在看到他終於折服在正義原則面前,停止野蠻的暴行時,對他的恐懼感和厭惡感便開始淡化,並對他產生憐憫之心,人們出於對他傷害無辜者的憤怒之火會因為看到他即將遭受痛苦而減輕。

然而,在他殘忍地對人施暴時,人們恨不得他立刻接受正義的懲罰,此時卻懷著寬容的心態想要原諒他,甚至要減輕或者免除對他的懲罰。在這裡我們有必要引起人們對社會整體利益的真正關心,讓心憂天下的情懷壓倒這種狹隘的同情心。

因為對罪犯的寬恕就是對無辜受害者的殘忍及二次傷害,

必須用心懷全人類、更廣泛的關照態度去克服自己對某個人的憐憫。

考慮到一般的正義法則在維繫社會時的重要性，我們更有必要維護其合理性。憤世嫉俗的年輕人和浮浪的花花公子喪失廉恥，在虛榮心的驅使下經常嘲諷神聖的道德規範，宣揚可鄙的生活方式，讓人不由得義憤填膺地去反駁和揭露這種可憎的觀念。

然而，雖然是這些令人噁心的蠹蟲激起了我們的反感，我們卻未將這作為憎恨和譴責他們的唯一理由，這個理由看來並不是決定性的。這種說法似乎有點矛盾，我們討厭本來就令人嫌惡的壞蛋有什麼不對嗎？如果有人問我們為什麼要反對花花公子所宣揚的那一套生活方式，就說明他認為我們對那些壞風氣的厭惡和憎恨不是合情合理、無可辯駁的。

因此，我們必須告訴他其他的理由，首先想到的是：這種做法風靡天下勢必造成社會大亂。只要強調這一點，我們的勇氣就會增強百倍。

人們很輕易地就能看出放縱無度的行為會為社會幸福帶來危害，但是一開始並不會因為這種見識而反對它們。即便是再愚蠢、再沒有頭腦的人，都痛恨虛偽狡詐、背信棄義、作奸犯科之徒，且樂意看到他們受罰。

然而，很少有人考慮到正義原則對於支撐整個社會的重要性。

顯而易見，人們最初關注對侵犯個人的罪行進行懲罰並不是出於對整體社會利益的關心，因為尚未清楚地意識到社會的走向和利益與個人的命運及幸福兩者之間的休戚關係。

一千幾尼是由很多微小的一個一元硬所幾尼組成的，我們可能會很看重這一大筆錢，卻不會將一元的損失放在心上。同樣地，個人是構成社會的細胞，我們都應關心社會的存亡，卻

不一定會去關心每個個人的損失或毀滅。在兩種情況下，我們對整體的關心都不會導致對個體的關心，但是我們對整體的關心卻是因為對不同個體的特別關注而形成的。

因為自己被別人騙了一筆錢而告發他，與其說是心疼那筆損失的金錢，不如說是為了保護自己的財產。同理，我們要求對傷害或摧殘無辜者的罪犯進行懲罰，並不只是出於對受害者的關心和同情，而是出於對捍衛社會整體利益的考量。

然而，這種關心在某些方面並不一定涵括我們對待親朋好友的溫厚情感，例如熱愛、尊敬和熱情；且我們對此投入的關心，不會像我們出於同類觀念給予每個人的同情上一樣多。

我們甚至能體會一個令人憎惡者無辜被傷害後內心的憤怒，即使對他原先的品行不敢恭維，但這並不會讓人們對他合情合理的憤怒完全喪失同情心；不過，一些偏激、不喜歡個人感情服從普遍法則的人會對這種同情表示反感。

很多情況下，我們是為了維護社會的整體利益而實施或贊同懲罰，因為覺得不如此就無法保障社會利益。懲罰者多是各種危害社會治安或違反軍紀的行為，這些罪行不會對任何個人造成直接傷害，但卻會危害社會，引起混亂。

例如，槍斃一個站崗時倒頭大睡的哨兵是為了防止類似此種怠忽職守的行為可能對整個軍隊造成的危險。嚴厲的懲罰在很多時候是不可缺少且無可非議的。當個人的權益與集體的安全發生衝突時，應該是偏向於集體。

然而，人們總是覺得某些必要的懲罰太過嚴厲，對微乎其微的過錯給予嚴重的懲罰，實在讓人難以接受。就算疏忽過失應該受到責備，卻不至於讓我們如此憤怒，而施以可怕的懲罰。除非有足夠的定力做到冷酷無情、意志堅強，否則心地善良的人是無法做到親自動手懲罰壞人，或者對正義的報復表示贊同的。

但如果他面對的是一個忘恩負義、與自己有不共戴天之仇的兇手，他會完全贊同公正的懲罰，甚至會迫不及待地想要見識正義是如何對兇手人神共憤的罪行進行懲罰，若罪犯僥倖逃脫，他必會大失所望、怒不可遏。旁觀者在面對不同懲罰時的心情相去甚遠，這是因為他們對不同懲罰的態度並非基於相同原則。

打瞌睡的哨兵在他們看來是個不幸的犧牲品，即使從道理上講這個哨兵不得不為大家可能存在的安全問題而犧牲，他們仍然希望保全他的生命，且感嘆在公私利益的衝突中完全不考慮個人利益。

但是如果一個兇手因為世人的不公正而逃脫懲罰，旁觀者就會怒氣沖天，並祈求上帝在陰間對其實施輪迴報應。

值得關注的是，人們並不只是出於維持社會秩序的考量而贊同違反正義的行為必須在現世受到懲罰，上帝和宗教讓我們相信這種罪行即使在來世也會受到報應。

雖然這種懲罰沒有先例，罪人也不可能因為害怕上帝的懲罰而收手，但是人們卻認為這種報應會如影隨形地伴著他一直到死。人類相信天界存在著一位公正的上帝，當那些在世間飽受欺凌、無人為其主持公道的人們向他祈禱後，上帝必為其復仇。

因此，在任何一種宗教或為世所知的迷信中，都有天堂和地獄的對立，天堂是報答善行，地獄在懲罰罪人。

第 3 篇　就行為的優點，論命運對人類情感所產生的影響
引言

人們在讚揚或責備一種行為時，通常有三個層面：首先是行為人內心的真實意圖或情緒，其次是由這種感情所引起

的身體外在行為表現或舉動,最後是行為實際或最終產生的結果,有正面的亦有負面的。

這三個層面構成了一種行為的全部內涵和本質,是我們藉以判斷他人行為品質的依據。

毋庸贅言,僅僅根據三者中的後面兩種情況做出評價,一定會有人有異議。清白無辜或者罪該萬死的行為,其表現在外的舉動可能會是相同的。

同樣是射擊,不管對象是鳥或是人,都要做相同的扣扳機的動作。與身體的動作相比,行為的實際後果更無關褒貶,因為決定結果的不是行為人自己而是命運,所以我們不能將後果作為當然的依據而對行為人的品行產生任何先入為主的偏見。

人能夠負責的只有那些可以預期到的或者至少能反映其內心真實意圖的後果,這樣他才可以承受褒貶評價。

因此,某種行為得到的所有讚揚或責備、同意或反對,其終極的對象是其內心的意圖或感情,行為適當與否,則是動機善惡與否。

這一高度抽象凝練的原則因其正確性而為世人所公認,沒有人會反對。人們普遍認為,由於種種偶然、意外、無法預料的因素所導致的不同行為,其結果可能有天壤之別;但是,只要行為的意圖或動機是合情合理、慷慨仁慈的,就是好的,有理由對行為人表示感激;相反地,如果本意是不近人情、邪惡歹毒者,則該種行為是壞的,人們會報以憤怒。

不過,雖然理性會讓我們完全服從於這種正確的原則,但在面對具體情況時,我們對於善惡行為的感受仍然會受其實際後果的巨大影響,幾乎總是隨之波動、無法做到理性客觀。儘管我們希望將情感完全置於這一原則的控制之下,但很無奈地,這在現實生活中很少能實現。

下面，本書要繼續關注這種人人都能察覺到卻鮮有人充分認識，更無人願意承認的感情上的矛盾。

首先考察這種矛盾產生的原因，是否為人類的天性所導致者；其次考察它的影響，最後是它的結果，以此弄清楚上帝究竟想要透過它來達到什麼目的。

第一章 論命運產生影響的原因

不管動物有無生命靈性，痛苦和快樂之因都會立刻在所有動物的身上引起憤怒或感激。如果被一塊石頭砸疼了，我們馬上會火冒三丈地咒罵，小孩子會摔打、狗會狂吠。

實際上，只要稍微想開點就不會有這些態度，對沒有感覺的東西發洩報復無異於對牛彈琴。如果某樣東西真的傷害了我們，我們會一直耿耿於懷，恨不得把它砸爛燒毀。

例如，如果朋友偶然死於某件器械之下，這件器械就會成為我們打擊報復的對象，並認為那種荒唐的發洩是理所當然，不那樣做才是不通人性。

同樣地，曾經給自己帶來歡樂的東西，就算是沒有生命，也會讓人心存感激。如果一個海員依靠一塊木板從失事的船上逃生，他一上岸便將木板棄於火堆，不免讓人覺得他很無情，我們仍希望他能像保存一件心愛的紀念品一樣小心翼翼、滿懷深情地保存這塊木板。

人會對使用多年的鼻煙壺、削筆刀、拐杖產生感情，那是發自內心的鍾愛和珍惜。如果不小心弄壞或遺失，我們就會自責，且因心煩意亂所帶來的精神損失會超過其實際的價值。我們會由衷地尊敬曾居住多年的老屋、長期為我們送來遮蔭納涼的大樹，彷彿它們是自己的恩人。

我們會因為它們的朽爛毀滅而悶悶不樂，雖然那並未對我們造成任何損失。傳說中的森林女神和家庭守護神，即誕生自

樹木和房屋之神的概念，其緣由可能就是人們對這類事物的敬畏之情。

但是，我們對某項事物產生自然而然的感激和憤怒，不僅是因為它給我們帶來了快樂或痛苦，還因為我們具備感知能力。沒有這種能力，就不可能有那些真實痛快、自然發洩出來的感情。某種原因使得我們感到歡樂或痛苦，只有對其進行相應的報答或報復才能得到情感和心理上的滿足，沒有感覺能力的對象是不可能接受我們的回報的。

因此，動物比沒有生命的東西更適合作為人類感激和憤恨的對象。咬人的狗和頂人的牛都要受懲罰，如果鬧出了人命，就只有宰殺牠們方能消除公眾和死者親屬的憤慨。此舉不僅是為了保護生者不再受其害，某種程度上也是為死者報仇。

相反地，人們對曾為主人立下汗馬功勞的動物感激不盡。我們對《土耳其偵探》中那個官員的殘忍行為感到震驚，他殺了冒死馱著他橫渡海峽的駿馬，只是因為害怕這匹馬以後可能以同樣的壯舉讓別人揚名。

動物不僅能給人帶來快樂和痛苦，同時也能體認那些感情，但牠們有時仍無法成為人類表達感激或憤怒情感的完美對象。我們答謝一個人不只是想讓他感到快樂，還想讓他知道我們的報答是因為對其過往的善行心懷感恩，想讓他為他人知恩圖報的行為而高興，想讓他覺得自己的善心並沒有白白付出。

我們最希望看到的就是恩人與自己心意相通，肯定我們感激的行為價值，並由此對我們產生一絲敬意。當人們聽到別人對自己的評價跟自我的期許差距不大時，會覺得非常高興，真心希望別人能對自己另眼相看。

我們知恩圖報，主要是為了得到恩人的讚許歡心，從而滿足自己的情感需要。那種抱著求得更多恩惠的自私心理之人，他們會遭到心靈高尚之人的鄙視。當然，即使是再坦蕩無私的

心也認為有必要維持和增進恩人與我們之間的感情及相互尊重之意。

所以，如果我們無法瞭解所有施恩者的動機，或者大家常非議某位施恩者的品行，則無論他曾經給過我們多大的幫助，內心的感激之情也會大大減弱。他釋放的善意無法讓我們心悅誠服地接受，我們也不會對一個品行不端的施恩者懷有敬重之意。

相反地，我們之所以對敵人感到憤怒，並不只是想將之反施彼身，而是想讓他們意識到自己過去的罪行給別人造成多麼大的痛苦，以期他們會產生悔意，知道不應該以殘忍的方式對待別人。

傷害和侮辱我們的傢伙激起我們憤怒的原因，不是他的言行多麼惡劣，而是他目中無人、一副高高在上的態度，那種肆意踐踏他人，為了自己得到好處或只是出於一時高興就可以隨時犧牲別人且不近人情的自私。

這種態度反映出來的蠻橫粗野、自私冷酷的本質以及明目張膽地對正義的踐踏，通常比我們所遭受的不幸更讓人感到難過和憤慨，甚至是受到挑釁。我們採取報復的行動，主要是想讓他以後對待事情有一個正確的態度，知道什麼是應該做的，什麼是不該做的，讓他意識到自己犯下的錯誤以及給別人造成的損失，報復要是達不到這個目的就顯得沒有意義。

如果敵人並沒有給我們造成傷害，且他的行為也無可厚非（換做是我們也一樣，只要給他人造成不幸就必須承擔被報復的後果），只要我們還有一點良心，就不會感到憤怒。

綜合以上所述，我們會對某些事物理所當然地感到激動或憤怒，是因為它具備了三個條件：

首先，它給我們帶來了快樂或痛苦；

其次，它有感知那些情感的能力；

最後，它的行為是有意識的，故意造成那些情感，這種意識可能會受到他人的贊同或反對。

第一個條件激起我們的感動或憤怒情緒；第二個條件使雙方都能感知到這些情感；

第三個條件不僅是感動、憤怒情緒所產生的真正根源，還因為它能帶來劇烈而特別的快樂或痛苦，所以能激起更多的感情波瀾。

因此，別人以各種方式給自己帶來快樂或痛苦，是激起我們感激或憤怒的唯一原因。一個人的願望可能是合情合理、值得肯定的，也可能是不近人情、邪惡狠毒的。

但是，若最後無法達到他所期待的，或美好，或邪惡的目的，就無法讓別人產生相關的激動情緒，他也就得不到別人的感激或怨恨。相反地，雖然一個人沒有菩薩心腸，或並非窮兇惡極，但是他的行為卻直接造成了或好或壞的後果，則其很容易就使人感到激動或憤怒，偶爾的不經意行為顛覆了人們對其原有的情感印象。

這是詭譎的命運控制所有行為的結果，從而影響人類對某種行為及其施予者的情感轉向。

第二章　論命運影響所及的範圍

有些行為的初始動機是正大光明或陰暗卑劣，卻因為命運的控制而沒有達到預期的目的，則我們對其原來所持有的或好或壞的感覺會相對減弱。

相反地，如果那些行為因為偶然的機遇帶來極度的快樂或痛苦，就會增強我們對其原有的感覺和印象，甚至超過對行為最初的動機曾經抱有的感覺。

1首先，我認為一個人的願望可能是非常恰當且善良的。

也可能是非常不近情理和惡毒的，但是只要沒有發生實際

效力，就不能對其大加讚美或肆意貶抑。

這種沒有規律、不可預測的感情變化不只是那些直接受行為影響者才能感覺得到，公正的旁觀者也會有所感知。

若一個人受人所托為其謀職未果，別人會認為他很夠朋友，值得愛戴和喜歡；若是他竭盡全力幫忙且成功地達到目的，受助者會把他當恩人看待，愈加地尊敬、感激他。出於某種正義感，我們往往認為受感激的人屬於前一種類型；只有當他自覺不如後者時，我們才能體諒他的感覺。的確，我們應該感謝所有願意幫助自己的人，一如感謝那些實際幫忙的人。人們經常用這種說法來安慰所有不成功的努力，但是正如動聽的甜言蜜語一樣，它必須得到實際的認同。

胸懷大度的人對待那些想幫助自己卻未能成功的朋友的態度，與對待確實幫上忙的朋友無異；而且他愈是寬宏大量，對待兩者的態度就愈接近。

真正做到心地無私的人才能夠得到自己所看重者的尊敬，這些人給他帶來的快樂比他所付出的總和還要多，且會激起更多的感激之情。當然他確實會有所損失，他獲得的快樂和相應的感激之情不是完全對稱的．

因此，假如兩個朋友的情況差不多，只是一個幫助自己成功，另一個卻失敗，則品格再高尚再優秀的人也會偏愛那位幫助自己成功的朋友。人類在這方面的表現是如此地不公正：因為不必依靠某個恩人就能得到預期的利益，所以他們就認為不必感激那些擁有世界上最善良的心卻不能提供些許幫助者。

他們將感激之情分攤給所有帶給他們快樂的人，而每個人只得到一點點。

人們經常說，這個人確實是真心誠意地想幫助我們，且確實盡了他最大的努力；但是我們並不想感謝他，因為要不是靠別人的合作，他付出的努力就不可能有任何結果。

他們還認為如果公正的旁觀者能考慮到這一點，也會支持他們的想法。

當然，如果一個人盡力想幫別人卻未果，他也不會指望得到什麼感激，也不會像成功幫助他人者那樣感覺良好。

在信心十足、認為自己有能力為民造福者看來，如果他們的雄才大略因為某些偶然因素的干擾而未能實現，則之前的壯志雄心就會受到挫折。

一位將軍因為飽受朝中奸臣嫉恨排擠而不能在疆場上為國效力，他一定會為徒勞度日而悔恨不已。那些悔恨不完全是因為沒有保國安民，更多的是惋惜自己當年心懷縱橫沙場的壯志豪情付諸流水。

如果作戰方案完全由他來巧妙策劃，且容許他設法去完成，成功就是十拿九穩的事，無論是他或是其他人都不會感到遺憾。但最終他還是壯志未酬，儘管人們可能會因為偉大的作戰計畫而給予他嘉獎和榮譽，他仍然會為自己沒有透過真實的行動來證明自己的能力而感到失落。

一個人投身去做一件關係到公眾利益的大事，卻在即將要成功時被人剝奪了參與的權力，那種功敗垂成的痛苦感受簡直無法形容，人們也會覺得非常惋惜，並會認為他已經傾注了那麼多的心力，就應該將完成大業的功勞記在他頭上。

一項建築設計藍圖根本沒有得到落實，或被人任意修改而破壞了建築物的效果，建築師會感到莫大的屈辱。在內行看，設計和施工一樣能夠充分展現建築師的天分。

不過，即使是最具敏感細胞的天才也不可能從圖紙設計上體會到目睹一座輝煌壯麗、美侖美奐的建築物落成的快樂。這兩種形式都可以表現他們的見識和才能，但效果卻相去甚遠，前者是他們想像空間中的樂趣無法與後者讓世人的驚歎和讚美相比。

人世間可能有很多人的才能比凱撒和亞歷山大更高，如果上帝給予他們相同的機會，說不定會有更偉大的作為。然而，只有一個凱撒，只有一個亞歷山大，後世對兩位英雄的驚歎和讚美是別人永遠無法擁有，甚至奢望的。

　　平心而論，兩位英雄的才能值得讚賞，但卻缺少藉以贏得這種激賞的豐功偉績的光環；因此，就算有人欣賞他們的品德和才能，也不會像崇拜偉人那樣崇拜他們。

　　在忘恩負義、錙銖必較的小人看來，如果有人願意行善卻未有成效，其優點就會因失敗而縮小；企圖作惡而未能得逞的人，其缺點也一樣會縮小。

　　無論證據多麼確鑿的預謀也不會跟現行犯罪一樣受到重判。當然叛逆罪是一個例外，因為這直接威脅到統治階級政權的生存，統治者當然會採取比其他任何罪行都更為嚴厲的刑罰進行防範。

　　君主在處治叛逆者時，痛恨的是忤逆者對君主的威脅，發洩的是其心中的憤怒；在判處其他罪行時，只是痛恨它對別人造成傷害，憤怒是因為同情和理解臣民的遭遇而產生的。

　　前一種情況，由於他是為了自己的利益而處罰罪犯，其判決的嚴厲和殘忍程度會超過公正的旁觀者所能認可的極限。跟其他情況不一樣的是，即使叛逆罪較輕，或只是有一些跡象，甚至只是於心中醞釀，他都會勃然大怒。一次密謀叛逆的會議，一次私人談話或只是叛逆者心中隱隱作亂，即使沒有付諸任何實際行動，在許多國家也要受到和現行叛逆罪一樣的懲罰。

　　其他的罪行若只是有所圖謀而並未成事者，根本不會得到什麼懲罰，更談不上處以重刑。犯罪的預謀和犯罪的行為不具有等量的罪惡，不應該受到同樣的懲罰。

　　我們往往能夠在千鈞一髮的時候設法完成很多原先以為根本做不到的事情。如果叛逆的圖謀敗露且付諸行動，就不可能

再推脫罪責。一個人向他的仇人開槍卻未擊中目標,幾乎所有國家的法律都不會判處他死刑。

根據古蘇格蘭法律,擊傷對方但沒有致人死亡的,也不會判處死刑。然而,由於人們極其痛恨這種罪行,恐懼這種圖謀殺人的罪犯,故所有的國家對於懷有犯罪預謀者宣判死罪,對於只是偷竊之人則是從輕發落,或者不處罰。

一個小偷在行竊之時被人當場抓住,所遭受的懲罰不過是被當眾羞辱;如果被人發現他偷走了一條手絹,就可能被處以死刑。有人把梯子停放在鄰居窗前,企圖非法侵入民宅,如果他在溜進去之前被人發現,就不會被處死。企圖強姦婦女者不會以強姦罪論處;誘姦少女會受到嚴厲的懲罰,企圖誘姦已婚婦女的人幾乎可以安然無事。

我們對企圖傷害他人者的厭惡程度遠不如那些給人們造成實際傷害者強烈,後者是罪有應得。前者的罪行會因判決帶來的快樂而沖淡,後者的暴行激起的義憤卻會因我們對受害者的同情而增強。

不過,鑑於他們的企圖都是罪惡的,故其本質是無異的。在這一點,所有人的情感都不具備規律性,且無論是在文明的國家或是野蠻的國家,法律中都有一相應的減刑條例:如果罪行的後果沒有激起人們的義憤,文明國家出於民主、人權的考量會傾向免除或減輕懲罰,野蠻國家只要沒看到行為的實際後果,就不會去追根究柢。

如果一個天性善良的人一時衝動,或者受人引誘,曾經打算進行犯罪活動,甚至開始著手準備,所幸被某種偶然的因素所阻止,則在其後來的生活中,他肯定認為這件事是上帝所安排的偉大啟示性拯救。

他的內心充滿感激和震撼,認為是慈悲為懷的上帝在他即將墮入罪惡的深淵時把他解救出來,使他在餘生不致追悔莫及、

自怨自艾。雖然他並未犯罪，還是會內疚，彷彿那件一度處心積慮準備進行的罪行真的發生過一樣。

即使他知道阻止自己犯罪的並不是良心而是上帝，罪行未發生仍會給他莫大的安慰，而不認為需要接受懲罰和仇視，他的僥倖減弱甚至消除了他所有的罪惡感。回顧過去故意犯罪的衝動，他覺得自己能夠免於墮落簡直是世界上最偉大、最不可思議的奇蹟。

當然，就算他知道自己已經擺脫了罪行，只要一想起曾經侵擾過自己平靜內心的危險，仍會害怕不已，那種感覺如同已經到達安全地帶的人回憶自己曾處於懸崖邊緣的驚魂時刻。

2 命運還有一種影響後果：

當某種行為偶然給我們帶來快樂或痛苦時，我們對行為實際影響的感受會改變之前對其動機或情感所做的評價。行為結果的好壞與否，都會影響到我們對其動機的印象，儘管它的本意並沒有什麼值得稱讚或苛責的地方，至少不是我們所憑空想像的那樣。

因此，我們不喜歡帶來壞消息的報信者，只感激那些帶來好消息的人，即使他們只是向我們轉達了命運的安排，但在當下，我們真的會把他們看成是決定自己命運的人，好像是他們而不是上帝造成了這個結果。

在這幸福的時刻，我們自然會萬分感激帶來好消息的信使，我們會熱烈地擁抱他，懷著愉快的心情設法報答他，把他視為大恩人。

古代每個朝廷都會大力提拔帶來勝利消息的官員，在外作戰的將軍總是把這個美差交給他最寵信的人。

相反地，為我們帶來不幸消息的人卻淪為我們的出氣筒，我們會煩躁不安地對他叫罵，不講理的人還會把因壞消息而引起的憤怒直接向他發洩。亞美尼亞國王提格蘭將最早向他報告

強敵近在咫尺的消息者斬首示眾,如此處罰一個無辜的信使是野蠻暴虐、慘無人道的。

奇怪的是,我們只願意報答帶來好消息的人,並認為國王對他大施恩典完全合理。

但細思之,既然前者並無任何過失,後者也沒有什麼好處,為什麼我們的態度會有這麼大的差異?這是因為人們只傾向對友好慈愛的感情表示同情,敵對、惡毒的情緒儘管值得注意,人們對其還是會非常反感。

出於人的本性,我們通常不大容易諒解敵對、惡毒的情緒。但如果惡意、不公的意圖所針對的目標看起來合情合理,有時我們在感情上還是會通融的。

有人因為疏忽大意而對他人造成傷害,我們會理解受害者的憤怒,也贊成他對冒犯者施加懲罰,即使這種懲罰超過了冒犯者需要付出的代價程度。

有一種疏忽即使沒有傷害到任何人,也應該受到懲罰。如果有人在沒有對行人予以警示的前提下,就從院子裡把一塊大石頭扔到馬路上,不管它會落在什麼地方;無疑地,他必須受到懲罰。

儘管其荒唐的行為沒有造成什麼危害,執法者也會毫不客氣地處罰他。這個頑劣使壞之人完全不把他人的安全放在心上,他的行為實際上已經傷害到了他人。膽大妄為的人讓他人身處凡正常人都不願意面對的危險之中,顯然,他缺乏正確、友善地對待他人的意識—這是正義和社會的基礎。

因此,在法律上,嚴重的疏忽和惡毒的圖謀幾乎是相等的。如果因為粗心大意而造成不幸的後果,行為人通常要受到懲罰,就如同他是有意而為之。

原本冒失無禮的行為,受一點教訓就可以,但卻不得不與殘忍的暴行一起受到嚴厲的懲罰。若其疏忽大意的胡鬧意外砸

死人，按照許多國家的法律，尤其是古蘇格蘭的法律，他就會被處以極刑。

雖然這種懲罰很重，卻並非與我們的天性完全抵觸。我們對於他愚蠢的行為因為看到不幸受害者的痛苦而更加憤怒。當然，如果一個人只是不小心把石塊丟到馬路上，且沒有傷害到任何人，人們不會認為對他判處死刑是公正意識的體現。

同樣是愚蠢而不通人性的行為，我們的情感態度大轉彎。比較個中差異，我們會意識到，人們的義憤（甚至包括旁觀者）很大程度上是出於對行為實際後果的不滿。

幾乎所有國家的法律都會嚴加懲處造成重後果的行為，而對正好相反的情況通常都會從輕發落。

還有一種疏忽不屬於違反正義的行為。犯這種錯誤的人待人如待己，無意傷害別人，心中時常顧及他人的安全和幸福。但是，本來謹慎的他實際上卻沒有做到這些，故其要受到一定的責備和非難，當然絕不會是懲罰。如果他的疏忽對他人造成了傷害，幾乎所有國家的法律都會責成他賠償，這是一種正常的懲罰。

如果不是因為他的行為引起意外的不幸，沒有人會想要處治他，但法律的裁決得到所有人發自內心的贊同。任何人都不應該為另一個人的粗心大意而受到傷害，這是很明顯的道理。由於疏忽而造成的損害必須由造成損害之人來賠償。

另一種疏忽，就是我們在行動之前沒有三思所可能造成的後果。要是最終確實沒有帶來什麼損害，人們不會認為這種態度值得鞭笞，反而會認為顧慮重重是可笑的。

在任何事情上都是謹慎小心、畏首畏尾的態度，從來不被視為是種美德，反而以為它最不利於成就大事業。然而，如果有人因過度缺乏小心，碰巧給別人造成傷害，法律也會強制他賠償損失。

根據阿奎利亞的法律,有人無法駕馭一匹突然受驚脫韁的馬,而馬又恰好踩傷鄰居家的奴僕,則馬的主人必須賠償損失。像這種偶發事件,我們會認為他不該騎乘一匹烈馬,或者他想騎這匹烈馬本來就是輕率之舉。

但若是沒有發生這件偶發事故呢?我們不僅不會做出這樣的反應,甚至會認為他不願騎這匹馬是膽小怕事,對可能發生卻毋須多加小心的危險疑神疑鬼。

當一個人因為此類意外事故而傷害到別人時,其本人也會覺得自己應該受到責罰,還會主動地去看望受害者,竭力表達自己對發生這種意外的歉意和後悔。

如果他以自己內心的敏感去體會受害者心中的憤怒,就會對受害者提出補償,盡其所能讓他消氣。不道歉、不做賠償是極其蠻橫無理的。

然而,類似情況下別人不會道歉,為什麼一定要他道歉?既然他也是清白無辜的,為什麼還要為別人的不幸負責?這件事的確不應該強加於他,甚至公正的旁觀者會認為另一個人的憤怒很正常,但他必須承受這種倒楣的後果。

第三章　論情感變化無常的根本原因

行為結果的好壞會對行為人和其他人的情感產生影響。因此,主宰一切的命運在某種程度上引導著人們對自己或他人品行的看法。

古往今來,人們一直抱怨世人依據結果而不是動機的盲目判斷對美德造成重大傷害,因為結果並不是行為人所能左右和決定的,它不應該影響到我們對行為本身的優點或適當性的判斷。

但是,當具體關係到自己時,我們會發現無論何時自己的情感都很難符合這句公正格言的要求。行為結果的好壞,會讓

我們對行為的審慎性產生與之一致的看法，且幾乎總能引發我們強烈的感激，或憤怒之情，以及對動機真實性的懷疑。

當上帝在人們心中根植下這種不規律性時，祂已經像其他任何時候一樣考量到人類的幸福和完美。有害的動機和惡毒的感情足以激起我們的憤怒，只要我們懷疑一個人有這種動機和感情，即使沒有付諸行動，也會將其被視為寇讎。不好的感情、想法和意願都可能遭到懲罰；而且，如果人類像痛恨惡劣的行為一樣痛恨可鄙的念頭，即使這念頭沒有帶來任何行動，也一樣會遭到世人的仇恨。

每個法庭都是一座真正的宗教仲裁所，即使是最清白無辜、謹慎小心的行為也得不到保障，人們會懷疑地揣測它們是出於什麼邪惡的動機；當邪惡的意念和邪惡的行為一樣遭到痛恨時，人們同時也會面臨懲罰和憤怒。

在上帝眼中，惡念或惡行，以及那些直接讓我們產生恐懼的行為，都必須得到懲罰。雖然冷靜、理性者的行為足以客觀地判斷情緒、動機和感情，其內心的偉大裁判者還是把感性的情懷置於所有法律限制之外，將其保留給不會誤判的法庭。

因此，儘管人類這種關於動機、行為一致與否的情感所具有的不規律性初看起來是荒謬可笑、不可理喻，但卻是有益有用的，不可或缺之正義法則的產生正是以此為基礎；亦即，人在生活中不應為動機和意圖而受到懲罰，且只能因行為而受到懲罰。

只要稍微想想身邊發生的事情，我們就會發現，人性的各個方面都證明了上帝的深謀遠慮，例如軟弱和愚蠢就是對上帝仁慈和英明的最佳反襯。

人類這種情感的不規律性也不是完全一無是處。由於這種變化，那些真心想要幫助別人卻未能成功的行為，以及純粹美好而仁慈的心願才顯得不那麼完美。

實踐是人類的最大特性,他總是盡量發揮自己的聰明智慧以改善自己或他人的生存環境,為所有人造福。他不會滿足於消極純粹的善心,或僅僅把自己想像為人類普通的朋友,而是深切渴望為世界的繁榮出力。

　　上帝會教導他,要達到目的,必須全力以赴;除非在現實中獲得成功,否則無論是他自己或是別人都不會感到滿意,也不會給予充滿感情的讚揚。他明白,只有美好的意圖而沒有實際行動,是無法讓世人報以最熱烈的掌聲的,也很難得到自己內心肯定的評價。

　　一個人如果只是在言談舉止上表現出正直高貴的氣質和慷慨大度的情操,除此之外沒有任何貫徹這些美好品質的外在行為,他就沒有資格得到人類最高的讚揚;即使他的無所作為可能只是因為缺少機會,我們仍然認為他不配擁有掌聲和讚美。也許還會質問他:你都做了些什麼好事?你做出了什麼貢獻讓我們心服口服?我們會尊敬你、喜歡你,但不會報答你。

　　如果我們對那些具有潛在的美德,只是因為缺少機會而未能實行的人,授予他們榮譽和地位,就算在某種程度上他們是應得的,卻會顯得不合適,因這些獎勵本應給予那些真實的善行。

　　相反地,如果懲罰沒有任何實際罪行的內心狂躁的情感,則是蠻橫無理的暴行。仁慈的感情在幾乎成為罪過之前就付諸行動,應該得到最高的讚揚。反之,惡毒的意向在轉變為實際行動之前,幾乎不會過分遲緩或多加考慮。

　　需要注意的是,無論對於肇事者還是受害人,無意中犯下的罪惡都是一種不幸。因此,上帝教導人類要尊重自己同胞的幸福,時刻警惕自己是否在無意間做出任何可能傷害其他人的小事情;如果自己無意中給他人帶來災難,要對別人理所當然的強烈憤怒心懷畏懼並給予理解。

在上古蠻荒時代，人的宗教信仰中，只有在一些隆重和必要的場合才可以踐踏專屬於神靈的聖地，因不知情而貿然褻瀆聖地者會立刻成為罪人，除非他用適當的方式為自己贖罪，否則這位神通廣大、無形無相的神靈必定會懲罰他。

　　同樣地，聰明的上帝將每個清白無辜者的幸福劃為聖地，小心翼翼地保護著，既不允許任意的踐踏，也不容許不知情或無意的侵犯，這樣就不需要贖罪，毋須為無心之過做補償。一個善良之人在自己沒犯任何錯誤的情況下意外造成他人的死亡，就算被判無罪，他仍然會有強烈的罪惡感。

　　終其一生，他都會記得這件意外事故，把它視為最不幸的遭遇。如果受害者家境貧困，他必定會承擔起贍養受害者家屬的責任，向對方施予一切恩惠和善意，且他會為自己無意中犯下的過錯表示悔過和悲痛，願意為自己所造成的不幸贖罪，並盡最大可能地消除家屬心中的怨恨。

　　如果一個清白無辜者是在知情和有意的情況下因偶發事件犯下罪過，則其難逃最嚴厲的指責。他所受的痛苦和煎熬會是古今戲劇中最精彩、最引人入勝的心理場景。

　　正是這種虛構的罪行場面，構成了希臘戲劇中的俄狄浦斯和裘卡斯塔的不幸，構成了英國戲劇中的蒙尼萊亞和伊莎貝拉的不幸。雖然他們沒有犯下十惡不赦的罪行，卻使人終生背負最沉重的十字架。

　　儘管這一切只是看似無規律的情感變化，但若一個人無意犯下了他根本沒有想到的罪行，或沒有做到本來有心想做的好事，上帝也不會讓他完全陷入尷尬的情感扭曲中；上帝對清白無辜者會給予他安慰，對心靈善良者會讓他的美德得到報答。

　　人們要記住這句正確而公正的格言：「我們應該得到的尊敬不會因為命運所操控的未可知的結果而減少。」

　　要凝聚起心中全部的高尚感情和堅定意志，盡力以生命應

有的面貌而不是頹廢蒼白的狀態出現在人們面前，讓人們看到自己的雄心未泯、壯志未酬，要繼續努力，則人們對自己的感覺才會公平正直，

　　高度一致。正直且仁慈的人們會為堅持自己的信念努力不懈，他們會克制心中的不滿，用寬容去接納及糾正這種人性的無規律。

　　努力以客觀的眼光看待自己那些落空的良好意願—儘管之前它們未能成功實現，但他們不會否定曾經為它所付出的一切努力。

第三單元　個體評判自身情感及行為的標準，兼論責任感

第一章　論自我贊同和不贊同的原則

本書的前兩個單元主要討論個體評判他人感情、行為的出發點和基礎。在這一章，我們要把重點轉移到個體是基於什麼出發點進行自我評價的問題上。

個體藉以評價自身行為的原則與其評價他人行為的準繩大抵類同，主要依據個體在換位思考時能否充分理解他人之所以採取某種行為的情感和動機。

同樣地，當個體以旁觀者的角度來審視自己的行為時，是否對影響行為的情感和動機有充分的理解及同情，也成為其認同與否的關鍵因素。個體只有進行換位思考，與自己主觀的情感和動機保持一定的距離，才可能全面地審視自己的行為，做出客觀的判斷。個體要努力從他人的角度來重新認識自己，揣摩他人眼中可能產生的看法才能做到這一點。

所以，個體做出的所有判斷幾乎都與他人的判斷存在有某種內在的聯繫，這種聯繫可能是實際存在的，也可能只在某種條件下才會出現，或可能只是出於個體的無邊幻想。個體要以旁觀者的角度審視自己的行為，當換位思考後也能完全理解所有影響自己行為的情緒和動機，他就會認同這種公正客觀的看法，理解自己的行為；如果不能理解，就會站在旁觀者的立場對自己的行為加以譴責及非議。

一個人如果從來沒有與別人交往過、在與世隔絕的地方長大成人，他便不可能去想自己是長得是美是醜，也不會去考慮自己的品格、情感和行為是好還是不好，更不管自己的心靈是美好或是醜陋。

不是因為他從來不去注意這些令他難以理解的問題，而是他沒有一個參照物—鏡子，把這些回饋展示給自己。他一旦步

入社會，馬上就會得到以前所缺少的這個參照物：周遭人的音容笑貌、言行舉止就是一面鏡子，反映他們是否體諒和理解自己的情感。

在這面鏡子裡，他生平第一次看到自己的感情是否合適，看到自己心靈的美與醜。那些帶給他的歡欣或傷害等外在事物牢牢地吸引這個一生下來就與世隔絕之人的注意力，在社會化的鏡子裡他看到的是所有外在事物引起的感情—渴望或厭惡、快樂或悲傷，這些他步入社會前從未思考過的東西忽然在面前展露無遺；或者，在這之前有關這些感情的想法尚未吸引他感興趣到專心思考的地步，也許思考這些感情的起因會不時給他帶來快樂和悲傷，但是對快樂的思考僅限於當時的快樂，對悲傷的思考也是僅限於當時的悲傷。

進入社會後則完全不同，任何感情都會勾起新的連結。當其發現他人只是理解贊同自己的某些感情，對其他則毫不掩飾地反感，鼓舞和挫折感就會在心中交替地煎熬。因此，所有的感情，無論渴望或厭惡、快樂或悲傷，都會引起新感情的多米諾骨牌效應。這些攫取了他的注意力，他開始埋首專注於沉思中。

人對自身長相美醜的最早概念是來自他人的體態容貌，而不是自己本身，但是很快地個體會察覺到別人對自己的外形也會作出評論。

如果自己的容貌被人讚美，就會很高興，如果被批評醜陋難看，就會很失落。通常，我們會很在意別人對自己外貌的評價。

我們總是揣摩別人看自己的眼光，常常照著鏡子，不厭其煩地打量自己的身體，或者使用其他辦法，卻和自己的個人感想保持著一定的距離，小心翼翼地猜測別人的眼光。經過這樣的審視，如果認為自己的外貌還不錯，就不會在意他人的惡意

批評，而是表現出無所謂的態度；相反地，如果原本就覺得自己外形欠佳，就會非常在意他人對自身的評論，別人隨便一句的玩笑或諷刺都會傷害到他的自尊心。

瀟灑俊朗的人允許你挑剔他的小毛病，但是戲謔一個相貌平平，甚至醜陋的人則萬萬不可。很多時候，人們總是庸人自擾：為自己的容貌可能給他人造成什麼影響而困擾。換個角度想，如果個體完全脫離了社會，這種困擾根本就不會存在。

同樣地，個體針對他人的品行做道德評價，且想知道這些會給自己造成怎麼樣的影響，但其很快地就會發現，別人也對自己的行為指指點點。

人總是非常想知道他人對自己的評價，而既然他人的行為會讓自己覺得愉悅或不齒，則自己是否可以參考借鏡？於是，個體開始假設自己在他人的處境條件下會是如何地表現，藉以檢查、訂正自己的感情和行為，費盡心思考量著如何表現才能讓他人滿意。

站在客我的角度審視主我的行為，並努力推測這種行為會對主我產生怎樣的影響。從某種程度上講，這也許是個體採用近似旁觀者的眼光檢視自己的行為是否得體的唯一有效途徑。

如果客我贊同主我的行為，主客體在某些方面得到了有效統一，則個體會對自己比較滿意，而不屑於別人的讚揚或誇獎、諷刺或責問，就算受到了誤解也會淡然處之，相信最終會得到別人的認可。

反之，如果連客我都對主我的行為產生懷疑，主我就會迫切地想得到來自他人的認可及贊同，以消弭這種焦慮感；一旦他人以微妙的言辭暗諷自己的行為不值得恭維，即便是很輕微的譴責，也會讓個體如坐針氈、心緒煩亂。

個體努力檢查、審視自己的行為並做出褒貶評價時，顯然是把自己分為客我和主我兩個角色：作為檢查者和審判官的客

我,以及接受審查和評判的主我。

客我是旁觀者,客我完全以旁觀者的角度來審視主我的行為,盡力保持一定距離,以客觀的情感去看待主我的行為,且考量當主我意識到客我的評價時,會做出怎樣的調整。

主我是行為人主體,會盡力跳出思維模式而對自己的行為做出評價。客我是冷靜的評判者,主我是現實的被評判者。當然,主我和客我不可能完全統一為一體,就如同原因和結果不可能一樣。

溫柔敦厚、追求功勳皆屬於傳統美德中的崇高品格,都應該得到肯定和有效的回報;那些惹人厭惡、理應避而遠之的敗行則是邪惡的習性。

但是,品質無論好壞與否都與他人的感情有著密切的關係,美德之所以讓人如沐春風、頷首肯定,不只是因為它讓我們自覺地去熱愛和尊崇,而是由於其在別人心中也產生了美好的感情與共鳴。

人意識到美德會帶來讚許和尊崇,便會感到精神上的安寧和滿足,一如無端猜疑會引起心靈受到罪惡的莫名其妙的折磨。

能夠受人愛戴並清楚自己值得別人來敬愛,是一種難以言喻的幸福;處處討人嫌且自己也認為是罪有應得,則是重大的不幸。

第二章　論尊崇值得讚揚的品德,摒棄該受譴責的品德

人是非常敏感的動物,感情高於一切:不僅生來渴望被人愛,也希望自己是可愛的,或希望自己本來就很討人喜歡;他害怕被別人討厭,也害怕自己真的讓人討厭,或者害怕自己生來就遭人嫌棄;期待來自他人的讚賞,也希望自己值得他人讚賞,或者就算得不到他人的讚賞,依然自信地認為自己很優秀、

無愧於任何溢美之詞；恐懼來自別人的譴責，也害怕自己的行為確實會遭到譴責，或者就算尚未受到譴責也悲觀地相信自己就是會受到教訓。

　　獲得社會一致讚揚的某種道德品質會引發人們的追求、喜愛，但並不意味是追求相應的讚揚。雖然這兩個原則之間有內在聯繫且常常混為一談，但它們在許多方面是各自獨立的，且有明顯的區別。

　　我們會由衷地熱愛和敬佩那些有良好品行的人，因為這會讓我們心中產生一份美好的感情，還能鞭策自己的言行向他們靠近，成為可敬可愛之人。

　　當我們折服於他人身上的優點佳績時，會產生羨慕之情，進而成為好勝心；也就是，不只是對他人的敬佩，且認為自己既然有能做到跟別人一樣好、一樣值得讚揚的潛質，為什麼不去超越呢？

　　但是，要獲得這種滿足，我們又必須做一個客觀無私的旁觀者，盡力站在別人的角度審視自己的品質和行為，盡量採取別人可能對自己持有的態度。

　　若這樣的觀察自己感覺不錯，我們就會感到快樂和滿足，從而相信自己的能力，若其他人真的是用我們在想像中揣測的眼光來評價自己的品行，且其觀察的結果與我們非常相似，這種快樂和滿足感會更增強。

　　來自第三方的認可一定會使我們的主觀認同更為堅定，也一定會強化我們對於自己的品格確實值得稱讚的自信力。從上述中可以看到，我們熱愛並追求某種值得稱讚的品格並不只是為了得到稱讚，我們希冀得到讚揚的原動力，其實來自於對值得讚揚品格的熱愛。

　　如果某種品格得到的不是眾人出自內心最真誠的肯定和讚揚，這樣的讚揚就會讓我們的快樂大打折扣。

人們因為不明真相或誤解而隨意給予的尊敬和欽佩絕不是充分的，一旦我們意識到自己實際上並不值得被如此熱愛，且在真相大白後人們會完全轉變感情取向對我們重新定位，滿足感就會大為減少。

　　如果一個人稱讚我們是因為我們從未實現的行為，或者他稱讚的是和我們的行為毫不相干的動機，我們便會感到些許的沮喪，因為他稱讚的對象是別人而不是自己，這種稱讚比任何責難更讓人覺得難堪，他會讓我們不斷回憶起自己應該有而實際上根本不存在的遺憾。

　　例如，人們恭維一個塗脂抹粉的女人皮膚好，也許能滿足她的虛榮心，這種恭維卻會讓她想起自己真實的膚色不過爾爾，不免感到羞愧。為一種似是而非的讚美感到高興，只能證明其內心是極其淺薄、輕浮和空虛的。

　　這也就是所謂人類的虛榮心，它委實害人不淺，正是它誘發了許多荒謬卑劣的惡習，生出虛偽做作和庸俗的謊言。如果沒有足夠的社會經驗來清楚地認識這些庸俗的習性，我們大可以想像自己對庸俗持有最起碼的感覺，就不會被庸俗誤導了。

　　愛吹牛的傻瓜絞盡腦汁地編出一套子虛烏有的冒險故事，以期獲得朋友們的讚美。妄自尊大的花花公子擺出一副道貌岸然、位高名重的空架子，其實自己是很心虛的。他們無一例外地陶醉在自己編織出來的春秋大夢中。

　　這種水月鏡花式的荒唐幻想很容易就被任何一個有理性的人一眼看穿。虛榮者如果站在原以為被自己欺騙過的人其立場，就會驚訝他們為何會給予自己那麼高的讚美，實際上他非常清楚朋友們究竟用哪種眼光看待自己，那完全不是他們表面上流露出來的讚賞。

　　可惜的是，強大的虛榮心總是會用淺薄的弱點和輕浮的愚蠢蒙蔽他們的眼睛、阻止他們反躬自省；當真相大白時，或當

他們真的意識到自己卑劣的本質後，他們就會意識到虛榮的假象遲早會露出破綻。

　　昧於實情、無憑無據的虛浮讚揚不會為我們帶來真正的快樂，因為這種滿足感經不起嚴格的考驗。相反地，即使並沒有得到實際的讚揚，但是我們的行為在各個方面都符合社會標準，按照常理也會得到稱讚和認可，這樣的情況會帶給我們真正的安慰；不是因為可能會得到讚揚而興奮，而是為自己的行為值得稱讚而感到愉悅。

　　想到別人會對自己的行為毫無疑問地肯定，就算實際上沒有得到任何稱讚，心情還是會很愉快；反之，如果自認為自己的行為理應受到責備，就算周圍的人並沒有責備我們，也會感到慚愧的。

　　也就是說，一個人在行動時已經恰如其分地遵循了公眾普遍認可的標準，則他在反省自己的行為時心裡就會坦蕩明淨。站在公正旁觀者的角度來審視自己的行為時，他完全了解影響那些行為的全部動機。

　　在回顧行為的每一個細節時也會滿心歡喜，因為他用來看待自己的眼光並不是旁觀者真實的眼光，而是人們在充分瞭解他之後所可能看待他的眼光，故即使人們對他毫不了解，他也不會在乎。

如果最終他盼望已久的稱許和讚美到來，他會毫不吝惜地稱讚自己；就算遲遲沒有得到人們的讚美，他也不會沮喪，因為那只是大家對實情一無所知。他對自己的行為可能會產生什麼樣的結果瞭然於心，這些因果聯繫緊密糾纏在他的腦海裡，使他習慣上預見到某種行為理所當然會帶來怎樣的感情。

　　現實中的人汲汲於追名逐利甚至不惜拋棄生命，即使他們知道一旦生命停止，一切將煙消雲散，但那份將賦予自己的榮光卻支持他們在想像中憧憬著一切可能；他們之所以能做出常

人無法企及的壯舉，是因為耳邊不斷迴響的虛幻喝彩聲驅散了他們心中對於未知的恐懼感。

就實際情況而言，贏得身後名和在現實世界中永遠無法得到贊同之間，沒有多少區別。（來自現實世界的贊同只有在世人準確地瞭解我們行為的真正價值之後才可能發生。）既然前者會給後世造成非常強烈的影響，後者則理所當然地會受到高度重視。

人喜歡取悅而不是得罪別人，上帝造人的時候就賦予人類這種原始的感情。祂教導人為得到來自同胞的讚揚而快樂，而來自同胞的反對會讓人感到痛苦。因為同胞的贊同最能讓人愉快和愜意，他們的側目則令人羞報和不滿。

但是，如果一心只想著得到同胞的贊同，卻無法承受他們的批評，則人是無法適應社會生活的。因此，上帝造人不僅讓他渴望得到別人的贊同，也讓他渴望自己擁有某種值得別人贊同的品質，或者能夠在人群中得到自我認同。

前者能讓人在表面上適應社會，假意地行善隱惡，而後者才能讓人渴望真正適應社會，崇尚真善美，痛恨虛假惡醜。對一個健全的心靈來說，後者似乎更為強烈。那種自欺欺人的稱讚只是讓最軟弱膚淺的人陶醉其中、洋洋自得。膚淺者為之眉開眼笑，理智之人則無論何時都會堅決地加以拒絕。雖然理智者在自知不值得讚揚的時候不會感到愉快，但是只要他認為自己的所作所為無愧於讚揚，即使什麼也不可能得到，他還是會覺得非常快樂。

這是因為他認為在不值得贊同的事情上獲得人們的贊同不是什麼值得追求的目標；就算是在值得贊同的情況下得到人們的贊同，也不是什麼了不起的事情。其畢生所追求的最高目標只是成為那種值得贊同的人。

只有在最卑鄙的虛榮心驅使下，人們才會渴望得到不該有

的讚揚。在有必要得到讚揚的情況下，我們所渴望的不過是一種最基本的公正待遇。

即使只是熱愛良好的名聲和崇高的榮譽，而非覬覦從中可能得到的好處，也沒有什麼不對。智者不會把這些雜念放在心上，除非他確信自己的言行舉止完全符合社會的一切標準，他絕不會貿然去做。

此時，他不需要來自別人的讚賞以加強自我認同。即便這種自我認同不是他唯一的目標，至少也是其主要的目標，亦即他只要有能力擔當就會去追求的目標，對這個目標的熱愛就是對美德的熱愛。

總有一些品質會不經意地引起我們的喜愛和讚美，我們也很願意在讚美和喜愛中將其昇華為令人愉快的感情；同樣地，也有一些品質會讓我們憎恨和蔑視，想到自己可能沾染上這樣的壞習氣，不免害怕。

此時，自覺自己的可恨、可鄙，比起他人的憎恨和蔑視我們更讓人覺得恐懼。毫無疑問地，如果我們感到自己的行為會招來人們的各種感情，就算在人們信誓旦旦地保證不會對我們報以憎恨和蔑視的情況下，心裡也會惴惴不安。

一個人的行為違背了遊戲規則，就算沒有人知道他的所作所為，也不會減輕他的罪惡感。只要站在公正旁觀者的角度審視自己的行為並發現自己所有造成這種行為的動機，他就會為自己的行為感到無地自容。

如果他的行為已經眾人皆知，就更是心靈上的奇恥大辱。除非他對周圍的一切視而不見，否則將無法逃避自己心裡的愧疚感，以及擺脫精神上來自他人的蔑視和嘲笑。如果之前周遭的人確實如此對待過他，則他會認為自己理所當然還會遭到報應，且一想到那種曾有的折磨就膽顫心驚。

但是，如果他的過錯是人神共憤、罄竹難書的重大惡行，

當他在清醒時回想自己的行為，恐懼和悔恨就會痛苦地吞噬他的內心。即使他深信沒有人會知道自己的罪行，甚至老天爺也不會給他任何的報應，那些可怕的感覺依然會如影隨形地跟隨他一生，理應受到同胞的憎恨和憤怒的罪惡感讓他寢食難安、度日如年。

在真相大白後，如果還沒有放下心中的罪惡感，只要一想到人們日後看待他時的怪異態度，恐懼就會加倍襲來。良心深受譴責的人會感到這種極度的痛苦：它像魔鬼一樣糾纏著自己，一個有罪之人，終其一生不得平靜安寧，經常深陷在自暴自棄和心煩意亂之中難以自拔。

即使他自信能夠隱瞞罪行，抑或他根本不相信任何宗教，他也無法得到解脫；能夠免受這種非人折磨的只有人類最卑鄙最無恥的惡棍，他們不在乎什麼美名清譽，對德行善惡也完全漠不關心。

這些極其令人不齒的人在犯下彌天大罪之後，往往會沉著冷靜、想方設法為自己開脫罪責，甚至為了擺脫危險的處境主動承認常人難以想像的罪惡。因為他們知道自己的罪行會引起那些被冒犯者的義憤，與其飽嘗那種罪有應得的報復，不如以死來平息人們的憤恨之情。

這樣至少可以減輕別人對自己的憎恨，多少能夠彌補自己的罪過，自己領受的可能是別人的同情而不是讓人感到害怕後所產生的怨怒—只要自己在伏法後平靜地死去，來自同胞的寬恕與自己在揭發罪行前的無所謂相比，無疑是會讓人高興的。

即使剛強有力、不溺於情的人在這種情況下也害怕受人責備。想到引發責備的過錯便更加恐懼，為了減輕這種恐懼感，且在一定程度上緩解良心的自責，除非本來可以躲過譴責和懲罰，否則他們會認為自己有必要心甘情願地去接受一些懲罰，並認為自己是罪有應得。

最輕浮淺薄的人會因為一些自欺欺人的荒唐讚揚而自鳴得意，而意志異常堅定者面對不應該有的指責也會感到屈辱。他們大可以對在社會上傳播的有關自己的流言蜚語嗤之以鼻，因為這些傳聞本身荒謬不實，通常會在很短的時間（幾週甚至幾天）內不攻自破、煙消雲散。

　　但是，一個清白無辜的人即使擁有最堅定的意志，當別人將一個莫須有的驚天罪名歸咎於他時，還是會震驚不已、羞憤交加，特別是當這種詆毀碰巧有證據加以證明。他會屈辱地發現所有人都鄙視自己的人格，還對這些臆測罪名的真實與否津津樂道。

　　就算清者自清，這些謠言仍難免會在他的人格上塗抹上不名譽的污點，甚至連他自己也這樣想。他是絕對不會也不可能對這種嚴重的傷害加以還擊的，由此而生的憂憤是一種極其痛苦的感受，沒有什麼比這種無法平息的沖天怨氣更折磨人的。

　　在一個清白無辜的人看來，世界上再沒有什麼比遭人誣陷犯有令人髮指的罪行而被送上絞刑台更為不幸的事了。此時，就是那些確實罪有應得的犯人的痛苦也比不上他內心的煎熬。通常，竊賊和劫匪這類無法無天的罪犯不會想像自己的行為有多麼惡劣，更談不上悔罪。他們已經將上絞架看作是在劫難逃的宿命，根本不在乎這種懲罰是否公正。

　　因此，當這種命運終於來臨時，除了覺得自己沒有同夥走運外，他只好聽天由命；除了對死亡的恐懼，沒有其他的事情能牽掛其即將離世的心，這些卑微的可憐蟲也能夠面不改色心不跳地戰勝這種恐懼。

　　相反地，清白無辜者感傷自己遭到不公正的懲罰，由憤怒而引起的痛苦更勝於對外界恐懼帶來的不安。當死亡帶著一種比平常更加黑暗和憂鬱的陰影逐漸地靠近時，擔心日後可能是遭臭萬年的名聲會讓他驚恐莫名，親朋好友帶著羞愧和遺憾回

想其莫須有的可恥罪行來懷念自己時，更讓他痛不欲生。

　　人類嚮往安寧，希望盡量不要發生這類致命的意外事故，但是它們卻不時出現，即使在正義之風盛行的地方也不例外。

　　不相信有來生輪迴的現世，卑下的人生觀安慰不了遭受不幸的人。

　　當他們無法讓自己的生命或死亡變得高尚可敬，當他們被宣判死刑且留下千古罵名時，只有宗教才能有效地寬慰他們；只有宗教才能告訴他們：洞悉一切的上帝會對他們表示同情，勸他將世人的不公看法完全置之度外；只有宗教才能向他們展現比眼前的世界更為光明公正、有人情味的天堂；在天堂，上帝會在適當的時候還給他們清白，美德將得到應有的回報。只有偉大的宗教法則才能讓犯罪之人感到心驚膽顫，才能帶給蒙受不白之冤的無辜者唯一有效的安慰。

　　敏感的人不會因為犯下真正的罪行遭到別人不齒而感到傷害，卻會對不義的誹謗耿耿於懷，無論是小過還是大罪莫不如此。

　　一個風流女子對社會上有關她的流言一笑置之，而毫無根據的流言對一個清白的處女卻是道德上無法估量的傷害。我認為這些都昭示著人類道德社會的一種普遍規律：有意為之者很少會覺得自己的罪行有什麼不光彩，而慣犯則幾乎不會有任何羞恥感。

　　既然所有人，甚至智力平庸者都會對名不符實的稱讚表示鄙視，莫須有的指責為什麼常會讓卓爾不凡之人感到莫大的屈辱？個中緣由值得進一步探討。

　　我曾說過，痛苦在任何時候都比扭曲或由衷的快樂更具刺激性：快樂會讓我們沉浸在幸福的狀態，而痛苦幾乎總是破壞這種和美的心靈狀態。敏感的人會歡欣於恰當的讚美，卻更容易對公正的指責耿耿於懷。

明智的人則無論何時都不會貪戀似是而非的稱讚，卻經常為不應該有的指責而憤憤不平，自己從未做過的事卻受到稱讚讓他難安，僭取並不屬於他的優點更讓他因卑鄙的謊言而懷有罪惡感；他恥於接受那些出於誤解的讚美，更羞愧於來自那些真正值得受崇拜者的鄙視。

　　如果發現很多人打心眼裡認為他完全有可能去做那未曾有的好事，他或許會感到某種快樂，這種快樂來自於人們對他的絕對肯定。然而，即使他會感謝朋友們的讚美，他仍認為有必要去消除他們的誤解，否則自己就是一個虛榮滿懷、品性低劣之人。

　　當他意識到別人在瞭解真相之後可能會改變對自己的看法，再套用他們曾經看待自己的目光重新審視時，就不會產生多少快樂。

　　不過，虛偽之人經常用自欺欺人的態度來唬弄自己。他把人們在不知實情的情況下將所有的優點善行歸到自己身上視為是理所當然，且繼續謊稱自己有更多不為人知的偉績，無恥地將自己從未做過的事情、別人的作品和發明都劃到自己名下，犯下剽竊、說謊等罪行。誠然，因為莫須有的事情得到別人稱讚不會給一般人帶來很大的快感，但根本不存在的罪行突然降臨到自己身上，卻會令一個明智的人痛苦萬分。

　　這時候，上帝不但讓痛苦的程度加倍，更使它超過可以承受的限度。人可以斷然拒絕愚蠢荒唐的享樂，卻總是無法擺脫各種的痛苦。如果他斷然否認不屬於自己的優點，沒有人會懷疑他的誠實。

　　但是，如果他否認妄加在自己身上的罪名，則可能招來別人的質疑。莫須有的陷害讓他怒火中燒，人們竟然相信這種誣陷更令他痛心不已：自己平素的品德竟無法免於誣陷，別人失望懷疑的眼光也不是自己所期待的；相反地，如果絕大部分人

都認為對他的指控可能屬實，他卻完全堅信自己的清白無辜，完全清楚自己的所作所為，即使只有少數人完全理解自己可能會做什麼，他的心理狀態可能會引起怎樣的行為，也會加深他人的懷疑。

沒有什麼比來自親朋好友的信任和好評更能幫助他戰勝別人的懷疑所帶來的痛苦，因為來自他們的懷疑和批評最讓他難以忍受。

他可能認為親朋好友令人不快的看法是出於誤解，但是這很難消除誤解帶給自己的影響。總之，一個人愈是敏感細膩、能力超群，這種影響就愈深刻。

需要注意的是，在任何情況下，別人的感情和判斷與我們自己是否一致以及隨之可能產生的影響，完全取決於我們對自己感情的拿捏是否恰當，對判斷結果到底有多大的把握。

有時，情感較敏感之人可能會擔心自己即使在高尚的情操方面也會率性而為，或者害怕對自己和朋友受到的傷害憤憤不平，他怕自己情緒過分激動，一味感情用事，或是盲目地見義勇為而給別人造成真正的傷害；就算那些人不是清白無辜，但也許不是自己原來認為的罪不可赦。

這時，來自別人的意見幾乎決定他的看法：贊同的意見讓他得到最大的安慰，反對的聲音則可能使他原本就惶恐不安的心更增負擔。假使一個人對自己的所作所為完全有把握，就不會把別人的看法當作衡量自己的尺規。

有的藝術品非常高貴典雅，需要極高明的鑑賞力和洞察力才能看透其中的奧妙，只是對於鑑賞結論則見仁見智。有一些藝術品，它們的優點一目了然，且有令人信服的證據。顯然，前者比後者更需要來自公眾的評價。

只有具備高超的藝術鑑賞力才能品味詩歌中的優美，年輕的初學者幾乎不能確定自己的詩歌是否優美。這時，沒有什麼

比朋友和公眾的好評更讓他喜出望外，也沒有什麼比完全相反的評價更讓他無地自容。

前者讓他對自己的表現和能力信心十足，後者則讓他垂頭喪氣、心情鬱悶。隨著經驗和成就的逐步獲得，他會對自己的判斷愈來愈有自信，但是公眾的批評還是會帶來困擾。

拉辛因為自己的悲劇《菲德爾》──一部最好的悲劇，已被譯成多國文字─反應平平而耿耿於懷，甚至使正處於寫作巔峰時期的他發誓與寫作劇本絕緣。這位偉大的詩人經常告訴他的孩子：那些不值一提、漏洞百出的批評所帶來的痛苦，往往超出最為熱情中肯的讚揚給自己帶來的快樂。

眾所周知，伏爾泰對那些微不足道的指責極為敏感。蒲柏先生的《鄧西阿德》幾乎可以和所有最優美和諧的英國詩歌相媲美，但是這不朽的名著卻受累於一些作家最卑鄙拙劣的批評。據說格雷因為自己最得意的兩首詩遭到拙劣的模仿而大受刺激，因而自此不想再寫作重大的作品。

與文學家背道而馳的是，數學家對自己發現的真實性和重要性信心十足，毫不在乎別人的異議。當代最偉大的數學家─格拉斯哥大學的羅伯特・西姆森博士和愛丁堡大學的馬修・斯圖爾特博士，從來不會為無知者忽視其最有價值的著作而感到苦惱。

據說，以撒・牛頓爵士的偉大著作《自然哲學的數學原理》遭到冷凍多年，但這絲毫沒有打破這位偉人內心的平靜。物理學家與數學家一樣不受公眾評價的束縛，他們同樣對自己的發現和知識的內涵價值充滿自信。

不同類型文化人的道德品行之所以千差萬別，多少受到他們與公眾關係的影響。

數學家和科學家從來不受公眾評價的束縛，便很少為了抬高自己、貶低別人而拉幫結派、黨同伐異。他們通常和藹可親、

胸懷坦蕩、和睦相處、相互尊重，不會為了獲取公眾的吸引力而明爭暗鬥。自己的著作受到同行欣賞固然令他們高興，遭受冷遇也不會使其怒火中燒。

詩人和那些自吹自擂的文人截然不同：他們熱衷於拉幫結派，搞小團體，將異議者當作不共戴天的仇敵，用盡一切卑鄙的陰謀詭計，試圖把公眾聚攏到自己這一邊，且不遺餘力地作賤對手及仇敵。

在法國，德彼雷奧斯和拉辛先貶低基諾和佩羅的聲譽，後又貶低豐特奈爾和拉莫特的聲譽，而成為某個文學團體的領袖，甚至以一種極為無禮的方式對待德拉弗丹，雖然這樣會有失自己的身分。在英國，愛德生先生並不認為貶低蒲柏先生與日俱增的聲譽而成為某一文學團體的領袖，會與自己高尚和謙虛的品格不相稱。

豐特奈爾先生在撰寫科學院——一個數學家和自然哲學家的團體—成員的生活與為人時，經常會頌揚他們親切樸實的風度；他認為，這在數學家和物理學家之間是很普遍的，且成為這整個階層，而不是任何個人特有的品格。

達朗貝先生在撰寫法蘭西學會——一個詩人和優秀作家的團體—的成員，或者人們認為是該團體成員者的生活和為人時，並不是經常有這種機會作這類的評論，甚至找不到任何藉口把這種和藹可親的品格說成是他所稱頌的這幫文人所特有者。

人們之所以渴望瞭解別人對我們優點的評價，根本原因還是缺乏信心，希望別人對自己的優點給予好評。來自別人的好評會讓我們倍受鼓舞，受到別人的批評則會讓我們感到失落；不過，我們還不至於為此而勾心鬥角。

賄賂所有的法官可使訴訟者勝訴，但就算法院全體一致的判決也無法讓他相信自己有理：假如打官司只是為了證明自己有理，出口怨氣，就不會去行賄，但要是希望法院判決自己有

理，且同時得到勝訴，他就會去賄賂法官。

同樣地，如果我們不在乎別人的讚揚，而只是想證明自己是否值得別人讚揚，就不會患得患失。讚揚之於聰明者重要，是因為它能夠證明某種值得讚揚的品格（至少在受到懷疑時如此），這說明讚揚本身在某些方面並不是無足輕重的。

因此，那些頭腦靈光的人—在這種情況下，不應該稱他們為聰明人—有時也會不擇手段地為贏得讚揚和逃避指責。

讚揚或譴責的語言是他人對於我們品行的真實感受，值得讚揚和應當譴責的感覺則來自他人對我們的品行所抱有的情感。渴望讚揚就是渴望獲得他人的好感，追求值得讚揚的品質則是渴望使自己成為理所當然受到讚揚的人。

這兩者彼此關聯，非常相似，且對於受到譴責和該受譴責的畏懼也是如此。

如果人們希望或者實際上已經做了某種值得讚揚的行為，他會渴望得到應有的，甚至更多的讚揚。此時，這兩者已經很難區分。他自己也無法解釋自己的行為到底有多少是受前者影響，對別人而言更是如此。

那些一心想要貶低其優點者，完全將他的行為說成是別有目的的陰謀—只是汲汲於眾人的讚揚而非出於本意，或完全是虛榮心作祟。那些更喜歡多考量其優點之人，則讚揚他的行為主要是基於對值得讚揚品格本身的真正崇敬，是對高尚且光榮行為的真正喜愛，是對他人的認同和稱讚以及與其相匹配品格的真正想望。

每個旁觀者的思考習慣都會決定他對所觀察行為的好惡評價，這往往是一種刻板的成見，即使是正確的優良行為也可能會被他批評得一文不值。

極少有人敢認為自己具備了自己所孜孜追求的品格，且這種品格為別人所讚許，或者心滿意足於自己做了值得稱頌的

事，除非人們對他所具備的優點給予承認和衷心地讚賞，或者實際上獲得了自以為應該得到的讚揚。

但是，人的個性是多樣的，在這方面的差別很大：有些人只關注自己值得讚揚的品格是否得到了證明，對於讚揚本身毫無興趣，而另一些人則只想著如何才能得到讚揚。

沒有一個人能夠避免指責和非議，否則他不會因為自己的行為狀似全無應該受責備的素質而得意，一個智者對自己是否得到應該獲得的讚揚毫不在意；但是他會避免在一切要緊的事情上不允許發生的錯誤和任何可能遭到的非難，他小心謹慎，在緊要關頭更是戰戰兢兢。

因為他一旦做了自己認為該受指責的事，且沒有負擔起相應的職責，或者沒有把握機會盡力做自己認為值得讚揚的事情，責備及非議就可能降臨，考慮到這些，他會非常迫切且謹慎地避免責備、遠離非議。一個偉大的智者在做出值得讚揚的行為時，他不會顯露出對讚揚的強烈渴望，因為這是一種軟弱、虛榮的表現。

當然，希望避免指責和非議的念頭並不完全是軟弱的表現，其往往意味著當事人遇事謹慎的優良品格。

西塞羅說：「很多人蔑視榮譽，但是又會因為不公正的責難而感到莫大的屈辱，這是非常矛盾的。」然而，這種矛盾似乎根植於永恆的人性原則中。

上帝教人用這種方式尊重他人的情感和判斷。別人對他行為的贊同會讓他感到高興，反對則讓他感到不快。上帝讓人直接審判人，如同其他許多方面，上帝是按照自己的設想來造人，並讓他做為其在人間的代理，以監督人類的行為。

上帝賦予的這種秉性讓人們在遭到責難時覺得顏面盡失、鬱鬱寡歡，在得到讚許時又眉飛色舞、洋洋得意。

人作為同胞的審判員，其使命只有一審而沒有終審，最終

的判決結果還要求助於高等法庭—心中的道德觀，也就是自己的良心，那個想像中公正無私、全知全能的旁觀者的法庭，人們心目中有著最偉大審判官和仲裁者的法庭。兩種精神法庭審判權建立的原則在某些方面有相似之處，但區別更大。

外部的裁決權完全基於對現實的讚揚、譴責的渴望或厭惡，內心的裁決權則是對值得讚揚或應該譴責之品格的渴望或厭惡，別人是否擁有某些值得我們熱愛或唾棄的品格，別人的某種行為是否應該得到我們的稱讚或鄙視，我們的判斷標準和尺度就是自己的感覺、良心。

如果外部的評判者因為我們從未做過的好事或與我們的行為毫無關係的動機而給予我們稱讚，內心的評判者就會提醒我們其實自己不應該得到這種稱讚，接受稱讚只會讓我們變成卑鄙小人，心中的聲音使我們立即克制自己因這種毫無根據的喝彩而產生的自高自大情緒。

相反地，如果外部的評判者因為我們從未做過的壞事或對與我們曾經的行為毫無影響的動機而加以指責，內心的評判者就會立刻糾正這個誤判，讓我們相信自己絕不應該遭受如此不公正的責難。

但是，很多時候，內心的評判者常對外界評判者的喧譁鬧騰感到驚訝和迷惑；有時，責備伴隨著粗暴激烈的言行，嚇得人呆若木雞，而喪失了對美好和醜惡的感覺。此時，內心的判斷可能仍是公正而合理，但它的可靠性和堅決性已遠不如前，保護我們內心寧靜的屏障已遭到破壞，幾乎所有人都不能寬恕自己，以為我們真的犯了幾乎無法原諒的大錯。

如果所有現實中的旁觀者立場一致又堅決地反對、批評我們，心中的公正旁觀者在支持我們時也會顯得無力、猶豫不決。一如詩歌所描述的：「一半像神，一半像人。」當內心對美醜善惡的感覺左右他的判斷時，是神性在指導他合理地行動；當

他被心中那些愚昧軟弱的意見所動搖時，就暴露出他與人類的聯繫，此時人性徹底壓倒了神性。

在這種情況下，意志消沉的人只好向更高的法庭、向明察秋毫的宇宙最高審判者尋求安慰—祂的眼睛從來不會看錯，從來不會做出錯誤的判決。終於有一天，這個偉大法官會宣布他的清白無辜，會告訴他美德終將得到好報。

相信有這樣一個偉大的法官會做出準確無誤的公正裁決，是他陷於絕望的心靈所能依靠的最後防線。驚惶不安的時候，天性讓他感到還有偉大的法官保護他，不僅力證他的清白無辜，還給予他內心的寧靜。

許多時候，人們習慣把今生的幸福寄託在對來世渺茫的希望和期待上，這種深植於人性的希望和期待的感情支撐著人類尊嚴的崇高理想，照亮不斷逼近的陰暗前景，讓我們在亂世的淒風苦雨中保持樂觀。

這樣的世界終將到來：在那裡，所有人都是平等的，都會得到公正的待遇；在那裡，人人都與那些道德、智力與自己不相上下者並肩為伍；謙虛高尚的人在今世因命運的阻礙而沒有展示自己的機會，導致世人不瞭解他們，他自己也缺乏自信，甚至連內心的裁判官也不敢明確地支持他們，但是他們將會在那裡得到早該到來的自我實現和自我滿足感；在那裡，謙虛卑微者不為人知的優點將得到合適的評價，甚至會超過那些在今世享有盛譽、身居高位者。

這樣的信念會使軟弱的人在各方面、任何時候都對其充滿崇敬和希望，一想到將會得到崇高的知性的寵愛，甚至連對它有所質疑的賢人也難免會陷入這種虔誠的信仰中。

只是一些極其虔誠的預言者告訴我們，在那個世界裡報答和懲罰的分配依然會與我們所有的道德情感直接衝突，於是這種信念遭到褻瀆神明者的嘲笑。

很多德高望重卻滿腹牢騷的老臣抱怨，諂佞之徒通常比忠順之臣更得寵，而逢迎拍馬也比汗馬功勞高升得更快更穩。在凡爾賽宮或聖・詹姆斯宮拍一次馬屁，比得上在德國或法蘭斯打兩場勝仗。

　　但是，這種對世俗君主弱點的嚴厲指責卻被認為和正義的行動一樣起源於完美的神性。德才兼備之人甚至認為只有一種美德會得到回報、免於懲罰，這種美德包含對職責、忠誠和對神的崇拜。

　　美德是一個人的長處，也與他們的地位極其相稱，且我們總是習慣高估自己的優點。睿智雄辯的馬西隆在祝福卡迪耐軍團軍旗時，對軍官發表演說：各位先生，你們最可悲的處境就是艱難困苦的生活，生活中服務和職責的艱苦程度有時更勝於修道院嚴格的苦修。你們時常為今生來世的空虛而苦惱、感歎。

　　苦行僧在陋室中極力克制肉體的慾望，將其轉為對精神的追求，他之所以能夠堅持，是因為他堅信這樣的苦修一定能得到回報，上帝還會減輕來世的懲罰。

　　但是，你們在臨終時會大膽地向上帝傾吐日常工作和生活的艱辛嗎？是否會向上帝祈求任何的報償？你們認為上帝會對自己的全部努力以及全部克制給予肯定嗎？你們把一生中最好的時光獻給了自己的工作，十年的服務對你們身心的損害可能更甚一生之悔恨和羞辱的總和。

　　唉！我的弟兄們！為了上帝哪怕只經歷一天這樣的辛苦，也會給你們帶來永世的幸福；只要為上帝做事，哪怕過程令人痛苦，也會讓你們得到聖者的稱號。但諷刺的是，你們所做的一切以及為此所承受的痛苦，在今世卻是得不到任何的報答。」

　　把修道院徒勞的苦修與高尚的戰爭中的艱苦和危險相比，會認為在上帝眼中，修道院裡一天或一小時無意義的苦行比戎馬一生的光榮更值得誇耀，這會與我們所持的道德情感相衝

突，且會違背我們在天性指導下做為評判一切是非曲直、輕蔑或敬佩的全部原則。

然而，正是這種苦修精神把天國留給了僧侶修士和虔誠的信徒，並同時宣告：古往今來所有的英雄、政治家、立法者、詩人和哲學家，所有那些用自己的發明創造和進步科技為人類生活的延續、便捷和更加幸福做出過貢獻者，所有人類的偉大保護者、指導者和造福者，以及那些我們在美與善的直覺驅使下將其視為德行最高標準者，全部都要到陰間受苦。

我們對於最值得尊重的宗教信念遭遇如此荒唐的衝突且不時被人蔑視和嘲笑，就不再會感到驚訝，對於那些並不熱愛、偏好虔誠祈禱的人而言，也不會大驚小怪了。

第三章　論良心的影響和權威

在特殊情況下，軟弱之人不能只是依靠良心的支持，他們不可能總是依靠那個想像中的與其心意相通的公正旁觀者來支撐自己的信心。

但是，在任何時候，良心的影響和權威都是不可忽視的。只有在這個內心法官的指示下，我們才得以對與自己相關的事情了然於心，才能適當地處理自己與他人的利益衝突。

如同肉眼看到東西的大小並非依它們的真正體積而是依其遠近，人心天生的眼睛看東西來也可能如此，且我們用幾乎相同的方法來糾正這兩個器官的缺陷。從我現在寫書的位置看，草地、森林以及遠山的無限風景，並沒有大到能遮住我的那扇小窗，而與我坐在其中的這間房子相比則小得不成比例。

除了把自己放到一個不同的位置（至少在想像中如此）在那裡可以從大約相等的距離環視遠處的巨大景物和周圍的小景物，從而能對其實際大小比例做出正確的判斷之外，我沒有其他辦法可以對兩者做出正確的比較。習慣和經驗使我可以容易

且迅速地這樣做。

　　所以，幾乎是下意識地，一個人在能夠充分相信那些遠處景物是渺小的之前，如果他的想像不按照對遠處物體真實體積的瞭解擴展和增大之，他就必須瞭解點視覺原理，才能相信那些遠處物體對眼睛來說只是顯得很小，卻不是如視覺所看到的那麼小。

　　由於原始人性中自私的感情頑固而強烈，我們看重自己的蠅頭小利甚於陌生人的最高利益，由切身利益引起的快樂或悲傷、渴望和厭惡情緒都非常濃烈。

　　只站在自己的立場上想問題，當然不可能將他人的利益視為理所當然的正常需要。因此，為了達到自己的目的便不惜損害他人的利益。只有我們轉換自己的立場，才能客觀公正地處理這兩種互相對立的利益的關係。

　　然而，要使判斷不偏袒任何一方，我們就必須採取第三者的立場和眼光來看待問題，而不能以自己或對方的立場和眼光，因為這兩種立場都與我們有利害關係。習慣和經驗會讓我們輕易地，甚至下意識地做到這一點。

　　此時，如果正義感無法糾正天性中的不公之心，我們就需要進行反思甚至是哲學思考：為什麼自己對與我們休戚相關的人漠不關心？對他的悲慘遭遇無動於衷？

　　若一個國家，如中國連同其數億居民突然毀於一場地震。試想，一個和中國沒有任何關係的歐洲人聽到這個消息後會有什麼樣的反應？可能他會先向這些不幸的罹難者表示哀悼，然後感嘆人世的無常，人類所辛苦創造的全部成就在頃刻間灰飛煙滅。

　　如果他是一個投機的商人，可能會聯想到這場重大災難對歐洲商界和世界貿易所可能帶來的影響。但是，當一切悲天憫人的思緒全都過去以後，他仍會像平常一樣地做生意、悠閒平

靜地生活，彷彿這種不幸的事件從未發生過。

相反地，當他自己遇到麻煩，即使是最小的，都會令他緊張不安。但是，當他想到億萬的中國人在地震發生的前一天晚上依然酣眠，自己的小麻煩與慘絕人寰的大毀滅相比就顯得無足輕重了。

一個天良未泯之人如果從未見過那些億萬罹難者，卻願意為了免除自己的小麻煩而犧牲他們的生命，人類的良心如此，實在讓人汗顏：即使一個腐敗至極的世界，也不會生出這樣的惡棍。

為什麼？差別在哪兒？當我們消極地沉溺於卑鄙自私的感情時，又如何會在積極的道義方面慷慨激昂？如果我們總是沉溺於一己的私利而對他人的利益漠不關心，為什麼有許多人在任何時候都願意為了他人更大的利益而犧牲自己的利益？

這不是人性中溫和的力量，也不是上帝用來照亮人心的微弱仁慈之火，那只能夠抑制最強烈的私慾衝動，這是一種在危難時刻更為強大的力量、更為有力的動機，這是理性、道義、良心，是那個在我們內心裡判斷我們行為的偉大法官和裁判。

當我們的幸福是踐踏在他人的痛苦之上時，他的聲音足以震懾住我們心中最劇烈的衝動，他大聲疾呼：「我們不過是無數生命中的平凡個體，並非高人一等；如果我們妄自尊大，必定會受到人們的仇視、憎恨和詛咒。」只有他才能讓我們明白自己以及個人的私利是非常微不足道，且這個公正旁觀者的眼光才能糾正自己的自私心理。

他指出：慷慨的行為合情合理，而違反正義的行為則是醜惡的；為了他人更大的利益而犧牲自己的利益值得稱頌，為了自己得到最大的好處而使他人受到傷害，就算是最小的傷害也是醜陋的。

很多時候，不是出於對親朋的愛，也不是普世價值推動我

們按照神性的美德去行動。那只是一種在特殊情況下產生的更強烈的、更有力的情感，一種對光榮和尊嚴的愛，對自己本性中優點的愛。

當自己的行為會給他人造成直接的幸福或不幸時，我們不敢聽從自私心理的使喚，把個人的利益置於眾人利益之上。內心那個人會提醒我們：過於看重自己而不考慮別人，只會招來他人的蔑視和憤慨。賢能之人不會受這種情感的擺佈。

任何一個優秀的軍人對此都深有體會，如果他在盡軍人天職、為國捐軀時躊躇不前，戰友們就認為他是在臨陣退縮，而對他投以輕蔑的目光。

個人絕不應該把自己看得比其他人更重要，即使自己可能獲得的利益遠大於為他人帶來的損害，儘管前者比後者大得多；窮人絕不應該詐騙和偷竊富人的財富，就算贓物給自己帶來的好處比為富人造成的損失更大。

在這種時候，內心的那個人會馬上提醒他：你並不比周圍的人更重要，且你的私心只會招來蔑視和憤怒，以及遭受懲罰，因為你違背了人類社會的安全與和平所賴以建立的神聖法則。正直的人會恐懼於自私行為帶來的恥辱感，那將會是自己心靈上永遠無法抹去的污點，他甚至寧願遭受重大的災難也不願自取侮辱。

因為偉大的斯多葛主義的格言是根植於他心中的真理：「對一個人來說，用不正當的手段奪取另一個人的東西，或將自己的利益建立在他人的損失之上，要比因肉體或外界原因造成的死亡、貧窮、痛苦等等所有的不幸，更加違背他的天性。」

如果我們的行為不會給別人帶來幸福或不幸，如果我們的利益和別人的利益毫無關聯，更談不上衝突，我們就不需要壓抑自己與生俱來的自私心理以及對他人的冷漠態度。倫常教育讓我們在所有重大的場合按照自己和他人之間既定的某種遊戲

規則行事，甚至平時的經濟活動也能積極調整我們的道義原則以達到某種程度的和諧。

但是，真正能糾正我們消極感情中的偏差者，只有極為整飭、精緻的教育和嚴謹、深奧的哲學。

試圖向我們講授這一最難理解的道德課程的哲學家有兩類：一類哲學家盡力增強我們對他人利益的關心，另一類哲學家則反向行之，即減少我們對自身利益的過分牽掛。

前者讓我們把愛自己的天性施及他人，後者則讓我們將漠視他人的天性也訴諸於己。這兩者的教義都背離自然合適的正確標準。

前者是一些垂頭喪氣的道德學家，他們指責我們在眾多同胞處於痛苦中時過著逍遙自在的生活：許多可憐的人面臨種種災難，飽受貧窮和疾病的折磨，以及仇敵的欺壓，掙扎在死亡的邊緣，而你們竟然視而不見，只是沉醉於自己的幸運生活而滿心歡喜，真是邪惡的冷漠。

他們認為，即使我們從未目見耳聞，還有一些人無時無刻不在遭受厄運的折磨，我們必須以對他們的憐憫之情來抑制自己幸福生活中所有的快樂，並且要習慣性地表現出悲天憫人的憂鬱神情。

但這是荒謬的：

首先，對自己毫不知情的災難表示過分的同情，簡直是荒唐可笑、不合情理的。這個地球上每有一個受苦受難的人，就有二十個春風得意，或至少還過得去的人，沒有什麼理由可以說服我們為一個人哭泣而不是為二十個人感到高興。

其次，這種裝腔作勢的憐憫不僅荒誕，而且根本就做不到；就算是表面上能夠做到，那種悲痛也多是矯揉造作，或是多愁善感的惺惺作態；虛假的悲痛不能感動人心，只會使人們變得陰鬱沉悶。即使這種理想最後能夠實現，也只是讓人更加感到

痛苦。

　　既然無論我們怎樣關心那些跟自己素無瓜葛、完全沒有接觸的弱者，都只是自尋煩惱，對他們毫無幫助，我們為什麼要為遙不可及的世界而自尋煩惱呢？當然，所有的人，無論在我們眼前或天邊，都有資格得到我們美好的祝福，我們也會祈禱祝福他們。

　　但是，就算他們是不幸的，我們也沒必要因此而折磨自己。對於和我們毫不相干，且我們無法幫助的人，所謂的關心只是有限的，這也是上帝的明智安排。

　　我們有時候看到別人的成功會感到些許不快，這可能是嫉妒心使然，若沒有這種自私情感的妨礙，我們可能就會快樂地向他表示祝賀。道德學家在責怪我們對不幸者缺乏同情時，也對幸運兒、權貴和富豪的崇拜心理大加批評。

　　另一類道德學家透過降低我們對自身利益的關心程度來糾正人類消極感情中天生的不平等因素，古代的所有哲學派別莫不如此，尤以斯多葛學派為代表。斯多葛學派的理論主張：「人不應該把自己與大眾切割而獨立於世，應該把自己視為世界的公民、龐大自然界的一分子，為了整體利益他應該在必要時犧牲自己的蠅頭小利，一個人在心靈天平上不能將自己的私利凌駕於整體中其他同等部分的利益。

　　我們應以世界上任何其他公民都會用來看待我們的那種眼光看待自己，不應任由自私心理蒙蔽了雙眼。我們應該把自己的事情當作他人的事情，正如他人看待我們的事情一樣。

　　埃皮克提圖說：當我們的鄰人失去妻兒時，所有人都認為這是一種天然的災難，是完全符合自然規律的事情。

　　但是，想想看，如果同樣的事情發生在我們身上時，我們一定會痛哭失聲，不幸會將我們重重地壓垮。

　　所以，我們要牢記這一點：我們對於某個偶發事故發生在

他人身上時所採取的態度，實際上也就是我們在同樣的情況下自己的感受和想法。」

有兩種個人的不幸會使我們的感情偏離常軌：一種不幸先是影響與我們特別親近的人，如雙親、孩子、兄弟姐妹或最親密的朋友等等，然後才間接影響到我們；另一種不幸直接影響到我們的身體、命運或者名譽，這些不幸通常是由疼痛、疾病、貧窮、恥辱，以及死亡等等帶來的。

前一種不幸會造成我們情緒的劇烈波動，但有時也有可能是冷靜如常。如果一個人面對父親或兒子的死亡或痛苦無動於衷，好像他們是與他毫無關係的陌生人，他顯然不是一個好兒子或好父親。

這種不通人性的冷漠態度不值得任何讚揚，只會遭到眾人的憤怒和唾棄。然而，家庭中經常有感偏愛的情況，讓人覺得不舒服。絕大部分人視自己的兒女高於父母，他們更愛下一代，因為接續香火的是兒女，並不是日薄西山的雙親，且未成年子女的生活和安全依靠父母精心打理，父母則很少有求於他們。

因此，在這種強烈的感情面前，人們需要的是壓抑而不是激發。道德學家們很少批評我們對子女的嬌生慣養，只是力勸我們要克制對孩子的溺愛和過分的關心，這同樣地暗示了我們不應該給予子女太多不適宜的偏愛。但是，他們會就孝順的問題反復告誡：「要照顧自己的父母，在他們的晚年盡孝道，以回報他們的養育之恩。」

基督教也是如此，「十誡」要求我們尊敬自己的父母，對是否要熱愛自己的兒女卻毫無提及，因為冥冥中上帝已安排好我們如何履行這種責任。人們很少指責那些疼愛孩子的父母，卻常常懷疑那些孝敬父母的兒女是否裝模作樣。

同樣地，寡婦的悲痛也讓人懷疑其是否為虛情假意。某種過於強烈的感情，如果我們打從心底相信其真誠，就會尊重，

且相信它的真實性，就算我們不完全贊同，也不會對其有嚴厲的批評。在虛偽的人看來，裝模作樣的表現也是值得讚揚的。

雖然我們對家庭感情的不均衡感到不快，認為偏頗的感情應該受責備，但也不會過分厭煩。父母對孩子過分溺愛和護短，最終對雙方都沒有任何好處；但是人們很容易理解這種感情，不會對其大加指責和苛求。

相反地，如果父母缺乏這種感情，則會讓人覺得面目可憎。他對待自己的子女總是橫眉怒目，對任何事情都吹毛求疵，簡直就是個暴君或獨裁者。當最親近的人遭遇不幸，我們不需要強制壓抑激動的感情，這是正常而合理的，無動於衷才顯得虛假。

在這種情況下，斯多葛式的冷漠顯得虛偽而矯情，是讓人很難接受，以及這種想盡一切形而上學的詭辯伎倆所支撐的冷漠理論，除了助長花花公子的冷酷跋扈及傲慢驕橫外，一無是處。那些出色地描繪高尚微妙的親情、友誼和其他一切個人和家庭感情的詩人和小說家，例如拉辛、狄爾泰、理查森、馬利弗、利科波民，都是比芝諾、克里西波斯或愛比克泰德更好的教員。

我們不會因為對他人的不幸予以適當的同情而忽視自己的責任，憂鬱而深情地懷念朋友沒什麼不好，表面上的痛苦和悲傷似乎有損身心健康，但這是高尚品德和自我肯定的表現，不會帶給我們身體、命運、榮譽的不幸。有時候，過分的感情表達顯得不合適。只有在極少的情況下，斯多葛式的冷漠無情才會浮出。

前面提到過，因他人的肉體受傷而產生不快的情緒非常普遍。身體受傷所產生的疼痛，是最能夠引起旁觀者的感同身受，因為大家都是肉身皮囊，看到垂死掙扎的人心中也會產生悲哀。只是在這兩種情況下，旁觀者的感受都無法與當事人相比，

就算旁觀者無動於衷，後者也不會感到不快。

人們不會憐憫缺錢花的窮人。如果窮人為了這個而怨天尤人，就愈讓人瞧不起，甚至不值得人同情。我們看不起乞丐，雖然在其死纏爛打下可能會施捨給他們一點財物，但我們打心眼裡看不起他們。由富翁淪為乞丐的人飽嘗人世艱辛，因生活巨大的落差而倍感世態炎涼。他們往往會得到旁觀者真正的同情。

在當今社會，遭受此種不幸的人通常是因其自身的原因，但人們還是願意可憐他。朋友們會慷慨解囊，富貴時過從甚密的債權人（他們當然會理直氣壯地抱怨他的揮霍無度）會寬容他，資助他一些微不足道的金錢。遭受這種不幸之人其人格都存在一些弱點，但人們不會計較。

一些生來就自強不息的人，在落寞的環境中仍然樂觀自足，不因為今昔境遇的差別而自暴自棄，由於這些人的積極品行不因財富的多寡而改變，總是會得到人們的贊同和敬仰。

在一個無辜者看來，名譽上遭受莫名的玷污是最大的不幸，所以他們在面對可能造成巨大不幸的事情時會表現得激動，但並不能一概歸為粗魯無禮。一個年輕人對於別人誣陷、詆毀他的品格或名譽而忿忿不平，即使他的憤怒有些過分，人們也會理解。人們更會同情冰清玉潔的小姐為有關她品行的流言蜚語而苦惱。

人世的滄桑使老人看透了世路險惡的悲涼本質，已經學會將他人的毀譽置之度外，對喧囂謾罵充耳不聞，甚至不屑於對那些無聊之人大動肝火。

這種因總結人生經驗教訓而產生的冷漠是一種堅定的信念，年輕人不會也不應該有這樣的態度。不適齡的冷漠與年輕人的朝氣格格不入，人們有理由覺得他們可能在今後的歲月裡對真正的名譽漠不關心。

人們執著於關乎自己個人切身感受的事情，精心打理他的小世界。對於別人遭遇倒楣的事情，我們可能只是抱著幸災樂禍的輕快心情，但如果這些痛苦的事情是發生在我們自己的身上，卻會感到氣憤不公。

　　讓我們對生活中的感情脆弱和自我克制進行比較，觀察它們微小而漸進的變化，我們發現：要做到控制脆弱感情必須經歷一個過程，它的來源不是那些詰屈聱牙的演繹推理，而是上帝所確立的規定。

　　上帝要求我們必須要尊重所有旁觀者的感受，不管這個旁觀者是真實的或是我們想像出來的。

　　童稚之齡的孩子缺乏自我克制。不管是害怕、痛苦還是生氣，他都試圖用大哭大叫的方式來喚起保姆或父母的關心。當父母無微不至的細心呵護時，孩子除了過分任性，沒有必要克制什麼感情。當孩子哭鬧著撒嬌發脾氣時，父母通常會高聲訓斥或恐嚇孩子，讓他保持安靜。他的訓斥告誡孩子：要想自己安全，就有必要抑制自己的情緒。

　　等到上學後和其他的孩子相處時，他會發現別人對他沒有任何的偏愛和容忍。為了避免受到孤立和敵對，增強安全感，以及溶入團體得到其他孩子的接納，他會學習壓抑自己的憤怒，克制其他過激的情緒，使身邊的小朋友都覺得他容易接近。

　　就這樣，他學會控制自己的感情，逐步進入了克制的大學校。當然，再長的訓練和實踐也不可能達到完全控制自己感情的程度。

　　當我們看望一個生活在疾病和不幸中的朋友時，他會從自怨自艾中振作起來，稍微平靜地從旁觀者的角度來看待自以為不幸的處境。在短暫的時間裡，他的心情難得趨於平靜。

　　只是這種不自然的狀態無法持續太長的時間，他會重新咀嚼自己的悲歡，沉緬於痛苦中，就像童稚期沒有自制力的孩子，

他無法壓抑自己的悲傷,只想透過不斷地哭泣和悲歎喚起旁觀者對自己處境的認同和憐憫。

意志相對堅強的人會長時間地保持鎮定情緒,盡可能從旁觀者的角度來審視自己的感覺。如果在重大不幸的壓力面前還能夠保持鎮靜,朋友們便會對他敬佩有加。

別人的肯定會使他受到鼓舞,在樂觀情緒的影響下他會更加堅強。他不會主動提起自己的遭遇,有修養的朋友也不會挑起這方面的話題。

相反地,他會用各種玩笑話題使朋友們開心,即使不得不講起自己的不幸,他也會用一種堅強和超脫的語氣。但是如果他沒有自我克制的本領,這種努力就不會持續太長時間。在較長的談話時間之後,感情決堤,他會哀歎自己的不幸。

如今的風氣比較看淡人們的軟弱情感。如果某人家裡慘遭不幸,通常只會允許最親密的親友到家中探訪,比較疏遠的人則會加以婉拒。因為人在關係親近的親朋前會比較放得開,且他們更能給不幸者最貼切的關懷和同情。

其實心懷惡念的人最愛混在親朋行列間進行所謂善意的拜訪,宣洩惡毒的幸災樂禍情緒。這時,即使最脆弱的人也會努力保持克制鎮定,用輕鬆愉快的心態回擊不善的來者。

一個素來具有果敢堅定、聰明誠實品質的人,若具有堅強的自我克制能力,則無論是面臨紛亂複雜的局面,還是激烈的黨派鬥爭,甚至面對慘烈的戰爭,他都會成功地控制住自己的衝動和激情,且無論是獨自一人或與人交往時,不論成功或是失敗,面對的是敵人還是朋友,他都保持冷靜和理性。

在任何時間,即使是極短的瞬間,他都不會忘記心中還有一個高高在上的公正旁觀者正在對他的行為和感情進行監督;更不會忘記心中的道德規範。時時從旁觀者的角度去評價自己和與自己有關的事物已經成了他的習慣,這習慣不僅約束他外

在的言談舉止，也規範其內心的情感世界。

　　他完全認同心中的公正旁觀者的感受，幾乎與他融為一體，且他只需要嚴格恪守偉大旁觀者的指令。

　　在這種情況下，人們對自己行動的滿意程度跟自我克制程度呈正向影響關係。沒有自我克制，就沒有自我滿足感。劃破手指頭的人很快就會表現得像沒事一樣，這種小小的疼痛也不值得一提。

　　如果一個人是在戰機轟炸中失去雙腿，他強烈地克制不流露悲傷，使自己的表情語言像平時一樣冷靜鎮定，就會對自己產生更高程度的滿意感。

　　多數人在突逢不幸時都會驚惶失措，除了痛苦和害怕，不會考慮任何事。此時，對他們來說，不管是身邊的真正旁觀者，還是心中的旁觀者，都被完全忽略了。

　　上帝是公平的，對於我們在不幸事件中的損失，祂會按照相應的自我克制行為進行補償，這種補償通常會和我們的悲痛辛酸程度相等。

　　為了克制我們的情緒，我們要付出很多努力，就會得到更多的快樂和幸福。這種幸福不會因為和別人分享而減少，只會加倍，我們會因為強烈的自我滿足感而不去觸碰那些痛苦和辛酸。斯多葛學派認為，真正的聰明人在遭遇不幸後，並不會有太大的反應，他的心情和在其他的場合沒有什麼不同，原有的幸福不會因環境的改變而有所變化，即使不會完全沒有那種痛苦感受，也會因為聰明人對自己的完美評價而抵銷大半。

　　當不幸從天而降時，明智堅強的人會做出重大的甚至是痛苦的努力以保持自己的鎮定。因不幸產生的痛苦感，和審度時勢的種種考量，會使他百感交集、心力交瘁，因為他不得不花費很大的力氣去體會公正旁觀者此時會有的感受和看法。

　　榮譽、尊嚴和本能的情感在此時會產生嚴重的矛盾。這時，

他不可能完全做到從旁觀者的角度看問題,也無法完全聽從內心聲音的指令,內心的矛盾交織使他的外在行為顯得非常怪異。

當為了榮譽和尊嚴而行動時,上帝會賦予他自信心和滿足感,所有公正的旁觀者也會嘖嘖稱讚,如果這種補償可以使他完全忘懷不幸,他就不會以逃避不幸來保全自己。

如果這種補償很難彌補其所遭受的不幸,他就會自暴自棄、自絕於社會責任。因此,只有具備忍受痛苦和堅忍不拔的精神,才會在不幸降臨時保持情緒鎮定和思維清晰。

按照人類的本性,極度的痛苦從來不會持久,當不幸逐漸減退後,我們會淡忘它曾經帶來的痛苦。所以,一個人只要承受住了不幸剛開始時的痛苦,他就會慢慢地適應。

裝了義肢的人一開始都會覺得難過,想到日後生活上的種種不方便時更加地鬱悶。

不過,他很快就會適應從一個旁觀者的角度看待這個問題:誠然義肢是缺憾,但這種缺憾並不妨礙自己與人交往或者安居樂業。

在那個公正旁觀者的指引下,他不再像最初那樣的悲傷。從此,他生活在一種安靜祥和之中,不會再受到其他雜念的困擾。

人們遲早都會適應自己的長期處境,斯多葛學派在這方面的闡述非常精闢入微。在漫長的生活裡,幸福的本質並沒有發生什麼變化。幻想中一些微小的差異只是因為我們喜歡或者想要逃避某種環境,但那不是很強烈甚至過分的感受。

只有平靜和安逸才會帶來幸福,有平靜才會有使人安逸的事物。在某種漫長的、幾近絕望的境遇裡,我們的心情遲早都會歸於寧靜:快樂的心情會逐漸高昂,痛苦的心情會逐漸低落。沉穩的人恢復平靜比較快,也能找到更多的樂趣。

人們生活中的種種不幸和忙亂，主要源於這山望著那山高的攀比心態。貪慾使我們產生仇富心理，過於誇大貧富的差距；野心使我們嫉妒他人的成就，抨擊公眾人物的奢侈豪華生活；虛榮則使我們盲目羨慕名流，把普通人看得一文不值，或自歎沉淪下僚。

　　受到攀比情緒左右的人，不僅自己活得很累，隨時會為了追求過於熱衷的目標而使社會處於混亂不安之中。其實他只要稍微觀察一下就會發現，樂天隨性的人在任何的生活狀態中都可以保持平靜、滿足和快樂的心境。

　　生活並非總是美妙無比，也不至於抱著破壞性的衝動去追求幻想中的樂園。莽撞的衝動會使我們逾越審慎或正義的規範約束，並在以後對自己的蠢行內疚不已。不遵守審慎和正義的原則，人們可能會進行各種危險的賭博，直至把所有家當都輸得精光。

　　伊庇魯斯國王對心腹講述自己一系列的征服計畫。末了，國王的心腹問：「陛下接下來要準備做什麼？」伊庇魯斯說：「那時，我就可以和朋友一起共有人生快樂，過肥馬輕裘的生活。」親信又問：「難道這不是陛下現在就擁有的生活嗎？」我們理想生活中的幸福和快樂，其實在平時就唾手可得，即使一無所有，也是可以找到最高境界中的一切快樂─除了小小的虛榮心和優越感外。

　　虛榮心、優越感和一切能夠讓人寧靜快樂的原則都背道而馳。擺脫窮困處境的急切感，跟我們在生活中享受錦衣玉食的快樂，完全不成正比。想想古人書中那些智慧的小故事，再觀察周遭事物或搜索自己的記憶，你會得出這個結論：真正不幸的人從來就不知道自己實際上已經生活在真正的幸福中，他不是隨遇而安的傢伙。

　　還有的人本來十分健康，卻要追求長生不老，服用各種藥

物延年益壽，結果他的碑文上留下這段話：「我曾經有個健康的身體，但過分的追求讓我早早躺在了這裡。」這句話形容貪慾產生的痛悔心情，可謂入木三分。

一種比較奇怪但我們仍然相信是正確的想法：生活還沒有壞到一敗塗地的人，還不如那些已經處於全然不可挽回處境中的人們樂觀，他們一心想回到以往的寧靜生活中。

面對飛來橫禍的不幸打擊，睿智之人和軟弱者的反應截然不同。時間最終會沖淡軟弱者的悲傷，使他重新拾回自己原本的英雄氣概和尊嚴，而達到平靜的心態，對義肢的逐漸適應就是一個很明顯的例證。

當子女、朋友或親人突然死亡時，睿智的人可能陷入短暫的悲傷，感情豐富且脆弱的女子則恐怕會悲傷得發瘋，但隨著時間的流逝，女子的心境慢慢平復。即便面對所有無法補救和挽回的災難，睿智之人會很快地恢復平靜狀態，他對此有著清楚地認識和堅定的意志。

有些原本可以挽回的損失，或者看似可以挽回，但其成本卻超出當事人可以承受的範圍時，他會焦慮地進行種種徒勞無益的嘗試；若嘗試一再失敗，各種打擊會使他很難恢復心靈的平靜。

相較之下，面對重大且不可避免，或甚至無可挽回的災難，當事人通常會在兩個星期內恢復平靜，焦慮感也會消失大半。君王的寵臣被流放，權臣從高位淪為階下囚，富翁驟變成窮光蛋，自由人失足跌進牢籠，強壯如牛者變成病懨懨的藥罐子，面對以上的種種，則抗爭最少、最從容認命、最樂觀豁達之人，最容易恢復平靜安詳的心態，最深刻體味到冷淡的旁觀者的感受，並借用它來分析、總結過往曾有過的鬥爭和不幸。

拉幫結派、黨同伐異的陰謀會使政治家陷入不安，破產者一想到要去開發金礦就失眠，整天想越獄的囚徒無視監獄裡無

所用心的安寧，吃了藥卻從不見痊癒的病人最討厭開藥方的醫生。

我們對他人感同身受，與男性氣質中的自我克制關係密切，它正是這種男性氣質產生的基礎。鄰居們發生不幸時，同情心使我們感同身受；當自己遇到不幸時，自我克制使我們控制哀傷情感。這種本性使我們在別人取得成功時會恭喜他的幸運；在自己獲得成功時，會約束我們的狂熱之情。

我們之所以在這兩種情況下能夠控制自己的情感，正是來自於對他人感受的猜測和揣摩。

具有完美德行的人最讓人敬仰，他能強而有力地控制本能的自私自利感情，亦能敏銳地感受到別人的同情心。他是集隨和、慈善、雅致、偉大、莊嚴、大方等美德於一身的完人，最容易贏得人們的喜愛和欽佩。

天性容易同情別人的人也容易實現自我克制。他們擁有較強的人格力量，自我克制能力也達到最高標準，他們很容易地將對別人的快樂或者悲傷表示的同情心轉化為對自身的快樂或悲傷的克制能力，但具備這種潛質的人卻未必真的具有這種能力。

這可能是因為他在安定平和的生活中成長，沒有參與過激烈的黨派鬥爭或殘酷的戰爭，也沒有碰上專橫的上司、喜歡搬弄是非的同事，或者暗地裡使壞的屬下。

當他突然遇到這些變故時，必定會感到心驚膽顫且窮於應付。完美的自我克制能力除了天生外，最重要是得到鍛煉和實踐，任何一種良好的品質的養成都少不了它們。能夠教會我們實踐這種品德的最好老師是苦難、危險、痛苦和憂患，現實中幾乎沒有人希望碰到這些老師。

能夠形成人類的高尚情操的環境，不一定會養成嚴格的自我克制力。人在舒適時最容易體諒別人的痛苦，在面臨考驗時

也會克制自己的感情。優美舒適的自然環境和悠閒寧靜的生活節奏,最有助人類溫柔敦厚的美德發揚光大,且最終趨於完美,但這種環境不利於形成自我克制的習慣。

相反地,殘酷血腥的戰爭,最容易培養堅忍不拔的克制性格。只是這種嚴酷的環境常常扼殺和壓抑人性,俘虜很難指望得到敵軍的寬大處理,雙方也不會對被俘的人留活口。這種事情必然會使人性受到很大的衝擊:通常,他不敢正視自己所造成的各種傷害,因為只有這樣他才能安心。

嚴酷的環境可以鍛鍊人最完美的克制能力,也會誘發謀財害命等罪行,沖淡甚至完全消滅人類對別人生命和財產的尊重——這種尊重恰恰是人性和正義的基本原則。那些有人情味的人往往缺乏自我克制能力,在努力追求成功的過程中,一遇到艱難困苦就會像洩氣的皮球。

反之,那些能夠自如地自我克制之人,面對任何困難和危險都不會喪失勇氣,也能隨時投身最冒險的事業。同時,他們對人性幾乎看得非常淡漠。

當一個人獨處時,對與自己相關的東西會非常敏感。這時,我們可能會高估了自己的善行,也容易誇大自己所受到的傷害。好運使我們興奮異常,厄運則讓我們萬分沮喪。

與朋友聊天可以使我們的心情好轉,和陌生人交流則會讓我們更加超脫,因為這樣會喚醒心中那個抽象的旁觀者,它會告訴我們:只有在最疏遠我們的人那裡,才可以最有效地鍛鍊自我克制能力。

當身處不幸時,千萬不要躲在角落傷心哭泣,也不要沉溺在密友的安慰之中,而是應該盡快回到正常的生活,和陌生人、不瞭解或不關心自己的人一起相處,甚至故意接近自己的敵人。向敵人展示你藐視和克服災難的勇氣,打擊他們幸災樂禍的心思,這樣一來你的心情也會更加暢快。

當獲得成功時，千萬不要自得於親朋好友或巴結奉承者的溢美之辭，也不要理會那些渴望從你的發達裡得到好處之人。你應該走進和自己交往不多的人群裡，和那些視君子之交淡如水的人相處。

　　如果他的地位比你高，則不需要對其追捧或回避；有的人發現你地位高升會感到彆扭，其所表現出來的輕慢讓你感到不愉快，但有的人不會輕慢自大，則他可以算是你難得的知己了。謙遜坦誠會贏得人們的好感，你要珍惜你自己的謙遜，以及面臨不期而至的幸運時的鎮定自若。

　　人類的道德感不會輕易因為身邊人的冷眼或者公正旁觀者的缺席而出現損壞的狀況。

　　一個獨立主權國家對別的國家採取某種舉動的真實動向，只有最公正的旁觀者及未介入的中立國看得比較清楚。但是，他們無法完全掌握事態的發展，做不到完全地瞭解。當國家之間發生衝突時，各自的公民都不太會關注或考慮外國人對此的態度，人們所有的關注焦點就是獲得本國同胞的支持，全民總動員的必然結果就是挑起好戰者的激動情緒及煽動支持者的狂熱追捧，最後激怒敵人，雙方訴諸戰爭來解決問題。

　　在全國群情激憤的情況下，偏執的旁觀者不斷地鼓噪起哄，公正者則遠在天涯或無人會關注他的聲音。所以，在戰爭和談判中很難遵循正義的原則，也沒有人會真正重視真理和平等。條約不需要得到人們的尊重，且若撕毀條約能夠帶來某些好處，人們也不會批評執政者，能夠玩弄外國權臣於股掌的特使最受人們稱讚。

　　如果對追逐和施捨的好處不能做權衡評價，相對於喜歡施捨的人，他在個人生活中也許會受人尊敬，在國際事務中只是個冤大頭，會受到同胞的白眼和批判。

　　沒有人會在戰爭中真正遵守所謂的國際法，違反國際法者

只關心本國同胞的看法,因為自己代表他們的利益,所以不會受到批評。當然,那些所謂的國際法,大多數條例在制定時往往缺乏簡單明白的正義原則做指導,好人壞人互相利用,但好人不會被當作壞人懲治,這是正義原則最簡單的體現。

在最為邪惡的戰爭中,真正有罪的是那些戰爭的發動者,老百姓沒有什麼過錯。但是敵國一旦燃起戰火,就會搶劫老百姓的土地、財產,燒毀房舍。當地老百姓若是敢反抗,就會遭到屠殺或囚禁。這些暴行卻都與所謂的國際法並行不悖。

不管是在教會還是在民眾,互相對立派別間的積怨,往往比敵對國家之間的仇恨更強烈,他們與對方鬥爭的行為也更殘酷。

所謂的派別間的法則,比國際法更少注意正義法則。最狂熱的愛國分子不會完全無視敵國人民的存在,但教會和民間人士對於是否可以信任叛亂者和異教徒的問題,從來都是眾說紛紜、莫衷一是。叛亂分子和異教徒其實都是弱勢的群體。

當一個國家因為黨派鬥爭而發生混亂時,總有人不理會輿論蠱惑而保持清醒的頭腦,雖然為數極少,且彼此獨立,更不會得到任何黨派的重用,儘管才智過人,卻因此會成為社會的邊緣人,承受互相鬥爭兩派的嘲弄和排斥。

黨棍十分仇視慷慨正直的品質,因此身懷美德之人都羞於做黨棍。在鬥爭的激烈衝突中,公正旁觀者很難找到自己的容身之地。

黨棍甚至大言不慚地把自己惡毒的偏見都歸諸於上帝,吹噓神聖上帝賦予自己殘酷報復的權利和勇氣。因此,黨派性和狂熱的好戰情緒是道德中最為腐敗的部分。

關於自我控制另一個需要說明的問題是,當面臨最嚴酷的不幸時,只有繼續堅忍不拔努力前行的人,才會贏得別人由衷的欽佩,因為他是用強大的自制力和堅忍意志的力量來克服遭

遇到的痛苦。

麻木不仁者不會想透過堅忍和鎮定的努力去贏得稱讚；對死亡漠然處之的人也不會努力在危難中保持沉著鎮靜。塞內加曾說：「斯多葛學派的哲人對苦難的承受能力甚至比上帝都強。上帝的安寧來自必然的天理，而哲人的安寧則來自個人的辛苦修為。」

另外有些人對與自己有關事物的反應過於強烈，甚至情緒失控，根本無法進行自我克制。面對危難時，他又嚇得呆若木雞，陷入無知覺狀態。

這種心中沒有榮譽感的人，諄諄善誘的教育和持之以恆的鍛煉也未必能治療其神經質的怯懦。所以，無法對這種怯懦之人委以重任。

第四章　論自欺欺人的天性及普遍原則的起源和作用

即使真實且公正的旁觀者就在身邊，人們仍然會做出不合理性與道義的事情。就算它近在眼前，強烈的自私自利之情也會蒙蔽良心，於己有私。

遇到這兩種情況，我們要認真思考自己的行為，並用旁觀者的立場來評估它：一是在著手行動之前；二是在行動之後。因我們的看法未必客觀，且往往是在最需要其公正的時候，表現得最不公正。

行動之前，盲目的衝動往往會讓我們的頭腦很難以公正地評估自己的計畫。即使努力站在他人的角度，盡量用他人的眼光看待當時的處境，強烈的衝動仍會扭曲和誇張各種現實，使我們重新回到自身的立場。

也許某一剎那，我們感覺到旁人對整個事件的感受和看法，但我們無法持久，也是不願意承認，只把它想像成一個荒謬的幻影。短短一瞬間的客觀關照無法消除被現實處境激發出來的

狂熱衝動,我們無法聽到那個公正法官的勸告。

馬勒伯朗士神父曾說:「任何衝動對它們的對象都是恰當的,也能證明自己那一瞬間是正確的,只要我們願意。」

的確,當行動結束,衝動的激情逐漸平息後,我們才能冷靜地體會到那個公正的旁觀者的感受。就像他感覺到的,原來曾讓我們熱血沸騰的事物,現在已經絲毫引不起興趣。

我們現在以旁觀者的公正坦誠來總結自己的行為,不再衝動得心緒不寧。當激動的情緒像突然發作又戛然而止的疼痛時,我們會依據良心來評估自己的行為。

和第一次評估相比,這次沒有任何特別的意義。除了無用的沮喪和悔恨。重新評估並不表示我們不會重蹈覆轍。也就是說,這種事後的總結評估很難做到完全的客觀公正。對自己過去行為的看法決定了對自己品質的定位,很少人願意給自己找麻煩,所以幾乎沒人會正視那些帶來麻煩的過去。

俗話說得好,勇敢的外科大夫才會若無其事地為親人動手術。同理,能夠毫不留情地揭開自我欺騙的面紗、面對自己行為缺陷的人是勇敢的。

為了逃避良心的譴責,我們總是說服自己不要回想曾經不道道的行為,甚至會為膽怯和弱智找藉口而腸枯思竭、試圖重新回憶那些帶來一切錯誤的衝動,重新激起過去的厭惡和憤恨。

無論是行動之前還是之後,我們對自己的行為是否恰當所做的思考都是片面的,且試圖站在公正的旁觀者角度考量問題也無法實行。

人們除非具有某種特殊的能力—道德感,否則不可能精確判斷自己的各種行為。因為人們感受自己的激情和衝動總是比感受別人的要直接,所以這種標準運用起來也更加精確。

人最致命的缺點就是自欺欺人,這是我們生活中很大一部

分糾紛的起源。如果我們能夠站在別人的角度看待自己，或者以一個全知全能的視角審視自己，就會下定決心痛改前非。

上帝不會任由人類的缺陷氾濫成災而不加以糾正，也不會允許人像鴕鳥一樣自欺欺人地埋首私事不問世事。

我們持續地觀察生活中其他人的言行，這會潛移默化地影響我們的意識，形成一種關於道德的普遍原則，從而判斷哪些事情是恰當的或者應該做的，哪些又是不恰當的或不應該做的。

人類的本能情感會為他人的行為而有所觸動，當周圍所有的人都批評或咒罵某種行為時，那種行為是錯誤和不足的感受就會深刻地烙印在我們心裡。

當我們評價某事物的標準和公論一致時，就會心滿意足，提醒自己以後不要犯這樣的錯誤。如此這般，自己的一項行為規範就順理成章地產生了：不要從事任何使我們可能成為公論箭靶的行為。因為那使我們成為受咒罵和懲罰的條件，會讓我們成為自己最害怕和討厭的感情發洩對象。

反之，我們認為值得讚許的一些行為，且公眾也對這些行為有所讚美和回應，這就喚起了我們心中最渴望的情感：人們的愛慕、感激和欽佩之情。我們希望學習和實踐這些受到公論和自己肯定的行為。於是，另一條行為規範就在不知不覺中產生，它是用來規範我們一切行動的尺規。

道德準則建立的基礎是我們的天然直覺，所謂天然直覺就是憑藉良心和對善惡是非的天生感受，在任何環境下我們都會贊成或反對一些東西，這就是日常道德準則建立的基礎。

稱為天然，是因為我們對某種行為表示贊同或反對之前，對它並沒有事先做過專門的研究，確定它們是否符合某項普遍原則。當人們對某些行為持贊同或反對的態度約定俗成時，普遍原則就形成了。

一個人被自己熟悉和信任的朋友殺害，兇手只是出於某種感情衝動，在垂死掙扎時，他不是控訴朋友的殘酷行為，而是抱怨，他想不通為什麼朋友要背叛和傷害自己？旁觀者看到慘狀，根本不用考慮神聖的法則是如何禁止傷害人命，以及這種暴行究竟違反了哪一條道德準則而必須受到譴責，他會對這種暴行表示強烈的反感，恐懼感也會隨之而生。

因此，對惡劣行徑的厭惡感是在道德普遍原則形成之前的一瞬間產生的，且道德普遍原則建立的依據就是種種惡劣行為催生的厭惡感。

閱讀歷史或小說中講述高尚或者卑劣行為的章節時，我們很自然地會對高尚者產生景仰之情，對卑劣者感到鄙夷。普遍的道德規範告訴我們：一切高尚行為值得景仰，而一切卑劣行為必須受到鄙夷。

但我們的感情並不是想到這些普遍的規範之後才湧現出來的，而是我們對各種或高尚或卑劣的行為產生的切身體會與經驗，才形成了道德的普遍原則。

旁觀者對其所觀察到的行為會產生相應的情緒。一個親切、莊嚴的舉動會使他滿心歡喜，一個殘酷的舉動會讓他產生敬畏或懼怕之情。只有實事求是地觀察什麼樣的行為會喚起相應的感情，才能確定關於某種感情與其行為對象的普遍原則。

普遍原則的確立建立在人們感情一致認可的基礎上，這讓我們在爭論那些是非難辨的道德問題時，有了進行判斷的統一標準。哪些行為是正義的，哪些又是非正義的，都可以藉這個標準進行判斷。

但這個事實讓一些作家陷入了困惑：以他們的理論體系分析，人類判斷正誤的方式就應該像法官審理案子，先考慮某條普遍適用的準則，再評估特定的行為跟這個普遍原則是否符合。

在那些普遍原則因慣常的反省在我們腦子裡牢固確立的時候，我們就開始用它來監控自己那些利己的感情。在特定的時間和地點應該做什麼、不應該做什麼，利己之情做出的判斷會比較扭曲，這時就要靠普遍規範來定奪。

　　如果聽任自己的怒火蔓延，一個人可能會不惜使對手送命來補償自己的損失，且不管那些所謂的冤情是多麼地微不足道。透過觀察別人的行為後，他會發現這種報復是很殘忍恐怖的。

　　一個受到過適當教育的人都會把這個觀點視為一普遍原則：任何場合都不得實施殘忍的報復行為。這個原則的威懾力可能會讓他服從。不過，如果他是個非常狂暴的人，如果他只是第一次思考這種行為，他一定會覺得這種做法沒有什麼不妥，認為公正的旁觀者也會為他擊節讚賞。

　　但是過去的人生經歷如果已經使他培養出對這種規範的敬重之情，就會阻止他在過分的衝動和利己之心驅動下發生過激行為。所以，即使他實在按捺不住內心的衝動，逾越了那條普遍原則的約束，他也不可能完全將那條準則拋諸腦後。

　　當他放縱衝動預備行兇作惡之時，猶豫和戰慄的念頭會讓他重新思考自己的行為。潛意識告訴他：自己正要冒天下之大不韙去違背那些曾經立志永不背棄、也沒有見過背棄先例的道德準繩。

　　於是，他的內心逐漸趨於清醒並預感到如果自己繼續下去就會成為千夫所指的罪人。進退兩難的痛苦在心裡煎熬：一想到要違背的神聖原則就感到惶恐不安，但強烈的衝動和慾望驅使他繼續自己的行動，在這種百感交集中惶惶不可終日。當他下定決心堅持普遍原則，不想使羞恥和悔恨伴隨自己餘生時，靈魂深處會感受到一種瞬間的平和。

　　但衝動與激情馬上又重新甦醒，強烈地唆使他投身其想努

力逃避的事情。矛盾的意念使他筋疲力盡。最後，他在絕望中邁出關係重大且無法挽回的第一步。此時，他猶如站在懸崖上的走投無路之人，充滿了恐懼與戰慄。

他認為前面的遭遇比後面正在追趕自己的任何東西更可怕，恐懼感使他不再理會自己的行為是否合理。

當衝動終於在最後的緊要關頭消退，他又能以一個公正旁觀者的身分看待自己所做的一切時，那些他原以為非常完美的行為，如今則化為懊悔與焦慮，無時無刻不在折磨著他。

第五章　論上帝的法則：道德普遍原則的影響和權威

遵守普遍道德規範就是所謂的責任感。責任感是我們生活中最重要，也是很多人唯一的行為規範。也許你一輩子感受不到來自別人對自己行為所作的讚許，但是只要自己行為得體，尊重社會中業已確立的行為準則而不逾越，就會平和地終了一生，不會受到什麼嚴重的指責。

天性冷淡的人可能少有感恩之情，但如果他確實接受他人很大的恩惠，且本人也不是毫無道德修養，他會明白一個缺乏感恩之心的人是多麼讓人討厭，知恩圖報者是多讓人喜歡。

所以，即使心裡沒有任何感恩的念頭，仍會像其他人一樣，努力對恩人表示感激，表現出感恩戴德的樣子，他會定期拜訪恩人，在恩人面前很恭敬；跟別人談起恩人時，他會使用敬語，並一一地述說恩人給予自己的慷慨恩惠，他會付諸行動進行報答，抓住一切機會投桃報李。

其感恩行為的動機可能是出於對已經確立之責任規範的尊重，一種發自內心的按規範辦事的願望。感恩行動未必摻雜任何虛偽與狡詐，且沒指望能獲得更多恩惠，更不可能有與恩人在公眾面前一起做秀的想法。

同理，一位妻子未必真心實意愛自己的丈夫，但如果她具

有很高的道德修養，她會努力地去愛她的丈夫。

例如，時刻關照體貼丈夫，極力恪守做妻子的本分，忠誠賢淑地料理家務。前述例子所談到的天性冷淡之人和不愛丈夫的妻子，可以肯定都不是最好的朋友或妻子，因為他們雖有履行自己責任的認真的願望，卻不是發自內心的體貼感情，並故意錯過很多需要表現的機會。

如果心中的感情和普遍規範是一致的，他們就會把握住這些機會。儘管他們不是最好的朋友或者妻子，卻因其對普遍行為規範的尊重，他們才不會在大節上出錯。

只有那種最聰明的人，才能使自己的感情與地位配合得天衣無縫，以及適應任何微妙的環境，在所有的社交場合八面玲瓏，大多數的人都達不到這種境界。不過，大體接受過教育訓練的人都可以深入地瞭解及掌握這些普遍規範，終其一生都不會出現重大的污點而受到責備。

如果一個人絲毫不尊重這種普遍原則，他就不是一個值得依賴之人。正直守節之人和卑劣無恥者的根本區別，在於是否遵守這種普遍原則。正直的人在任何時地都會堅定不移地奉行這些準則，且一生都不會動搖。

卑劣者的行為則會隨著心情、願望和動機而變化，且不可捉摸。當然，人的心理都是變化無常的，如果不尊重普遍原則，就算是平素很有理性的人，也可能在不經意間做出讓人不齒的事情，甚至說不清楚到底為什麼會這麼做。

一位朋友可能會在你心情不好的時候不期而至，按照當時的心情，你可能會覺得朋友很不知趣，認為他的拜訪是一種莽撞的打擾。要是讓這種想法佔據了你的思維，就算你是出於禮貌的普遍原則接待他，他也會覺得你冷淡無禮。

過往的生活經驗使你知道要遵守某些普遍規則，使自己的行為在任何場合都能得體恰當，不因心情變化而影響到自己的

行為舉止。

反之，如果人們對普遍原則視若不見，公正、忠誠、貞潔等節操就難有保障，彬彬有禮成為不可企及的禮貌，人與人之間互相詆毀，至於那些限制與束縛人類本性的責任，更是難以維持。

普遍責任是人類社會存在的基礎，如果它們沒有深入人心，社會就會崩潰。

人們對那些普遍道德準則的尊重是有更深層的原因：它們是上帝的命令與戒律，順應它們的人會得到上帝獎勵，而違反者將得到上帝懲罰。也許這種觀念不太清楚，透過下面的推理將一步步得到證實。

我認為這種觀點或理解大概最初是受人類本性影響的。天性使我們覺得人類的各種情感和激情都來自一種神祕的本源，任何國家的宗教信徒都會對這種神祕的本源頂禮膜拜，雖然不知道它究竟是什麼。

人們無法探究是什麼產生了人的感情，只是想像一些無法感知的未知之神；在想像中，神像人類一樣能夠感受事物，且祂們的感覺與人類有某種的相似性。在愚昧無知的異教時代，人們對神靈的想法非常簡單粗糙，他們把所有的感情都歸因於神，包括那些低等和下流的感情，如性慾、食慾、貪婪、嫉妒、報復等原罪。

當然，出於對神靈偉大能力的崇拜，人類必然把那些最為流光溢彩的感情和品質也歸因於神，因為他們對神的卓越本性佩服得五體投地，例如追求美德與仁慈，反對邪惡，這些美好的品質似乎能夠把人類提高到類似神明的完美境地。

受到冤屈的人總是向朱彼特祈禱，要祂為自己主持公道，他相信神會體諒理解自己的遭遇，並會產生強烈的義憤，雖然這種義憤一個瞭解實情的普通人也會產生。

當害人者發現自己成為千夫所指的敗類時，天性中的恐懼也會把這些都歸因於可怕的神靈旨意。在神的懲罰面前瑟瑟顫抖，認為自己罪有應得。

　　人間的同情心及所普及的教育，都宣揚這種天然的希望、恐懼和懷疑感。人們都愛講述、傳揚和相信「神靈會懲惡揚善」這句真理。

　　所以，在物理學和哲學的時代之前，儘管宗教仍處於非常原始的狀態，對於各種道德標準卻產生了支持作用。對宗教懷有的恐懼心理驅使人們去強制履行各種職責，這對於當時人類的幸福可謂意義重大，因為他們還不懂進行緩慢且模棱兩可的哲學探討。

　　當人類開始進行哲學探討時，便發現源自本性的那種原始預感。不管人類的道德感是建立在什麼基礎之上，例如某種溫和的理性，或某種所謂道德觀念的本性，或是某種天然本性，這是上天賦予我們的道德評價本能，讓它來指導我們生活中的各種行為。

　　這種道德感主宰著我們的生活，是一切行為的最高裁判，監督和調節著我們的思維、情感和慾望的發展程度。有人聲稱，人類的道德感與其他的本性官能或激情是互相獨立、不相統屬的，沒有哪種官能可以裁判其他的官能：愛不能裁決恨，恨也不能評判愛，它們彼此獨立且不互相贊成或者反對。

　　我們目前正在探討的這些官能的特殊職能，就是裁判所有的其他天性，以評定出結果並給予讚許或責罰。這種官能是可以被感知的，其他本性都是它們的裁判對象，且感知本身高於它所感受的對象。

　　眼睛不會要求色彩絢麗，耳朵不會要求聲音悅耳，舌頭也不會要求味道可口，感知只是對這些對象進行權威的評價：凡是可口的就是最美的，悅目的就是華麗的，動聽的就是和諧的，

這些特性的實質就是使那些能夠感受到它們的器官覺得舒適。

同理,人類的道德感決定了人類的眼、耳、鼻、口舌何時候應該得到充分的滿足,何時需要放縱天性,何時則需要抑制天性。

道德感所贊同的東西就是正確、合適以及雅致的,反對者就是錯誤、荒謬和粗俗的。正確與錯誤、合適與荒謬、雅致與粗俗,這些互為反義的名詞其本意就是我們的道德感判斷快樂與否的事物。

道德感決定了人類自然天性中的所有本性,它們規定的準則來自於上帝,且由安置在我們靈魂中的上帝代理人負責發布。

定律是所有普遍規則的總稱,例如運動定律就涵括了物體在運動時的所有一般規律。但道德感在對其負責審查的情感或行為表示贊同或批評時,所用的普遍原則與法律相似。法律是統治階級制定出來的普遍行為規範,用來規範被統治階級的言行。

普遍規則也是由一個法定的權威所制定,它用來指導和約束人們的個人行動,且有各種完備的獎懲條款。上帝代理人就是用這些條文來評斷人們的行為:違背的人會滿心悔恨,遵守的人則會感到心安理得。

我們可以從其他的角度來證明以上觀點。由於上帝至高的聖明和慈悲,祂創造人類及其他生靈的初衷是想讓他們得到幸福。增進幸福和驅除不幸是上帝所有行為的目的。

道德感會驅使我們想方設法地增進人類的幸福;也就是說,我們與上帝是同道的,一同為了追求人類的幸福而努力。如果我們違背了道德感,就等同於是在破壞和阻礙上帝為了讓人類幸福所制訂的計畫。

換句話說,就是與上帝為敵。因此,當我們按道德感的指

示行動時，會充滿信心地祈求得到上帝的特殊恩典；當我們違背道德感的指示時，會不自覺地害怕受到上帝的懲罰。

另外，也可以透過其他理論和天性來闡明上述道理。觀察決定這大千世界芸芸眾生的普遍原則便會發現，這世界雖然龐大繁複，但任何一種美德都能夠得到回報和鼓勵，這法則幾乎屢試不爽，美德的付出永遠不會落空。

工作上勤懇認真，就會在所從事的行業裡獲得成功，這是一種合理報酬。是否還存在著一些終生都不會得到任何回報的美德？美德最好的報酬是財富和尊敬，這些不是遙不可及。友人的信賴與敬重，最能促進人們的誠信、公正和慈善美德的產生及延續，希望被人尊敬的人也許不指望飛黃騰達，因為發財並不會為誠實公正之人帶來更多快樂，他之所以感到快樂是因為別人信賴他。

美德就是這樣對珍重與實踐它的人進行補償，在某個不幸事故中，好人可能被懷疑是某種罪行的嫌疑犯，且在往後的歲月裡飽受人們的歧視。儘管他是個誠信正直的人，卻因為意外的變故失去一切。

生活中充滿了不可預測的事情，一個謹慎小心之人可能被地震砸死或被洪水淹死，與這種天災比起來，好人遭到冤枉的機率要小得多。要取得人們的信任和尊敬，最有效的辦法就是做到品格的誠信、公正和慈悲，這些品格最能得到的回應是信任和尊敬。

一個人的某種單一行為可能容易遭人誤解，人們卻不會看錯其所有行為的總體特徵。只有在特殊的情況下，清白之人才有可能被誤認為是有罪的。而且，出於對其一貫的規矩言行的熟悉，就算他真正犯了罪且證據確鑿時，也會有很多人為他辯解。

同理，一個惡棍在他的品德不為人知的情況下做壞事，也

許沒有人會知道，甚至還會有人讚許他，但紙包不住火，面具一旦被撕破，過往及現在的種種惡行終會大白。就算壞事不是他做的，人們仍難免懷疑他。

罪行與美德都會得到人們的相應報答，且出於普遍規律的調節，這些報答最終都是公正且恰如其分的。

雖然用冷靜的哲學眼光看，決定眾生命運的普遍規範通常會使人們感到適得其所，但是它們未必跟我們的自然天性完全和諧一致。某些美德會引起我們自然的好感，而希望把所有的榮耀和報答都歸於它們，甚至是一些本應歸於其他美德的榮耀和報償。

反之，某些罪行會使我們感到反感，總是希望它們遇到倒楣的事情，包括那些本來不該歸到它們身上的倒楣事。我們欣賞大度、慷慨和正直的氣質，因此希望用權力、財富以及榮譽來報答，即使這些報償和那些美德沒有任何必然的聯繫，而是應當歸於節儉和勤勞。

另外，當欺騙、虛偽、殘忍等讓我們厭棄和蔑視的行為取得了某些好處時，我們會感到憤憤不平，就算它們可能具備某些勤勞的品格，得到相應的好處無可厚非。一個惡人勤奮地辛苦耕作，而一個怠惰的好人好吃懶做，則誰會在秋後取得豐收，誰會挨餓？

惡人的某些優良品性也會得到上天的照顧，但我們卻偏袒那些懶散的好人，惡人的勤勞使他得到過分多的報償，而善人的一朝懈怠帶給他許多的痛苦。

理性的產物—法律會剝奪那些叛亂者的財產，且對那些熱心公務的優良公民法律也會進行補償。於是，在上帝的指導下，我們履行上帝的旨意，對財產進行重新分配。

我們奉行的規則與上帝遵循的不完全一致，故給予美德報償，而對惡行加以懲戒，這並沒有涉及我們的思維和激情中關

於各種品德優劣的想法。

相反地，我們只看到善有善報及惡有惡報，所以努力使各種善行與惡行都得到相稱的評價。上帝的規則之於上帝是合理的，我們遵循的規則對我們自己也是合理的。兩者都是為了一個相同的偉大目標：社會的安定團結、人性的完美愉快。

雖然人類習慣以透過改變財物的分配狀況，來干預現實、懲惡揚善，就像詩人所歌頌之無所不能的神靈使用特殊手段那樣；但是，善惡的消長並非取決於人類善良的意志。天地萬物的演化進程非常迅速，遠非有限的人力所能干預。

儘管自然的演化進程其指導規範是出於最睿智高尚的目的，但結果有時總讓後人嗟歎不已：大魚吃小魚，有準備的人打敗毫無計畫者，且只有符合上帝規定的方式才能實現，這些規則不僅是客觀必然的，也會充分合理地激發人們去勤勞敬業。

在這種規則下，忠誠與正義如果受到殘暴陰損的對待，旁觀者的心中便會產生強烈的怒火。人們會對於清白無辜者的慘痛遭遇報以哀傷同情，對陷害者卑鄙的陰謀詭計報以強烈的義憤。冤屈雖讓我們感到由衷的憤怒，卻往往愛莫能助。

所以，當人們對世間的所有希望喪失信心時，就會把呼號正義的對象轉向上蒼，希望宇宙偉大的締造者貫徹其制定來用以指導人類行為的各種原則，並親手完成祂為我們所設定的各種計畫。

人們都是希望善有善報，惡有惡報：一個人在人世間的所作所為都會在未來世界裡得到清算。因此，人們會虔誠地信仰、嚮往那個未來世界。這是因為人性的弱點或者顧慮，更是出自最崇高且真誠的本性，以及對善行的尊崇，與對罪惡的厭惡。

雄辯而睿智的克萊蒙特大主教對此有誇張且富有想像力的評論：「任由自己親手創造的世界處在無序的混亂中，這種亂象和上帝的偉大相符嗎？任由野心勃勃的篡位者廢黜善良的國

君，忤逆的兒子弒父，潑悍放蕩的妻子殺夫，這些與上帝的偉大相符嗎？

那高高在上的上帝難道可以像看戲一樣欣賞這一切荒唐悲慘的事情發生而置身事外嗎？上帝的偉大就是在這些暴行面前表現為軟弱、不公甚至暴虐嗎？

卑微的人就應該放任暴行，或者冷對善行嗎？如果所有這些卑劣的表現就是我們如此崇拜的那個上帝的品格，我寧可不承認你是我的教父、我的保護者、我靈魂痛苦的安慰者、我怯懦時的鼓舞者、我忠誠不貳的報答者。

若是如此，則你只是個懶散荒誕的暴君，為了自己無聊的虛榮而踐踏人類的幸福。你之所以創造人類，不過是為了無聊時有可供擺佈的玩偶而已。」

上帝被視為是人類行為的普遍原則的制定者，祂觀察我們今生的行為，並在來世對我們進行獎懲，讓我們進一步認識到，指導自己行為的最高準則就是順從上帝的意志，凡信仰上帝者都會承認這一點。

只有大逆不道的壞蛋才膽敢忤逆上帝的意志，且毫不理會智慧和權威的上帝給予他的指令。人的行為總受利益因素的驅使。我們明白，即使自己的惡行可以逃避他人的注意和社會的懲罰，卻永遠無法欺騙明察秋毫的上帝，這也是限制我們衝動行為的最後一道防線。

無疑地，宗教強化了人類本性中的責任感，人們相信虔誠的信徒會比較誠實公正、值得信賴，因為人們認為宗教信徒的行為不只受那些通常準則的制約。一般人和信徒都重視聲譽和理性，重視他人的讚美和對自己的評價。

但信徒還有一種約束，亦即他做任何事情，都會像至尊的上帝在旁監督一樣謹慎，上帝對他的行為觀察完畢後會立即做清算或補償。所以，虔誠的信徒最值得信賴。

無論什麼地方的宗教，只要他們視道德責任高於一切，而不是把注意力都放在繁瑣教義上，不以荒唐的花俏儀式欺詐善男信女，我們就會對虔誠的信徒報以充分的信任。

第六章　論如何詮釋責任感及與之相關的其他動機

　　由於宗教對道德的影響甚鉅，其可以透過抵制罪惡對人類的種種誘惑來保護我們，很多人誤以為只有虔誠地信仰宗教才是唯一值得讚賞的行為，因此我們沒必要知恩圖報，也不必懲罰邪惡，不必救助流浪窮困的孤兒，也不必奉養自己老邁的父母。

　　因為只有這一種感情是最為重要的，其他的事物和感情都不及此種最獨特的感情，這最獨特的感情就是：虔誠地信奉上帝，將上帝的旨意貫徹到我們的一切行動之中，做祂最恭順聽話的臣民。我們不應該為了報恩而心懷感激，為了博愛而充滿仁慈，為了愛國而關心公共利益。

　　上帝對我們的要求是我們履行所有職責的動機。但我以為，真正虔誠的信徒絕不會接受上述那些荒謬的說法。因為虔誠的人相信：要用自己的全部智慧、靈魂和力量去愛人類的創造者；要像愛自己一樣地去愛別人，我們愛他人也正是在愛自己，不是出於什麼被動的或有目的的需要。

　　基督教的教義中並沒有「責任感是我們的唯一行動準則」這一條，但哲學或常識告訴我們，責任感會產生某種綱領性及決定性的作用。
因此，我們什麼時候要完全聽命於某種責任感，什麼時候又應該聽命於其他情感？

　　這個問題會有兩種情況：第一，那種使我們置普遍原則於不顧的感情是可愛的還是討厭的；第二，普遍原則本身是明確的還是含糊不清的。

首先，我認為，那種使我們置普遍原則於不顧的感情性質，決定了它是否以及會在多大程度上決定我們的行為。

溫馨的感情，會讓我們舉止優雅、受人尊敬，這是出自對普遍原則的尊敬，也出自這種感情本身。若某人幫了別人大忙，受惠者卻沒有絲毫的感激之情，只是因為責任感而做出相應的報答，施恩者就會覺得不是滋味；妻子只是出於婦道才對自己丈夫親熱體貼，則丈夫很難感到真正滿足；子女如果對父母缺乏感激和尊敬，只是例行公事地盡奉養義務，父母就會抱怨子女的冷淡態度。

同理，子女也會對只完成撫養義務，卻沒有父愛的父親表示不滿。這類親切的、有社會性的感情，如果只是囿於責任感的束縛而非其心甘情願者，就不會讓人感到由衷的快樂。

做父親的不得不壓抑自己的愛子之情，朋友不得不克制自己的慷慨本性，受惠者不得不壓抑自己過分的感激，像這類無法言喻的真實情感才會讓人覺得愉快。

對於邪惡的以及反社會的情緒，其適用的標準與前述者相反。別人向我們行善，我們只須抱著由衷的感激並給予報答，不用考慮是否表現過度。

但是，當我們受到傷害，不應任由報復心一發不可收拾，應當客觀地看待懲罰的標準，進行適當地懲罰。對嚴重傷害的客觀反應是：將惡行本身看作是發洩憤怒的對象，而非出自對傷害自己的報復之心；如同公正的法官，只考量對特定的傷害給予對等的懲罰。

在進行這個準則時，法官關注受懲戒者痛苦的感情勝過對自身的關心。雖然對自己受到傷害深感憤怒，他還是努力以最溫和的方式去執行這個原則，並盡可能地減輕刑罰。

從上述的討論可以看出，自私衝動游移於社會性與非社會性的感情之間，在這裡也是。在日常情況下，為達到個人目的

進行的活動，不應該只是對於利益的衝動，應該是尊重普遍的行為規範。

當我們為了賺取或節省一先令而錙銖必較時，人們會認為我們是一個唯利是圖之人。即使經濟狀況非常拮据，也必須以實際行動證明：錢財的缺乏並不能撼動內心的寧靜。經濟狀況不佳可以讓人生活節約簡樸，但努力節約簡樸的動機卻是對普遍的行為準則的尊重，而非對個人財務狀況的沮喪。

他拼命節約的目的不是為了省下三便士，一整天守在小商店裡照顧生意的動機也不是為了多賺十便士，這些都只是出於對普遍原則的尊重，它規範其在生活中嚴格要求自己的行為標準。

吝嗇鬼和真正節儉者的區別在於：前者關心的是錢財，而後者則是遵守自己的行為標準。

那些對我們個人利益有重大影響的事物，其衡量標準就不相同。一個人如果不認真對待那些對自己個人利益有重大影響的活動，就會顯得卑劣。

一國之君如果不努力征服或保護國家的疆土，會被臣民瞧不起；一個沒有頭銜的清貧紳士，只有在努力以正當的方法取得財富時，才會贏得人們的尊重；議員若對自己的選舉不投入百分之百的精力，就會失去選民的支持；一個商人如果不想辦法獲得一大筆訂單或者追求豐厚的利潤，則會讓人看成無企圖心之輩。

雄心勃勃和無所做為之間的差別，就是勇氣。一個人之所以野心勃勃地要實現自己的抱負，就是因為看重對自己地位影響重大的私人利益。在謹慎和正義的範圍內，有野心和戰鬥力的人總是受人尊敬。儘管有些咄咄逼人，他們也會顯得偉大，且引人注目。

英雄、征服者或政治家的行為未必都富有正義感，但只要

有運籌帷幄的膽識，就能如黎塞留或雷斯主教受到人們的推崇。雄心壯志因為目標宏偉而有別於貪婪卑鄙。吝嗇鬼對半便士的執著程度，未必會低於野心家妄圖征服偉大帝國的狂熱。

其次，我認為，普遍原則本身的精確或含糊，會決定我們對其尊重的程度。

支配審慎、寬容、慷慨、感恩和友情等美德的一些普遍原則，大都沒有明確的定義，且有太多的瑕疵，經常需要進行修正，所以很難透過它們來指導具體的行動。

關於謹慎處世的諺語和格言都是以日常生活經驗為基礎，可以說是最好的行為準則，但拘泥於這些格言則是非常迂腐的。在前述提到的那些美德，感恩是意義最準確、模糊情況最少的。

它的含義十分清楚：只要有機會，我們就應該知恩圖報，亦即受人滴水之恩就湧泉以報。這種解釋並沒有什麼歧義。但只要稍微思考，就會發現它的含義其實並不很清楚，仍存在著容易產生含混異議的例外情況，且允許有許多的例外。

例如，生病的時候受人照顧，你就應該在他生病時也去照顧他嗎？換句話說，我們為什麼要用相同的方式來報答那些人情？如果要照顧他，應該要照顧多長的時間？是和他人照顧自己的時間一樣，或是更久？如果朋友曾在你經濟拮据時借錢給你，當朋友的經濟陷入困境時，你就一定要借錢給他嗎？能借多少？什麼時候借？是今天，明天，還是下個月？借給他多長的時間？

因此，沒有任何一條普遍規則，可以對上述這些五花八門又很實際的問題做出統一的結論。因著個人品格和身處境況的不同，很可能在非常感謝他的同時連半便士也不願意借給他，或者是你借給他十倍於當初他借給你的數目時，還被他說成是忘恩負義的卑鄙傢伙，指責自己只知道索取不知道回報。

不過，在我們的善行中感恩是最為神聖的，所以它的定義也是最為精確的。其他關於友情、人道、豪爽、慷慨等行為的普遍原則，就更模糊不清了。

但是，普遍原則對正義這種美德的所有外在條件做了明確的規定，它們貫徹的是一種不折不扣的，沒有任何例外和變通的原則。

假設我借給朋友十英鎊，不管是在約定好的還款時間，或是在他需要用錢的時候，正義準則都要求我如數還錢。正義原則的所有本質和細節都有明確的定義，例如應該做什麼，做多少，在什麼時間、什麼地點做等等問題，都有明確的答案。

一味地遵循謹慎或慷慨的普遍原則，就顯得古板，但嚴格地履行正義準則就不會有這種缺陷。它們是神聖的準則，只是在普遍規則的指導下履行正義行為，未必會是完美無缺。履行其他美德時，更多的行為動機是對於某種特定行為的習慣，而非對某個格言警句的尊重。

準則本身並不是行動的主要條件，而是它的目的和基礎。正義的情況與以上這些完全不同。只要完全堅持正義準則者，都是最為可親可敬的人。

正義的核心是防止我們對他人造成傷害。人在從事某些違反正義的行動時，都會編造藉口聲稱不會影響任何人。當一個人這麼做，或者打算這麼做的時候，就成了一個惡棍。

他不想聽從正義原則的各種要求，不是值得信賴的人，難保以後不會犯下嚴重的罪過。一個盜賊認為偷盜東西且沒有被人發現就不能算有罪，一個淫棍會覺得和他人妻子通姦的醜行沒有敗露就不能算有罪。一旦我們陷入這種圈套，就可能犯下嚴重的罪惡。

可以將正義準則類比為語法規則，亦即指導其他美德的準則，就如同是文學批評家對作品的評價標準。語法是精密、確

定、且不可少的,正義規則並沒有很嚴格和精準,它敦促我們的行為趨於完美,而不是刻板地教導我們如何做到完美。

人可以從學習語法來掌握正確地寫作,有些正義規則可以幫我們確立一些關於完美但不很明確的念頭,卻無法幫我們創作出優秀的文學作品。

同理,某些準則會使我們對一些關於美德的似是而非的觀念,但我們卻學不會在有條件下都表現得謹慎、慷慨和慈悲。

有時候過於急切地想得到別人對自己的肯定,往往都事與願違,且與行為準則產生衝突。

不要指望別人會理解或者贊同我們的想法和行為。因為責任感或道德感的誤導者,無論他的想法或行為如何糟糕都有值得尊重的地方,雖然他的行為錯了,仍值得人們同情。

人類天性中某些無法克服的缺點,不管我們是多麼努力地嚴格自律,它都會將我們的雙眼蒙蔽,造成遺憾。荒謬的宗教精神差不多是這樣欺騙人類的感情,那些對責任進行指導的準則極容易發生混亂。

通常,常識會使我們的行為得體,若是我們更加嚴格公正地要求自己,就會得到稱許。所有人都贊同最關鍵的法則是服從上帝的意志,但具體地實踐在我們行為中的規範則不然。

所以,寬容和忍耐是非常必要的品德。雖然我們懲罰各種罪行是為了維護社會的穩定,並不涉及各種惡行的具體動機,但對於迷信的宗教意識所導致的罪行,善良之人仍然會覺得很難進行懲罰。

人們不會像對待其他罪人那樣對失足者漫罵,他們面對刑罰時的鎮定泰然甚至會讓人感到欽佩。伏爾泰最得意的悲劇《穆罕默德》,就寫實地表達了人們對於失足的罪行所持有的情感。

劇中的男女青年主人翁都是天真、善良。如果一定要說他

們有什麼缺點，就是愛得太深了。狂熱的宗教感情使他倆犯了違反人性且不可饒恕的兇殺罪：他們都不知道自己的宗教敵人就是父親，雖然他們對父親有很深的敬意，父親也深愛著他們，但上帝卻要他們變成殺死老人的兇手，老人被安排成可憐的犧牲品。

在他們準備動手時，心裡極為矛盾：一方面是無法抗拒宗教使命的催促；另一方面是對父親仁慈人格的景仰與尊重。最後，責任感戰勝了本性中的缺陷，他們在殺人後領悟到自己受到欺騙且犯下了無可挽回的錯誤，而陷入痛苦和悔恨的深淵。

宗教可以讓人誤入歧途，那兩個可憐的年輕人會同情每一個宗教的受害者。這些情節比所有的戲劇都表現得更吸引人且具有教育意義。

當錯誤的責任感把我們引入歧途，內心的天性有時會看清楚這種處境，並且會正確地指導我們的行為。我們可能會為自己的軟弱感到懊惱，但如果自己的決定是因為軟弱而非理性者，就稱不上完美了。

一個誠篤的羅馬天主教的教徒恨不得殺光所有的新教徒，但若在聖‧巴多羅靈大屠殺中，因為他的憐憫之心而救了一些可憐的新教徒，我們應該不會給他太多的讚揚，他會這麼做只是出自一種自私的自我贊同心情。

他的慈悲之心讓人感到愉悅，卻不具備完善的美德，故不值得敬佩。在激情的衝動下，我們逾越了規矩卻會感到沾沾自喜。

基督告誡我們：「如果有人打我們的臉，就要把另半個臉也給他打。」但是，如果一個虔誠的貴格會教徒被人打了一巴掌，我們會非常高興地看到他的反擊，但我們不會尊敬他，因為他不是一個理性的人，

所有因自我情緒過分強烈而導致的行為都不能稱作美德。

第四單元　效用性對贊許感的意義

第一章　論效用的意義以及廣泛影響

效用是所有藝術品美感的來源之一，只要對美感的本質稍做考察就會注意到，這一理論有著最廣泛的影響力。居室的井然有序會給人愉快整潔感，便利性在其中發揮了功不可沒的作用。

若是為追求新奇或其他原因，改變了窗戶的對稱型式，或者房門不設在房間的正中，以及其他諸如此類的問題，都可能會讓人感到彆扭。因此，若想要給人愉悅之感，甚至超出其預想的效果，任何系統或機械設備都必須要能表現出其整體的協調性和美感，這是不容忽視的。

近來，一個富有獨創性且受人歡迎的哲學家，也指出了效用使人感到愉快的原因。這位哲學家具有深刻的思想和很好的表達能力，他用清晰的口語、生動的語彙來探討最深奧的問題。他指出，任何物體的效用，透過給它的主人帶來其所宜增進的愉快或便利而使他感到高興。

每當他看到它時，他就會沉浸在愉悅之中；此一物體就成為不斷帶給他滿足和歡樂的源泉。同樣地，旁觀者也明白主人的感受，因而產生同情之心，也會對這件東西產生愉悅的感覺。就像我們拜訪富人的豪宅，總會情不自禁地想像自己是豪宅的主人，為擁有許多精巧奢華的家當而得意洋洋。

此外，哲學家還以相同的方式探究為什麼一個像廢物的物品，會讓它的主人和旁觀者難過。

但是，任何藝術品所具有的適宜性或巧妙的設計，常常比人們期望它達到的目的更受重視；採取變化的方法來獲得方便或愉快，通常比方便或愉快本身更為人所重視。

因此，想辦法獲得方便或愉快的過程是全部價值的所在。這種情況是經常出現的，可以從成千上萬個有關人類生活中最不重要或最重要的例子中觀察到。

　　人們都喜歡整潔。一個人進入自己的房間，如果看到所有的椅子都放在房間的中央，必會大發脾氣，且會一一將它們靠牆擺好。

　　他之所以對居室重新加以整理，其全部意義即在使居室變得更寬敞，生活上可以得到更多的方便。為了這種方便，就算再累也不願放棄由這種便利所帶來的舒適。整理完後，就可以舒服地坐在椅子上休息。

　　然而，人們需要的並不是這種方便，而是產生這種方便的家具擺放方式。因此，正是對方便性的需求才促使人們收拾房間，從而享受由此帶來的適宜性和美感。

　　同理，如果一隻懷錶每天都慢兩分鐘，則講求準時的人一定不會喜歡。他很可能以幾個幾尼把錶賣掉，再花五十幾尼買一隻更準確的錶。因為鐘錶唯一的用處就是報時，不使我們遲到失約，或者避免遲到失約所造成的麻煩。

　　其實如此講究準時的人，未必會比其他人更準時，或者為了某件事物而更急需知道正確的時間。吸引他的只是完美性——可以掌握時間的機械完美性，而非瞭解時間本身。

　　許多人在毫無用處的小玩意上揮霍錢財而玩物喪志，他們喜歡的並不是這些小玩意兒本身的實用性，而是這種實用機械的精妙性。他們的口袋塞滿了各色小玩意兒。

　　對他們來說，這些小東西的價錢不啻於猶太人的百寶箱。也許這些小玩意兒偶爾也能派上用場，卻不是不可或缺的，且它們所有的實用性加起來，可能抵不過整天掛著它們所帶來的麻煩。

　　這種微不足道的事物不僅與影響我們的行為有關，它往往

也是關係到個人和社會生活中最嚴肅和最重要的私密動機。

窮光蛋一想起自己的寒酸身世，就會抱怨上天的不公以及父母親供應太少，而對富人的處境羨慕不已，夢想著自己有朝一日也能像富翁一樣舒服地生活。他看到富人都是住豪宅、坐名車、環遊世界，因此幻想自己也能住豪宅、坐名車、到處旅行。

他認為，如果自己獲得了這一切，就可以得到幸福。他沉浸在這種幸福的遐想之中。為了擠進上流階層，他追逐財富和顯貴地位。為了獲得這一切，他含辛茹苦、費盡心機，承受比他在沒有財富和地位時更多的痛苦。他勤奮好強，夜以繼日地埋頭苦幹，以獲得勝過其競爭者的才能。

然後，他努力在公眾面前顯示出這種才能，以相同的勤奮乞求每一個就業的機會。他對人低聲下氣，甚至對自己最瞧不起的人拍馬屁。他一輩子都在追求他的夢想。就算他很幸運地在臨死前功成名就，他會發現自己原來放棄的安寧和閒適要比這到手的功業強得多。

遺憾地是，他已垂垂老矣，飽受著病痛的摧殘，過往的失敗、挫折如影隨形，靈魂在羞憤交加中飽受煎熬。直至最後他才恍然大悟：其實錢財聲望毫無用處，就像花花公子的小玩意兒並不能使身體安康、靈魂寧靜，或者其所帶來的方便遠不能補償它們所添的麻煩，甚至還不如那些小玩意兒。

豪宅、名車、精緻的家具、眾多的僕役就像牙籤、挖耳勺、指甲剪以及其他類似小東西一樣，只是更容易受到人們的青睞，成為追逐虛榮的目標罷了。

由此可見，錢財聲望的唯一作用只是滿足人類與生俱來的虛榮心。然而，這些對於一個獨自生存在荒島的人來說，並不具有任何實際的意義。作為社會中的一員，我們從不注重當局者的感受，考量他在自己心中是什麼地位，重視的始終是別人

的感受，想他的境遇在別人看來是如何。

換個角度思考，我們發現，有人之所以羨慕達官顯貴的生活，是羨慕他們擁有各種可以獲得安閒快樂的事物，而不是因為他們真的享受了別人難以獲得的安閒快樂。

同樣地，富人只是比別人擁有更多的可以獲得幸福的手段，更容易達到預期的目的。他們甚至不會覺得自己比別人更幸福。但是在一個人疾病纏身、老邁乏力的時候，那些聲名顯赫帶來的所謂快樂就像鏡花水月一樣。對於這些老朽之人，就算事先承諾了一些空洞無聊的快樂，他也無法再去追求，他或許會在心中詛咒當年的野心，留戀少年時閒適懶散的生活和各種享樂的機會。

這一切只是些無意義的東西和滿腹的失落、牢騷。如果權貴因事被廢黜，他可能會因為自己的遭遇思考什麼才是自己的幸福所真正需要的東西。權力和財富就像是機械，它們龐大而又費力，是為了產生便利所設計出來的，由精緻和靈敏的發條組成，必須細微周到地保持它們的正常運轉，但不管我們如何小心，它們隨時都會突然爆成碎片，並使擁有者遭到嚴重打擊。

巨大的建築物，需要窮畢生的努力去建造，雖然可以讓居住在這座建築物中的人不受四季氣候中寒風暴雨的襲擊。但是，住在裡面的人時刻面臨建築物會突然倒塌把自己壓死的危險。儘管這棟建築物可以遮擋夏日的陣雨，卻擋不住冬天的風暴，它讓住在其中的人感到更多地擔心和恐懼，以及面臨危險和死亡的威脅。

在我們的想像中，苦痛傷悲總是把我們的感受禁錮在自己的身體裡，安閒舒適時又把它們擴散到周圍的事物。

就像人們在病痛或失望時會把平日追逐的那些宏大計畫看得一文不值。一旦大病初癒，心情轉好，他們又會把那些計畫看得十分重要。

又如那些流行的新奇玩意兒，它們深深地吸引著我們，讓我們充滿豔羨地注視著它們如何為人提供消遣、滿足和舒適的生活。如果我們認真思考這些玩意兒所能提供的實際滿足，以及滿足本身所帶來的美感，就會覺得這種作用無聊又微不足道。

可惜，我們用這種抽象和哲學方式來思考的時候不多。依照我們的想像，它們帶來的滿足與世界和諧，以及規律的運行幾乎是相同的。

如果用這樣複雜的觀點來思考問題，財富和地位所帶來的愉快，就會使我們把它們想像成某種重要的、美麗的和高尚的東西，值得我們為獲得它們而傾注心力。

天性也以這種方式欺騙我們。這種矇騙正是不斷地刺激和保持人類勤勞的動機。正是這種矇騙，最初促使人類耕種土地、建造房屋、創立城市和國家，在所有的科學和藝術領域中有所發現與進步，這些科學和藝術提高了人類的生活水準，使其更加豐富多彩；完全改變地球的面貌，使自然界的原始森林變成可耕種的肥沃平原，把海洋變成新的糧倉，變成連接各個國家的大道。

土地因為人類的辛勤而加倍肥沃，維持成千上萬人的生存。驕傲的地主望著自己的大片土地，只想獨自消費從土地上得到的一切收穫，卻不曾想到同胞們的需要。

因此，用「眼大肚子小」這句俗話來形容他們再貼切不過了。他們慾壑難填，但肚子的容量不比一個最普通的農夫大，只好把自己消費不了的部分用適當的辦法分給別人：做飯的廚子、蓋房子的泥瓦匠、為他提供各種工具和玩意兒的工匠等等。

於是，拜地主之賜，這些人都分得了一份糊口的工作。無論何時，土地提供的食物大體能養活所有的居民，富人只是從大量的產品中挑中了最難得、最珍貴的一部分，雖然他們都是

只顧自己的自私自利之人，雇傭千百人為自己勞作的動機無非是滿足自己的貪婪和私慾，但他們還是跟窮人一起分享了成果：一隻看不見的手引導人們對生活用品進行分配，而且幾乎與所有居民平均佔有土地的情況一樣。

如此，便無形地推動了社會的總體利益，為愈來愈多的人提供了生活保障。所以上帝把土地分給一小部分的地主時，並沒有忘記和遺棄那些沒有土地的人，後者也享用了他們在土地產品中所應有的一份。

若比較人類生活幸福的滿意度，他們大概不會比那些地位遠高於他們的人要差。在肉體的舒適和心靈的平靜上，不同階層的人卻幾乎處於相同的水準上，一個在大路旁曬太陽的乞丐也享有國王正在為其奮鬥的那種安全。

人類相同的本性，對秩序的熱愛，對條理、藝術和創造等美感的重視，足以使人們喜歡那些有助於促進社會福利的制度。

當愛國者為各種社會政治的改良鞠躬盡瘁時，他的行動並不是因為單純地同情那些可以從中得到好處者的幸福所引起的。一個熱心公益者贊助修公路，也不是出於對郵差和駕駛人的同情。

同理，立法機關透過獎金或其他政策鼓勵紡織業的生產，也談不上是同情人們的穿著，更不是同情紡織品製造者或者經銷商的善舉。政策的進步、貿易與工業的發展─這些安邦定國的大計，總會讓我們興奮，且所有對其有利的事情也相應地使我們感到欣慰。

因為它們是我們政治制度不可或缺的環節，是國家機器協調又迅速運轉的動力。如果這個體制存在著各種障礙難以正常運行，則我們也無法安寧；如果看到這個重要的體制正日益完善，則我們也會欣慰不已。

那些規章制度之所以得到人們尊重和景仰，就在於它能使生活在其下的人們過得幸福和安康，這是它們唯一的用處所在。有時是出於某種對制度的認同，或是對藝術及發明的熱衷，我們好像不看重目的而更看重手段，且希望使我們的同胞更加幸福；這應該是為了把良好的、規範化的制度推向完美，而不是關心民生疾苦。

有些人雖然熱心於公務，在其他方面卻不是慈悲為懷。這種自相矛盾很容易在每個人的身上發現。就像鼎鼎有名的古代俄羅斯立法者，沒有人會比他更沒人情味卻又熱心公益了。另外，慈悲為懷的不列顛國王詹姆士一世對民族的利益與榮耀毫不關心。

有人生來就不思進取，如果告訴他，富人過的是安逸舒適的生活，不受日曬雨淋，不用受凍受餓，不用勞苦窮困，他往往聽不進去，絲毫產生不了作用。

如果想要成功說服他，你就得認真描述富人的豪宅廳堂如何地寬敞，陳設怎樣地豪華；甚至要逐一說明各種陳設的用處，以及所有侍從的人數和不同的分工⋯⋯這些才可能對他產生影響。

同理，如果你打算透過空談經邦濟世之樂，或者描繪理想臣民的快樂生活來勸說一個自私的人關心公益事業，則必定會徒勞而返。

你想要說服他，就要認真說明偉大的社會政治體制帶來了以上種種好處；社會各個階層間的依賴互助關係；如何可以把這種制度成功引進自己的國家，從而使整個國家機器運轉得平穩而有效率。

因此，各種政治研究—如果它們是正確的、合理的且具有實用性者—都是最有用的思辨工作。即使是最沒有說服力和拙劣的研究，也不是全然沒有用的。

至少其有助於激發人們熱心公益的精神，並鼓勵他們去尋找增進社會幸福的辦法。

第二章　論實用性表現賦予人的品質和行為的美，以及這一種美在何種程度上被看成原初的贊同原則

實用性是人類品格與行為之美的源泉，這種美的概念取決於受到發自內心的贊同程度有多大。與藝術品或者國家機器一樣，個人和社會的幸福也受到人的品格的影響。

如果一個人具有謹慎、公平、堅強、樸素的品格，則其自己和別人都會感到滿意。反之，莽撞、懶惰、懦弱以及貪杯好色不僅會使自己一事無成，也會連累其他人。相較之下，前者具有所有為了達到最令人愉快的目的而創造出來的最完美的機器之美；後者則具有所有最粗劣笨拙的裝置缺陷。

哪一種政府機構能像智慧和美德的普及那樣有助於促進人類的幸福？所有的政府只是某種對缺少智慧和美德的不完美的補救。

因此，儘管美因其實用而可能屬於國民政府，但它在更大程度上屬於智慧和美德。相反地，哪一種政策能夠具有如同人類的罪惡一樣大的毀滅性和破壞性？拙劣的政府其悲慘結果只是因為它不足以防止人類的邪惡所引起的危害。

各種品德從它們的益處或不便之處所得到的美和醜，往往以某種方式來打動那些以抽象的和哲學的眼光來考慮人類行動的人。當哲學家考察為什麼人道為人所贊同而殘酷遭受譴責時，對他而言並不是以一種非常正確的方式來形成任何這種有關人道和殘酷行為的看法，而通常是滿足於這些品德向其所提示的那種模糊和不確定思想的一般名稱。

只有在很特殊的情況下，行為的優劣才會顯而易見。同樣地，只有面臨非常特殊的情況，我們才能明確地意識到自己和

行為者的感覺是否一致。當感受一致時，我們會對他產生感激，反之則憎惡。

正如我們抽象地思考美德與邪惡時，不同品德引發的那些不同的情感就變得模糊不清。但是，我們對美德給予的欣慰或罪惡帶來的災難留有最深刻的印象，遠遠超過對其他品德的印記。

實用性使人產生快樂的道理最早是由某位別出心裁的學者所提出的。他認為我們直覺產生的這種實用性的美是全部美德的本源。除了是對自己或別人都有意義的品德之外，沒有可以稱為美德的東西了。

同理，邪惡的定義也是如此。我覺得對於個人或社會的實用性而言，本性似乎決定了我們的好惡，這幾乎是放諸四海皆準的。

但是這種想法並不是我們思考問題的主要原因。我認為實用性或危險性決定了美與醜的本質，而這種情感只是對美與醜的知覺得到強化，完全不同於知覺。

首先，對於美德的讚賞似乎不可能與我們讚賞某幢設計良好的建築物時所具有的情感相同；或者，我們稱讚一個人的理由不可能與稱讚一個櫥櫃的理由完全相同。

其次，我們將發現任何內心氣質的實用性很少成為我們贊同的最初根據；贊同的情感通常都包含有某種合宜性，這種合宜性和對實用的直覺是完全不同的。我們可以在被認為是美德的所有品德中見到這種情況。根據這種分類，那些品德會因為對我們自己有用而在一開始就受到重視，也因為對他人有用而受到尊重。

對我們而言，最有用的品德是高明的智慧。藉由它們，我們才能高瞻遠矚，預見利害。其次是控制自身情緒的品質，因為它們，我們才能忍受暫時的痛苦，或放棄暫時的快樂。

謹慎的美德則正是由以上這兩點所構成，且對任何人來說，它們都是最有用的一種美德。

　　高明的智慧之所以為人稱道，不僅是因為其有利，更因為它的正義、適當和精確。就像艱深晦澀的數學甚至高等數學領域，大家認為它偉大，並非認為其能解決什麼實際問題，只因它最能表現人類智慧的偉大。

　　大眾和個人未必懂得科學的具體作用—雖然要證明這一點並不容易。這種品德是很難堅持的，尤其是面對那些對於新事物既無知又自命不凡之人的責難時。

　　同樣的道理，我們的自我控制能力有時對一時的慾望進行壓制，是為了能在其他場合得到更充分的滿足。因此，這種自我控制力在實用性和適當性方面受到人們的稱許。我們能夠做到這一點是得益於尚能保有旁觀者的心態。對於公正的旁觀者來說，一週甚至一年以後的快樂毫不遜色於眼前的慾望誘惑；在他看來，如果我們為了眼前的一時之歡而犧牲未來，簡直是荒謬且不可理喻的。

　　如果我們能考慮周全，為了將來更大的快樂而犧牲眼前的一時之歡，則會因為這種自律性而得到旁觀者由衷的欽佩。十年後預期的快樂或許與眼前的快樂相比微不足道得多，可對前者的追求能帶來尊敬與欽佩，對後者的追求則往往導致我們身敗名裂。

　　通常，我們會讚許那種為了獲得遙遠但巨大的利益而犧牲安逸、辛苦勞作的人。雖然儉樸、勤勞和毅力都是為了獲得財富，卻仍然受到人們的高度讚許。有時，讚許之情甚至會提升為尊敬和仰慕，這也推動著人們繼續前進。這是一種人類感情上難得的共鳴—特別是從人性的種種弱點來看。

　　前面探討了人道及公平的特徵，我們得到結論：我們對這些品德的讚許，是來自當事人和旁觀者情感的共鳴。事實上，

在對他人最有用的品德中，除了人道和公平外，還有更重要的東西—慷慨大方和熱心公益。

慷慨、關心公務與正義一樣都是建立於相同的基礎之上；亦即適當性。表面上看，慷慨和人道擁有密切的聯繫，但它們卻並不具有同一性，即不會出現在同一人身上。若人道屬於女人，慷慨則屬於男人。

女人的特徵是溫柔體貼，而非慷慨大度，要讓她們大手筆的捐獻是最不容易的。通常，人道感情產生於旁觀者對當事人的強烈同情之心，從而使他們休戚與共。

因此，即使最人道的行為也不必否定自我、克制自我或者追求恰當的努力，只須給予強烈的同情心即可。慷慨卻不同，沒有人生來就慷慨大度，願意為上司或朋友的利益而犧牲自己的利益。

雖然有人在其工作上表現得很傑出，卻因為出現比自己能力更強的人而讓賢；也有人為救助別人的生命而犧牲自己寶貴的生命，他們這樣做並非出自人道，或是真的大公無私，其只是從他人而不是自己的角度出發，以別人的眼光看問題。

因為對於其他人而言，這種出手相援比只靠自己要好得多，而助人者自己並不會這麼想。所以人們在為他人的利益犧牲自己的利益時，通常是從旁觀者的身分來考量取捨。

例如，士兵為了保護長官而犧牲，假設他自己本來沒做錯什麼而長官犧牲了，他不會有太多的想法的，他更關心的是自己的切身利益。

可是當他的目的是得到客觀旁觀者的理解和讚許時，他就會認為，對於每個戰士（除了他自己），長官的生命要比自己的寶貴得多。因此，其為了保護長官而犧牲了自己的生命，任何一個公正的旁觀者都會對他的行為表示肯定。

對公共事物的關心也是如此。假如一個軍官為了使君主的

領土得到擴張而送命，並不意味這名軍官覺得自己的生命不比新的領土有價值。

對他個人而言，為祖國征服其他的國家，是為其整個民族戰鬥，而不是為其個人。對於民族，戰爭的勝利遠高於一個人的生命。

當他了解了這些，為了這個崇高的目標，就算是拋頭顱灑熱血也值得。

由此可知，英雄主義最普遍的表現就是出於強烈的責任感和適當感而對個人自然感情的成功抑制。

例如，許多英國公民平時若只從個人的角度看問題，會認為米諾卡民族的滅亡還不如一個幾尼的損失更令人在意。但是，一旦保衛那座要塞成為他們的責任，他們就會為其萬死不辭。還有因為自己的孩子陰謀推翻羅馬剛確立的自由而將其處決的布魯圖斯一世。

若他只考慮自己的心情，就會因小失大，因為相對於他最寶貴的兒子的性命，羅馬可能受到的損失是微不足道的。然而，布魯圖斯並非以一個父親而是以一個羅馬公民的眼光來看待他的兒子，從而大義滅親。對於羅馬公民而言，他的兒子的性命與帝國最微小的利益相比，也是微不足道的。

因此，與其說我們的欽佩之情是出自這些行為的實用性，不如說是出於其不尋常的，偉大的適當性。毋庸置疑地，當我們觀察這種實用性時，它又賦予了這些行動一種全新的美，而使其進一步得到人們的讚美。但這種美並非顯而易見，而是要經過嚴密的思考才能體會得到。

就贊同的情感來自美的效用這種觀念而言，它和其他人的情感沒有任何關係。如果可能，一個人與社會沒有任何聯繫也會長大成人，他自己的行為仍會因其所具有的不同傾向而使他感到愉快或不愉快。

他可以在謹慎、節制和良好的行為中覺察到這種美,並在相反的行為中感受到醜惡;他可以用我們在某個場合看待一部設計良好的機器的滿足,或者以我們在其他場合看待一個笨拙粗陋發明的厭惡和不滿,來看待他自己的性格和品德。

不過,由於這些概念非常精緻、微妙,只與人們的愛好有關,且所謂愛好又是建立在這些概念的適當與否,所以它們不會被處於孤獨痛苦之人察覺。因為在融入社會之前,他無法將二者聯繫起來,也不會為了這方面的缺陷而慚愧,抑或因相反的情況而得意,更不會知道自己會受到懲戒或得到獎賞。

所有這些情感都意味著一些別人的想法,他是感覺到這些情感之人的天生裁決者;且只有透過對其行為之仲裁者的決斷抱有同感,他才能夠想像出自我欣賞的喜悅或自我譴責的羞恥。

第五單元　論習慣和風氣對我們的影響

第一章　習慣和風氣對於美和醜看法的影響

前面我們討論了對我們人類感情具有強烈影響的一些原則。這些原則界定了在不同時代和國家，甚麼樣的行為值得讚揚或責難。除此之外，習慣和風氣也對我們美的判斷產生重要的影響。

如果人們經常同時看到兩種事物，其就會很容易從一個事物聯想到另一種事物。

例如，看到前者出現了，我們就期待後者跟著出現。它們主動地使我們彼此聯想，我們的注意力很容易地與其一起變化。若不受習慣的影響，它們的聯繫並不存在真正的美，但如果習慣地把兩者連在一起，我們對兩者的分離就會感到不適應。

如果前者出現時後者沒有像以往一樣隨之出現，我們就會認為這是令人困惑的。沒有看到我們期望看到的東西，自己習慣性的想法便被這種失望攪亂，會讓我們感覺很彆扭。如果這種聯繫背後具有某種的搭配感，習慣就會將這種感受強化；相對地，我們就更難以接受相反的安排。

有些人習慣用某種高尚的眼光看待世界，厭惡所有平庸或醜惡的事物。如果某種聯繫的存在不恰當，我們的感受就會被習慣減弱，甚至全部消除。

習慣於骯髒混亂的人已經喪失了一切對於整潔和優雅的感知能力，他們對一些其他人看來可能是滑稽可笑的家具或衣服的式樣，已經無動於衷，因為他們已經習慣了。

風氣與習慣不同，更確切地說，它是某種特殊的習慣—特別是身分或素質高的人身上所表現的風格，而非販夫走卒之

流。大人物舉止優雅，加上其平日的華麗衣飾，使他們表現出的姿態有種特殊的魅力。

雖說這種姿態本身並沒有太大的意義，但時間一久，便會自然成為優雅和豪華的代名詞。一旦他們改掉這種姿態，它就失去了之前具有的魅力，且現在只是為下等人所應用，僅有他們某種平庸和難看的樣子。

服飾和家具是習慣風氣的產物，這是世所公認的。然而，那些原則的影響並不局限於此種狹隘的範圍，而是在各種有情趣的事物，例如音樂、詩歌和建築學。

衣服和家具的樣式不斷地改變；五年前為人們所欣賞的款式在今天看來可能會顯得突兀，經驗告訴我們，這主要是因為習慣和風氣的一時流行。一件設計良好的衣服需要花費十二個月才製成，它的款式就無法跟隨潮流而成為時髦的式樣流傳開來。

家具式樣雖不像衣服款式的改變那樣快；因為家具比較耐用，一般人通常在五或六年會更新，每一個人在他的一生中會見到家具各種不同的流行式樣。其他一些藝術作品更是歷久不變，它們製作的式樣可以持續流行很長的時間。

一幢施工精良的建築可以存在好幾個世紀，一首優美的歌曲透過口耳相傳可以流行很多世代，一首動人的詩歌甚至會流芳百世。因為創作者的獨特風格、情境或手法，使這些藝術作品可以流行許久。

所以，人們在一生中看到這些藝術形式發生重大變化的機會並不多，也沒有機會瞭解不同的年代和國度的流行藝術，因為很難再將它們與自己身邊的流行時尚做比較時，能夠不帶有任何的成見。

因此，沒有人認為藝術品的審美標準會隨著習慣和風氣而變化，且會覺得那是以理智、天性為標準的。我們發現，習慣

和風氣對建築、詩歌及音樂的影響，絲毫不遜色於其在衣服和家具的影響。

若習慣於某種裝飾的特定比例關係，便會覺得其他的比例關係顯得不協調。多利亞式石柱其高度為直徑的八倍，愛奧尼亞式石柱的高度是其直徑的九倍，科林斯式石柱直徑是其柱頭葉形裝飾的十倍，且各種柱式都有其特定的裝飾物，究竟哪一個是最適合的？

其實，這些都只是以風氣和習慣為準罷了。按建築師的說法，先人是根據精確的原則為每支石柱搭配了適合而獨特的裝飾。一旦換成其他風格的裝飾，可能會引起對建築學有深入研究者的反對。

但是，要讓我們想像只有唯一的一種比例關係，或者之前曾經有過五百種相同合適的樣式也同樣是有些難度的。無論如何，在習慣形成了建築物的特殊準則後，如果它們不是毫無道理的，則想以其他只是同樣適合的準則，甚或從高雅和優美的觀點法則等其他法則去改動它們，是荒唐可笑的。

一個人穿了一套不同於他過去常穿的衣服出現時，雖然新衣服的款式非常雅致或合身，卻會顯得突兀。同樣地，在習慣和風氣已經形成之後，以與其極為不同的方式裝飾一棟房屋，也會顯得荒腔走板，即使新的裝飾比常見的裝飾要精緻。

古代論者認為詩歌的韻律體裁是對感情和內容的自然表達。風格或嚴肅，或輕快，皆有其對應的體裁。
然而，現代的經驗與此一原則似乎互相矛盾，雖然這一原則本身好像很有道理。在英國是諷刺詩，在法國就是英雄詩。

拉辛的悲劇和伏爾泰的《亨利亞德》幾乎寫下了相同的詩句：「讓我把你的忠告當作一件大事。」相反地，法國的諷刺詩與英國十音節的英雄詩同樣美妙。

習慣使一個國家把嚴肅、莊重和認真的思想和某種韻律聯

繫起來,另一個國家把這種韻律和任何有關愉快、輕鬆和可笑的事物聯繫起來。

在英國,沒有什麼比用法國亞歷山大格式的詩創作的悲劇更荒唐可笑的;在法國,也沒有什麼比用十音節的詩體寫作的同類作品更荒唐可笑了。

一件衣服無論多麼奇怪,一旦穿在某個很有名望的大人物身上,便會迅速流行;一種新方法經由藝術大師之手,也會成為楷模。

聰明的藝人會改良既有的藝術形式,開創全新的寫作、音樂或建築風氣。在五十年的時間裡,義大利人對於音樂和建築的情調產生了明顯的變化,這便是出於對音樂與建築學等各個藝術領域中著名大師的模仿。

然而,昆德良對塞尼加擾亂了羅馬人的情趣、拋棄莊重理性的雄辯而煽動浮華輕佻之風大加批評。薩盧斯特和塔西佗也受到類似的指責,他們提倡的風格被認為雖簡潔優美、充滿詩意,實際上卻是矯揉造作。

一個作家要具備多少偉大的作品才能使自己的缺陷變成受人歡迎的東西?在讚揚一個民族情趣的改善之後,能給予任何一個作家的最高頌揚,也許是說他敗壞了這種情趣。

在自己的語言中,蒲柏先生和斯威夫特博士各自在其所用韻文寫成的作品中採用一種不同於先前所使用的手法,前者在長詩創作如此,後者在短詩的寫作亦如是。

巴特勒的離奇有趣讓位於斯威夫特的平易簡樸。德萊頓的散漫自由和愛德生表達正確卻常是冗長乏味且鬱悶的作品不再成為模仿的對象。

現在,人們都按照蒲柏先生精練明確的手法來寫作所有的長詩。

習慣和風氣,不僅影響支配著藝術作品的創作,它們同樣

影響我們對自然事物的美的判斷。在不同的事物，被認為是優美者其差異和對立的形態有多少？

在某種動物受到讚揚的比例，完全不同於在另一種動物身上所得到尊重的比例。每一樣事物都有自己的特殊形態，這種形態受到人們的稱讚，且具有自己的美，這種美有別於其他任何東西。

淵博的耶穌會教士比菲艾神父認為，各種事物自身的美表現於其最為常見的狀態和顏色上，因此人的容貌之美屬於一種中庸狀態，與各種醜惡的造型相去甚遠。

例如一個漂亮的鼻子，不太長也不太短，不太直也不太彎，在各種極端狀態中處於中庸地位。這似乎是上帝的無心而為，卻又好像完全違背了這個原則。

有些事物是大同小異，就像我們按某個圖案臨摹數張圖畫，雖說它們並不完全相同，但其與原始圖案的相似一定大於它們之間的差異程度，原始事物的主要特徵在所有的圖畫中都能找到。

再如有些圖畫非常奇怪，沒有人願意認真臨摹，但與各種最粗心的作品相比，最細心的作品與最粗心的作品所具有的相似性仍然更大一些。

同理，最漂亮的某種事物都具有該種事物造型上最明顯的特徵，且保有多數個體之間的較大相似性，而怪物或變形物很少與其所屬的生物種屬相像，且看起來都很醜陋。

每種事物的美都是既罕見卻又是普遍的，能夠中庸的事物很少，但各種同類事物都具有相似的特徵。正如比菲艾神父所言，各種事物中，最為常見的即為美。

只有先透過實踐和經驗來認真研究，我們才能判斷什麼東西是美的。我們關於花朵、馬匹或美的知識並不適合對人體美的評價，且由於地域、生產生活方式的不同以及適應其生存環

境不同所產生的形態差異,也產生了不同的美的標準。

摩爾馬之美不同於美洲馬。不同國家間關於人的體形和面孔的美的標準更是千差萬別。

在幾內亞海岸,白皮膚代表一種驚人的醜陋,塌鼻子和厚嘴唇則是美的象徵。某些國家最崇尚兩耳垂肩。

在中國,如果一位女士的腳大到適合行走,她就會被認為是一個醜八怪。在北美有些原住民,他們把四塊木板綁在自己孩子的頭上,在孩子的骨頭柔軟未成熟之時,把頭擠壓成四方的形狀。

歐洲人對這種習慣感到震驚,且認為荒唐兇殘。傳教士把這些習俗歸因於該民族的無知愚昧,但是,當他們譴責那些原住民時,他們並沒有想到,歐洲的仕女們已經做了近一個世紀的努力,把她們天生漂亮圓形的頭顱擠壓成同樣的一種四方形狀。

儘管已經知道這種習俗會引起不少痛苦和疾病,但是習慣還是在一些人們所認為的最文明國家大受歡迎。

按照那位淵博又睿智的神父其美學理論,人們出於習慣而形成對特定事物的深刻印象,這就是美感的全部魅力所在。但是我對於習慣是否是我們判斷外在美的全部標準是存有懷疑的。例如任何形貌因為有利於達到某種目的而被我們所喜歡,這似乎與習慣無關。

我們的眼睛可能對初次見到的某種顏色感到愉悅;迷人的外表、姿態萬千比相反的情況更讓人感到喜悅。具有聯繫的各種變化,其每個新的變化出現都是由在它之前發生的變化引起的,且所有聯繫在一起的部分其相互之間具有某種特別的聯繫,這比沒有聯繫的雜亂無章集合更受人歡迎。

雖然我不能承認習慣是美的唯一原則,但是我可以在某種程度上同意這一原則的真實性;亦即,我承認:任何外部的形

貌，如果和習慣大相逕庭，且與我們在各種特殊事物中看到的某種樣子不相似，則幾乎沒有一種會美得令人愉快。

或者，任何外部的形貌，如果它與習慣相符，且我們已習慣於在某類事物中看到它，幾乎沒有一種會醜得令人不快。

第二章　習慣和風氣對道德情感的影響

習俗和風氣對於美感的影響如此廣大，之於行為美也不例外。但對於行為美來說，這種影響要小得多。

習慣成自然，通常是外在形貌能夠讓人們看得順眼，不管開始時它們與習俗或是風氣多麼地水火不容，但是尼祿或克勞迪厄斯式的品格和行為，是習慣永遠不會讓人對其感到協調的，

也是風氣永遠不會使其為人所贊同者；前者是恐懼和仇恨的對象，後者則是輕視和嘲笑的對象。我們的美感所賴以產生的那些想像的原則，是非常美好且脆弱的，很容易因習慣和教育而發生變化；但是，道德上的贊同與不贊同的情感，是以人類天性中最強烈和最充沛的感情為基礎；雖然它們有可能發生一些偏差，卻不會完全被歪曲。

雖然習慣和風氣對道德情感的影響並不是很重大，但是相比它在任何其他地方的影響卻非常相似。當我們天然的是非之辨與習俗和風氣相吻合時，我們的情感就會更加敏銳，愛憎就表現得更加明顯。

所以，受到真正的良師益友影響的人會習慣於正義、謙遜、人道和理性，且難以容忍它們的對立面。在暴力、墮落、虛偽中長大的人，儘管其良心未泯，也很難被認為是正直之人，因為他們自幼對這些已習以為常，而喪失了對這些惡行的憤慨，且對應該為此受到懲罰沒有任何的意識。

有時，風氣也會冷落某些本應受到尊重的品格，卻對某種

程度的混亂加以表揚。

例如,在查理二世在位時代,某種程度的放蕩不羈被認為是自由主義教育的特徵。按照當時的看法,這種放蕩不羈是與慷慨大方、真誠忠誠和高尚聯繫在一起的,人們對於這種態度認為是一位紳士,而不是清教徒。

因此,某種程度的落拓不羈會被視為是自由主義教育的烙印。相反地,莊重的舉止和得體的行為則被視為與欺騙、狡詐、下流、偽善是一道。當時的浮華之徒都愛讚美大人物的缺陷,彷彿這是好運的表現和高尚的美德,與自由、獨立、坦誠、大度、溫文爾雅等相關。

地位比較低的人所具備的美德—節儉簡樸、勤勉刻苦和嚴守法律規則,在他們看來都是粗俗且令人討厭的。

他們把後者的美德與那些品德所歸屬地位的低下聯繫在一起,與自己猜想的,通常是與諸如卑鄙、怯懦、壞脾氣、虛偽和偷偷摸摸的性情相伴而生的重大缺陷相結合。

人們的行為方式和思想感情會因職業和生活環境的不同而存在著一定的差異。誠然,每一階層和職業都有其慣常的準則。

然而,中庸卻是我們所普遍認同的思維方式。在各個階層中,特殊的生活條件和環境都會給一些人或深或淺的影響。雖然一個人會表現出他的職業特徵,卻不應該故意賣弄。

同樣地,不同的生活和年齡階段也都有著不同的行為方式。例如,我們習慣老人的莊重沉穩,衰老多病、飽經歲月的洗禮使他們更令人尊敬。

年輕人,我們則希望他們表現得機敏、活潑和朝氣蓬勃。因為我們的經驗認為,所有新生事物都會給年輕人的純潔心靈帶來強烈衝動。

相反地,老年的保守遲鈍或者青年的輕浮虛幻會讓人覺得不舒服。我們希望年輕人可以學習老人的成熟,老人能夠保持

輕快活潑。

　　然而，若年輕人的行為如同老年人般呆板拘謹，就會顯得滑稽；如果老年人的行為表現得像年輕人般放縱、輕率和虛榮，也會被人蔑視，這就是所謂的過猶不及。

　　每個階層或職業都有其特殊的行為方式，這是由習俗塑造的，有時這些行為方式也可以脫離習俗而具有適當的獨立性。如果我們考慮到人們因受自然影響，生活環境千差萬別，我們就會對這種特殊性感到由衷的欽佩。

　　我們認定一個人的行為恰當，並不只是因為他的行為只適合其所處的某種環境，而是適應他所處的所有環境。如果他完全被一種環境所束縛，而無法適應其他環境，可能就無法得到我們的完全贊同。

　　但如果環境變化不大，我們對其也不會強求。通常，一位父親失去獨生子而表現出悲傷和脆弱的情感是完全正常的。若其作為軍隊統帥，在公眾的安全和榮譽需要他傾盡全力時，卻表現出這種情感，就是不可原諒的。

　　因為在正常情況下，不同職業的人因為處理不同的事物，會產生不同的感情。因此我們應該設身處地地從他們的角度思考問題。

　　此外，我們可以接受一個官員表現出對生活樂趣的追求，卻難以接受一位牧師也如此為之。因為作為傳播天國福音的信使，牧師的使命是為世人的嚴酷前程以及預言違背原則所會帶來的各種不幸進行禱告，同時他本人應該作為自己說教的第一個執行者。

　　因此，儘管生活得輕鬆放蕩的人也會認為，牧師的心靈應該充滿莊嚴肅穆的情緒，而不是輕佻、冷漠以及各種雞毛蒜皮的瑣事，因為這些都不適於這個使命。

　　對於牧師，我們在他的身上最希望看到的品德就是莊嚴肅

穆、聖潔無染,這也是被我們所廣泛接受的。所以,在這世界上是先存在著某種不受習俗影響的適當行為方式,後來習俗才把它與某種職業聯繫起來。

通常,其他一些職業的品德基礎不是很簡單明瞭,我們對這些品德的認同完全根據習慣,不必經過上述看法來確定和加深對其的認同。

例如,我們會出於習慣把活潑、輕浮,以及某種程度的自由、放蕩性格加諸於軍人的職業上。

但是,如果我們考慮到什麼樣的性情最適合這種職業,或許我們就容易斷定,對一直曝露在非比尋常的危險下,會比其他人更經常地面臨死亡及其後果的一些人來說,極其嚴肅和思慮周全的性情是最好的性情。

然而,軍人的這種處境,或許就是相反的性情普遍地表現在軍人身上的原因。

如果我們仔細地觀察,就會明白,為了征服對於死亡的恐懼,需要付出非常大的努力,那些經常面臨死亡的人,為了讓自己不關心自身的安全並置之度外,而縱情於各種娛樂和放蕩之中,使其更容易忘掉死亡的恐懼。

軍營不是一個富有思想或沉思默想之人的活動範圍:這種人通常是很果斷的,且能夠透過努力,以堅定的決心面對死亡。然而,這種面對持續的、不是近在眼前的危險所所做長期的努力,則是耗盡心力、壓抑心情,使其內心不能感受到一切幸福和享樂。

那些縱情逸樂、無憂無慮的人,則不需要做出任何努力,他們從來不必考慮這些,只是在不斷地享受和娛樂中忘記與自己處境有關的一切憂慮,這些人更能忍受這種遭遇。

無論什麼時候,當一名軍官毫不考慮其正遭遇的危險時,他很可能失去自己歡樂且放蕩不羈的性格。

一座城市的警衛隊長通常和其他公民一樣清醒、仔細又吝嗇。由於同樣的原因，長期的和平很容易縮小市民和軍人之間的差異。無論如何，從事這種職業之人的處境，使歡樂和放蕩不羈很明顯地表現在他們的品行上。

　　並且，在我們的想像中，習慣會強力地把這種品性與他的生活聯繫在一起，通常我們很容易輕視這樣的人，他的個人氣質或處境使其不能獲得這種品質。

　　例如，一個城市警察嚴肅又小心謹慎的表情，即是出於自己的職業與環境，喜歡裝出並非出乎其本性的樣子。無論我們習慣在某個可尊敬階層人士身上看到的舉止是什麼，在我們的想像中，這種舉止是密切地與這個階層聯繫在一起，因此無論什麼時候看到這個階層的人，我們都期望見到這種舉止，如果沒看到便覺得缺少了什麼。

　　我們感到困窘和為難，不知道自己如何去談論那種品德，它顯然像是一種與我們曾經想加以分類的那些品德不同。

　　同樣地，不同時代和不同國家也會造成不同的性格。人們對各種品格的評價標準也隨著國家和時間的不同而有別。

　　在俄羅斯被看作女人般阿諛奉承的舉止，在法國宮廷便可能是粗野鄙俗。波蘭貴族吝嗇節約的習俗，到阿姆斯特丹公民眼中則是奢侈浪費。然而，不同的時代和國家都把上流階層者的品德說成是美德，思想感情也隨著它們而相應變化。

　　在文明國家，以人道為基礎的美德比以自我克制和控制激情為基礎的那些美德獲得更多的培養。在野蠻未開化國家的情況則完全相反。

　　燈紅酒綠、歌舞昇平的文明時代，人們缺乏對艱難困苦和危險的忍耐能力，脫貧致富也談不上美德，因為太容易了。無人再強調節制慾望的必要性，縱慾在各個領域都蠢蠢欲動。

　　在野蠻人的情況則完全相反。每個野蠻人都接受了斯巴達

式的訓練,且其為環境所迫,必須承受各種艱難困苦。他們處在持續不斷的危險之中:經常要忍受極度的饑餓,每每因生活物質的匱乏而死亡。

他們的環境不僅使其習慣於困苦的生活,且教育其不屈服於困苦所引起的各種激情。他們不可能期望他的同胞因為這種弱點而表示同情或縱容。在我們能更多地同情別人之前,我們自己必須處於某種程度的舒適之中。

如果我們自己受到極為嚴重的折磨,我們就無暇顧及他人的痛苦,且所有的野蠻人為滿足自己的生活需求而奔波不已,不會太注意他人的慾望和需求。

因此,所有的野蠻人都在為滿足自己的需求而勞苦奔波,無論他們遇到什麼危難,都不會指望從別人那裡得到同情和幫助,同時他們也無暇顧及別人的痛苦。而且他不會願意因為一點小困難而聲名掃地。他不允許自己行為的鎮定受到情緒的影響,不管那種情緒有多麼地強烈。

例如,無論在什麼場合,北美的原住民都會表現出一種氣定神閒的行為。他們認為如果表現出了愛慾、痛苦或者憤怒等感情是非常丟人的。這種出奇的自我克制和高尚舉止大大出乎歐洲人的想像。

在一個國家,如果所有人的地位和財產都差不多,我們通常會認為該國的男女應該能夠不受拘束地自由戀愛,並且縱情歡愛。但這個國家的男女婚配卻是由父母做主。

他們認為,要是自己對某個女子情有獨鍾,或者過分關注自己將與誰訂婚,將會是被人所瞧不起的事情。在講求人權的時代被普遍接受的男女對愛情的嚮往,野蠻人卻認為是最娘娘腔的行為。

就算能夠結婚,他們也會為這種卑鄙的結合方式感到羞愧。他們無法共同生活,只能住在父母家,另找機會偷偷的約會。

在其他國家都被認可的兩性公開同居，在這裡卻被視為最無恥的淫亂行為。野蠻人不僅在這種本性上具有巨大的自我控制能力，而且能夠忍受各種責罵及侮辱，即使在眾目睽睽之下也不會衝動。

當一個野蠻人被對手俘虜且依慣例處死時，他仍然是不動聲色，就算受到最嚴酷的刑罰拷打也不會呻吟。除了表現出對對手的蔑視，他幾乎沒有任何反應。當敵人點燃篝火燒烤他時，他會嘲弄行刑的傢伙，威脅他們：如果他們之中的任何一個落在他手裡，他會用比這個更殘酷的方法來處置。

為了加強受刑者的痛苦，除了烈火的燒烤，他們會戳劃受刑者身上所有最敏感、最柔軟的部位。在行刑的空檔，他會說起各種與自己無關的瑣事和天下大事。其他圍觀的野蠻人吸著煙草，閒聊說笑，除了需要行刑的時候，幾乎不看那個受刑者，好像甚麼事都沒發生過一樣。

野蠻人從小就知道迎接他們的會是這種命運。為此他們專門創作了一種所謂的「死亡之歌」。當他成為敵人的俘虜並要被折磨至死時，他會唱起這首充滿對敵人、死亡與痛苦極端蔑視的歌曲。

當他們要投入戰爭、與敵人作戰或者遇到任何重大場合，他們都會心硬如鐵地唱起這首歌。所有蠻族都有蔑視死亡和酷刑的風俗。

沒有一個來自非洲海岸的黑人在這一方面不具備一定程度的高尚品質，這種品質通常是他那卑劣的主人所無法想像的。命運對人類實行的絕對統治，從來不比這種情況更為殘酷，那就是：讓那些英雄民族遭受歐洲監獄裡放出來的人渣餘孽所支配，受那些既不具備自己祖國、也不具備征服他國美德的壞人所支配，他們的輕浮、殘忍和卑鄙，十分公正地使他們受到被征服者的輕視。

野蠻人國家的習慣和教育要求每個野蠻人具備的那種超人的、百折不回的堅定，並不要求在文明社會養育的那些人也具備。

　　如果後者在痛苦中抱怨，在貧困中悲歎，聽任自己受愛情擺佈或為憤怒所困擾，他們很容易得到人們的諒解。人們並不認為這種軟弱會影響他們的某些基本品質。

　　只要他們不讓自己衝動得做出任何違反正義或人道的事，儘管他們神情或言行的表現平靜鎮定多少會受到干擾和破壞，其失去的也只是一點聲譽。敏感、激情的文明人更容易贊同某種慷慨激昂的舉動，並原諒其中稍微過分的行為。

　　當事人也不用擔心為此被人唾棄，可以放膽率性而為。我們在朋友面前比在陌生人面前放得開，因為前者對我們更寬容大度。

　　文明民族與蠻族衝動行為的不同後果也是由於這個原因。在聚會聊天時，文明人表現得像朋友，野蠻人表現得像路人。如果所受教育比較呆板的旅行者到法國或義大利這兩個歐洲大陸上最文明的國家遊歷，一定會為那種樂天知命的興奮感到困惑不已。

　　當得知沒能進入某支部隊時，法國的年輕貴族會在所有大臣面前潸然淚下。修道院長杜·波斯先生說過，一個義大利人被罰款二十先令時，大概比一個英國人得知自己將被處決時表現得更為激動。

　　在羅馬的優雅之風最盛的時候，西塞羅甚至有一種灑脫的名士習氣：幾乎每次演講結束時，都會當著全體元老和公民悲傷落淚。我認為在羅馬民智未開的初期，社會風氣恐怕不允許演說者這麼激動。

　　古代的戰將可以表現出高尚、莊嚴或者決斷，但似乎都不太熟悉雄辯且奔放的演講。那些在法國和義大利風行多年，慷

慨激昂的雄辯直到最近才傳到英國，雖然它的實際用處尚無人知曉。

由於文明和野蠻民族自我控制的程度差別很大，因此對他們的行為進行評價的標準也就各不相同。

這種差別有許多不同的表現。率性的文明人會趨向坦誠和豪爽，壓抑感情的野蠻人則虛偽狡詐。任何與亞洲、非洲或美洲蠻族打過交道的人都會覺得這些人難以理解，且善於成功地隱藏事物的真相，就算巧妙的誘惑或無情的拷打也發生不了作用。

然而，野蠻人受到傷害後的情緒雖然沒有表現出來，卻深深埋藏在心底。當憤怒的洪水終於決堤時，報復將是相當的殘忍和可怕。

北美那些比較膽怯和愛動情的女孩子如果受到母親的責備，往往不會有什麼過分的衝動，最多說一句「我不是你的女兒」，然後就跑去跳井。

在文明國家，一個男人的激情通常不是狂暴或猛烈。他們通常只會吵吵鬧鬧，卻很少造成傷害；而且通常是指望旁觀者認同他們這樣激動是正確的，並得到旁人的同情和贊同，做到這一點，他們就滿足了。

然而，習慣和風氣對人類道德情感產生的所有這些影響，與它們在其他方面所產生的影響相比，是微不足道的；那些原則所造成判斷的最大失誤，並不與一般的品格和行為有關，而是與特殊習慣的合宜與否有關。

在不同的職業和不同的生活狀況，習慣引導我們認同不同的行為方式，並不是至關緊要的事情。從老年人和青年人身上，或是牧師和官員身上，我們都期待真理和正義；我們正是在瞬息即逝的事情中，尋找他們各自品德中的明顯特徵。

如果我們留意，通常可以看到我們沒有注意到的情況：一

種習俗已經使我們知道各種職業都有其所具有不受習俗影響的適當性。這樣我們就不能抱怨人性具有很大的區別性。雖然其程度各異,不同民族對於他們認為好的品德的評判標準大致是相同的;但是,當一種美德的功用被無限誇大,從而損害別的美德時,情況就不妙了。

波蘭人慣常的慷慨好客可能影響節儉與有秩序;荷蘭人尊重的節儉也許會傷害親密與大度。野蠻人必需的勇氣弱化了他們的人性,文明人所需的敏感或許傷害了他們性格中的堅強。一般說來,在任何民族中產生的行為風格,常常在整體上被認為是最適合於那個民族的處境。

勇氣是最適合於一個野蠻人的處境的品德;靈敏的感覺是最適合於生活在文明社會中的人的品德。因此,即使在這一點上,我們也不能抱怨人們的道德情感全面敗壞。

通常,在一般的行為方式領域,風氣和習慣並沒有怎麼背離行為的自然本性。但在某些特殊領域,風氣和習慣則會嚴重損害良好的道德,甚至會把那些極端錯誤的行為說成是合理合法的。

例如,還有什麼比傷害一個嬰兒更野蠻的行為呢?嬰兒的孤弱無助、他的天真無邪惹人喜愛,甚至引起敵人的憐憫,不饒恕這個嬰兒的性命,被認為是一個殘酷征服者最兇暴的行為。

若一個父親傷害即使是兇暴的敵人也不敢傷害的幼小嬰兒時,對於這個父親的行為,我們必然是無法原諒的。但是,遺棄嬰兒,甚至殺害新生嬰兒,幾乎在全希臘、甚至在最有教養和最文明的雅典人中都是被允許去做的事;無論何時,由於無力撫養,父母都可以把嬰兒拋棄,聽任他被野獸所食也不會招致非議。

我們在原始社會就習於此道並沿襲至今,而且已經麻木不

仁。現在，我們發現，所有的蠻族都盛行這種做法，愈是原始低級的社會愈是寬容這種行為。

因為野蠻人通常生活在極端的物質匱乏中，時時受到饑餓甚至死亡的威脅，對他們而言，同時養活自己和孩子往往是不可能的。

因此拋棄孩子還算說得過去。一個人因打不過對手而丟下自己的嬰兒獨自逃命的行為，通常也能被人接受，因為期待兩全的必然結果將是兩人同時送命。

在這樣的社會裡，父親有權力決定是否要把一個孩子撫養成人是很正常的。可是在希臘晚期，由於莫名的經濟因素或圖省事的動機而殺嬰則是不可容忍的。

當時的陋習認可這種行為，以致哲學家精闢的理論也隨聲附和且不加批評，甚至引經據典論證它的合理性。亞里斯多德把這種做法說成是地方長官在許多場合應當加以鼓勵的事情。

仁慈的柏拉圖也有相同的觀點，似乎賦予他的一切哲學著作以生命的人類之愛，並沒有在什麼地方指明他不贊同這種做法。如果習慣能夠認可如此可怕且違反人性的行為，我們就很可能推測，幾乎沒有任何像如此粗野的行為不能夠得到認可。

這種我們天天聽到人們在談論的事情已經司空見慣。人們似乎也認為，這是為那種本身是最不義和最無理性的行為所進行的一種辯解。

人類行為的普遍品德與特殊習俗的差異為什麼會如此之大？習俗的影響又究竟何在？其實，答案很簡單—那種所謂的習俗根本就不存在。因為如果那種殘暴的習俗成為普遍的，那麼這個社會將片刻難存。

我們可以從兩個方面來探討個人的品德：一是它對本人幸福的影響；另一是它對別人幸福的影響。

上帝希望人類首先關心養生之道。口腹之慾、悲喜、冷熱

等帶來的不同感受,可能就是上帝給予人們的啟示,指導人們從中悟出哪些是需要選擇的,哪些是需要回避的。

監護人是最早發布各種告誡者,其目的也是教導人們如何避免傷害。

如此,人們慢慢就會明白,某些審慎和預見是必要的,它們既能滿足人們先天的慾望,又能使人躲避寒暑,趨吉避凶,進而保護個人的生命及財產。

財富為人們提供所需的消費品及生存條件,這是它的首要功能。但我們的社會地位和聲望有很大關係是取決於我們實際擁有的財富,以及別人對我們所擁有財富的臆測。

獲得名譽和地位而受人尊敬,通常是我們最渴望的,這種渴望激勵我們無止境地追求財富的慾望。也就是說,如果沒有得到地位相當者對我們的尊重,我們可能就很難立足於世了。

換言之,我們在自己生活環境裡的地位和聲望,有很大程度是展現我們的行為和品德,對於善良的人,這兩者是完全可以等同的。

通常,健康、財富、地位和名譽是幸福生活的主要保障。關注它們,恰恰是審慎這種美德的職責。

我說過,我們家道中落時所體驗的苦痛要比富裕時所感受的快樂要強烈得多。

因此,審慎這項美德首先且主要就表現在安全上。人們大多願意安於現狀而不願輕率地改變自己的健康、財富、地位或名譽狀況。

在他們心中,如何保住自己已有的財富地位是首要考量,其次才是如何獲得更多利益。

因此,他們主要用穩健保守的方法來積累自己的財產,也就是在自己所從事的工作中刻苦努力,壓縮所有開支,甚至不惜某種程度的吝嗇。

審慎的人天分不一定很高，但他能掌握最實用的知識和技能，善於認真學習自身需要的一切知識，且這不只是為了裝點門面。他不會拼命用騙子的手段來對付人，不會用自命不凡的傲慢來嚇唬人，也不會用淺薄無恥的自負來愚弄人，更不會用惑眾妖言來蠱惑其他人。

　　他不一定會表現自己的真才實學，他說起話來總是質樸謙遜。他永遠不會結黨營私為自己謀取利益。

　　然而，不可否認地，在藝術和科學界卻存在著大批結黨營私之徒。這些人擅長相互吹捧，隨時準備反對任何與他們有利益衝突的人，但他們卻總把自己當成最具高尚品德的仲裁者。

　　審慎的人也可能曾經混跡幫派，但那只為一時自保。他們只是想透過這種途徑瞭解幫派的傾軋、誹謗以及陰謀詭計，藉此使公眾免於被愚弄而不會以此欺騙公眾。

　　審慎的人害怕謊言被揭穿以及因此而帶來的羞辱，因此，他永遠真誠。但這並不代表他任何時候都吐露自己的真情而無所顧忌；儘管他從來不說謊，但這也不意味著在他人無理取鬧的情況下他仍然無所顧忌地吐露實情。

　　換句話說，他做事小心謹慎，言談有分寸，總是三思之後再發表對其他人或事的看法。

　　審慎的人不一定感受敏銳，但他的身邊從不乏好友。他對朋友不會過分熱情，只是雲淡風輕地表現出適當的關心。開朗的青年和涉世未深者，可以從他身上得到諸多益處；對於少數幾個經歷過種種考驗的密友，這是一種真誠、理性而堅固的友情。

　　審慎的人有自己的擇友標準，這種標準不是輕率或缺乏深度的誇耀之辭，而是對朋友的謙遜、審慎，對高尚行為的尊重。他交際能力很強，卻討厭世俗的應酬。雖然酒肉朋友可以令人愉快，且能暢所欲言，但他很少參與其中。

畢竟喧囂的送往迎來，以及一時口腹慾望的滿足會影響其節儉習慣的養成，並打斷他努力不懈的腳步。

　　審慎的人不一定談吐犀利且富有機鋒，但他絕不會讓人討厭。他討厭無理和魯莽，但不會盛氣凌人。而且，在日常的所有場合中，他表現得更為謙遜。他言談舉止符合禮儀規範，並虔誠、嚴謹地尊重社會所認可的社交禮儀。

　　很長一段時間，人們都習慣透過踐踏理法、任性自然來表現自我的個性—從蘇格拉底和亞里斯多德時代到斯威夫特博士和伏爾泰，從腓力二世和亞歷山大大帝時代一直到彼得大帝，莫不如此。

　　這為後世樹立了錯誤的榜樣，後人甚至摒棄這些偉人的優點而只是模仿其缺陷。與這些人相比，審慎的人卻樹立了一個更完美的典範。

　　審慎的人意志堅定、勤儉節約，且能為長遠的計畫而放棄眼前利益。這使他贏得了公正旁觀者由衷的讚賞和幫助。公正旁觀者不會因其一時的困頓而厭惡，也不會因為他追求一些迫切的慾望而受到誘惑。

　　對他來說，其對審慎之人目前的處境感同身受，因為以後他可能會遭遇到相同的境況。他們因此更明白這對勤勉者的意義，所以他理智地贊許這種合理的克制，並在以後相似的情況下實踐它們。

　　審慎的人不會因為窮困潦倒的窘迫而急著開創新的事業。如果他要開拓新的事業，必定會認真地進行考察和充分的準備，他會充分考量每一種後果。量入為出的生活是令人滿意的，因此他可以把生活安排得從容一些，還可以安心享受這得來不易且不斷增加的財產。

　　透過這種持續不斷，細水長流的積蓄方式，他的生活水準逐漸提高；他不會慾壑難平，想要改變這種生活，也不會進行

冒險計畫，避免落空的下場。

　　審慎的人不會覬覦那些不屬於自己分內的事情。他只在自己的責任範圍內完成工作，不指望透過插手他人的事務得到提拔，不管閒事，不干涉別人的事情，不自作聰明亂出主意，不會在別人還沒有請教時就急於表達自己的想法。

　　他反對任何幫派傾軋和結黨營私的行為，討厭那些經世濟民的陳腔濫調。然而，若有人請求他，他會願意為國效命，不會藉此在政界謀得一席之地。

　　而且，他相信與其自己承擔管理公共事務的責任，還不如讓其他有才能的人來管理，自己樂得安享餘生。

　　究其根本，他討厭野心和功利的浮華虛榮，也討厭偉大高尚的行為所帶來的榮耀，他最喜歡小康生活中的閒適之樂。

　　總之，審慎是一種美德。人們認為，當它被單純地用來指導我們去關心個人的健康、財富、地位和名望時，它很有意義且比較受歡迎，但它永遠都算不上最值得珍惜、最高尚的美德。

　　也就是說，儘管它得到了一定程度的尊重，卻似乎很難得到熱烈的愛戴和由衷的讚美。

　　除了關心個人的健康、財富、地位和聲望，在向更崇高和偉大的目標邁進時的謹慎和明智通常被稱為審慎，這是非常恰當的。從一個勇武的將軍身上、一個英明的政治家身上、一個國會議員身上，都可以看見審慎的影子。

　　可見，審慎與英勇、善良、維護正義等一些更為偉大顯著的美德是緊密相連的，並且它還適當地約束與維繫著這一切。最高級且完美的審慎表現在藝術、才能，以及任何可能環境下得體的行為之中。

　　它代表著一切理性的美德，代表著最明智的思維與最高尚的心靈的結合，代表著最高智慧和最純潔美德的結合。

　　簡言之，層次低下的審慎境界與伊壁鳩魯學派哲人的

品德比較接近,而較高級的審慎境界則與學院派和逍遙派（Peripatetic）的哲學品德比較接近。

對於單純缺乏審慎,或者說缺乏關心自己能力的人,高尚的人對其表示憐憫,俗人則會鄙視甚至笑話他,但是,不論如何,他都不會招來憤慨和厭惡。

當它一旦與一些低劣品德糾纏在一起時,就會變得臭名昭著。就如狡猾的惡棍天生機敏靈巧,這雖不能使他免於猜忌,卻能幫他逃避追捕和刑罰,而愚笨的人則在劫難逃,甚至成為人們洩憤的對象和笑柄。

在崇尚酷刑的國家,人們對那些殘暴的行為已經麻木,不再恐懼。但在真正的法治國家,則人人都會感到震懾。

可見,在上面兩種國家,對罪惡的看法是相同的,但對審慎的看法則有天壤之別。在法治正義的國家,蠢行是最大的罪惡,但在崇尚酷刑的國家則否。十六世紀的義大利上層社會,人們對於暗殺、謀殺,甚至雇兇殺人都習以為常。

凱撒·布吉亞曾邀請鄰近四個小國的君王到塞內加各利亞舉行友好會盟,這幾個小國的國君帶著他們少數的護衛如約而至,但他們卻遭到被殺戮的命運。

即使在那個無法無天的罪惡年代,這種醜行遭到譴責,但除了名譽受到些許玷污外,凱撒·布吉亞並沒有因此身敗名裂。雖然他在幾年之後下臺,卻不是因為這個原因。

在當時,作為佛羅倫斯共和國的公使,馬基維利稱不上是最有道德的人,這樁慘案發生時,他正常駐凱撒·布吉亞的宮廷,他用洗練、優雅和質樸的語言對此事做了完全不同於他的其他任何作品的奇怪說明。

他冷漠地評價這齣悲劇,對凱撒·布吉亞的做法表示欽佩,無視被害人的不幸,默認殺人者的殘暴虛偽。

人們總是驚歎和讚美偉大征服者的殘暴和虛偽,鄙視、憎

恨小偷、強盜和殺人犯，正所謂「竊鉤者誅、竊國者侯」。後者只要登上王侯之位，就算他造成的危害比前者大無數倍，其所做的一切都成了義舉，而社會最底層和沒有地位者的罪行則注定永遠要受人唾棄。

事實上，王侯公卿的偽善至少和盜匪一樣，其愚蠢和不慎也相差無幾。邪惡卑鄙的狡猾之人從別人那裡得到的尊敬總是比他應得的要多得多，而這樣的愚蠢之人既可恨又可鄙。

　　這是因為審慎和其他美德的結合構成了最高尚的品德，輕率和其他劣行的結合則形成最卑劣的品德。

第六單元　有關美德的品質

引言

　　從對別人的幸福產生的影響這方面來說，人的品質分為兩種：有益的和有害的。

　　事實上，我們不道德的企圖或惡行之所以讓他人感到憤怒：一是因為我們破壞了別人的幸福，二是因為這種行為本身違反了法律上的正義原則。制止和懲罰犯罪是法律的威嚴所在。

　　人們因懼怕這種威嚴而不敢破壞他人的幸福，這也是所有的政府機構費盡心機所希望做到的。

　　各個國家和政府都制定了民法、刑法。所以，究竟哪些行為破壞了他人和社會的幸福這一命題應該成為最重要的學科—自然法學—的研究重點。然而，到目前為止，自然法學仍處於起步階段，在目前的情況下我們無法對其進行詳盡的探討。

　　不過，最正直無邪的人在法律不能為他們提供合理的解釋和保護的情況下，仍然會尊重那些不破壞他人幸福的人。這種品德以及其他美德（例如對他人的同情、偉大的人道，和高尚的仁義）緊密地連接在一起，表現出對他人的關心，就會受到高度的尊重甚至崇敬。

　　很顯然，人們對此已有充分的瞭解，所以無須贅述。

　　本篇中，我們只想試圖說明天性所表現出的一種調節次序。

　　因此，我們有限的善行通常會先針對個人，然後是社會。很顯然，作為一種較高的智慧，調節天性在這裡也指導著一種次序，並且我們善行的必要性和有用性的大小程度與這種智慧直接相關。

第一章　我們的天性根據何種次序來關注個人

　　就像斯多葛派學者所說：「人最關注的是自己。」不管從哪個方面看，自己肯定比他人更瞭解自己。人一定能比別人更敏感、更直接地體會自己的快樂和痛苦。

　　也就是說，人自己具有原始本真的感受，他人對那些感受只能反映或同情地想像。如果前者稱為實體，後者就只能是影子。

　　很明顯地，除了自己以外，人其次關注的是生活在同一個屋簷下的父母、子女、兄弟姐妹等親人。他自己的行為受到親人喜怒哀樂等感情的深刻影響，他更清楚這些親人的心聲。

　　因此，對於親人的同情也比外人更親切鮮明，甚至跟關心自己的程度差不多。

　　人會本能地將自己的感情都傾注在子女身上，這種感情的強度更勝於子女對父母的關注。換言之，人對子女的呵護之情與對父母的尊重與感恩相比，更發自本能。

　　通常，嬰兒出生後的幾年裡，要完全依賴父母的哺育，而父母卻無需子女的照料。在人的天性中，孩子比老人更重要，所以孩子更能喚起人們強烈而普遍的同情心。孩子可以給人很多期待和憧憬，而老人卻未必能夠。

　　通常，老人離世不會讓人十分哀痛，但孩子夭折卻很容易讓親人痛不欲生。誠然，聖人因為有高尚的道德修養和人道主義情懷才不厭棄多病的老人，但普通人，即使是最兇殘冷酷之人也會對柔弱的嬰兒產生愛憐之情。

　　一開始，我們幼小的心靈面對自然時感受到的是兄弟姐妹之間的友誼。我們相親相愛，其樂融融地生活在同一個大家庭中。兄弟姐妹之間的手足之情作為共同幸福的來源，給彼此帶來的歡樂和幸福要比別人多得多。

　　另外，因為生活在同一個屋簷下，兄弟姊妹本能地互幫互

助，這使手足之間的感情變得更深厚。

在各自成家立業後，兄弟姐妹間仍然保留著幼年時的情誼，他們的孩子也因為父母之間的情誼而保持聯繫。若孩子們彼此之間志同道合會增強這種天然友誼帶來的快樂，而不和則會讓這種快樂削減。

但是，與父輩相比，這些孩子們基本上並不生活在同一個家庭中，所以他們之間的感情會比父母那一代淡，表（堂）兄弟姐妹其孩子的聯繫更少，彼此也更淡漠。隨著親屬關係不斷變遠，他們之間的感情也表現得越來越淡，但比起旁人來還是要強烈得多。

所謂感情，實際上是一種習慣性的同情。這種同情，讓我們關心自己的親友，希望他們的生活多一些快樂而少一些痛苦。由於生活在能自然產生同情的環境裡，親屬們彼此分享這種感情。

這是每個人都需要的，同時也構成了一條人際關係的基本準則：彼此之間存在某種關係的人必然也存在某種感情。人們相信，假若有人對此表現得無動於衷，則其一定是不通人性的，甚至品行有問題。

那些不溫柔體貼的父母、缺乏孝心的兒女更像是禽獸，會被人們極端憎恨和厭惡。

另外，據說在某種特殊情況下，在本來並不具備產生天倫之情的環境裡，同樣會產生這種血緣親情，因為人的本性往往可以彌補先天環境的不足。

例如，一個從小就不在家裡長大的孩子，長大後回到家中，他對父母的愛可能不會太強烈，父母對他的感情也可能相對淡些。

同樣地，那些彼此在相距甚遠的國度求學的兄弟姐妹之間的感情也不會深厚。但由於社會規範所培養塑造人性的謙遜與

道德的作用，他們之間仍會產生一種類似天然感情的替代情感。即使是自幼分離、天各一方的父子，或兄弟姐妹之間，仍存在濃厚的親情。

　　他們之間不會產生任何過節，就算曾經有過，他們也不會放在心上。當他們天各一方不能團聚的時候，遠在他鄉的子女或者手足往往仍是他心中最牽掛的人。他們都情不自禁地彼此牽掛，時時刻刻都期盼闔家團圓。

　　如果有熱心人幫他們傳遞消息使其瞭解彼此的近況，他們會因此得到極大的滿足和安慰。特別是，與整天相守在一起的親人不同，他們認為與其分離的子女、手足是十全十美，沒有缺點的。對他們的思念，甚至會成為一種浪漫的憧憬。

　　當他們團聚的時候，他們會自然地按照家人之間習慣的感情方式去關心對方。

　　然而，時間和經驗最終會擊碎這種憧憬。也許，他們還真誠地希望融洽地生活在一起，但現實將其化為泡影。當他們彼此瞭解之後，他們往往會發現，缺乏共同生活的基礎，對方的性情愛好與自己想像的完全不同，過不了多久，他們之間的日常交往和交流就變得單調乏味，且日漸疏遠。

　　也許他們可以繼續相處下去，相互關心相互尊重，但絕對沒有從小一起長大所形成的那種發自內心的融洽和睦、推心置腹和坦誠無忌。

　　須要注意的是，上面所說的這些只適用於那些道德本分的人，它在光棍、無賴和自負的人身上不發生任何作用。這些人只會開粗俗的玩笑，對親情麻木不仁，加上自幼的分離使他們對親情十分疏遠。

　　對於親人，他們表現的是冷漠和應付，即使最微小的利益之爭和口角之辯也會讓他們反目成仇，這和真正的尊重相去甚遠。

最天然的教育方式是家庭教育,人為的方式則是公共教育。現在的法國和英國上流家庭中,男孩子被送往遙遠的著名寄宿學校讀書,女孩子在千里之外的修道院或寄宿學校,青年在遙遠的大學讀書。

　　這種做法幾乎是從根本上損害了這些國家上流家庭的倫理道德,並影響了他們家庭的幸福。也許,接受公共教育真的有一定的好處,但它帶來的損失也是無法彌補的。

　　所以,假如你想把自己的孩子培養成尊敬父母、能與兄弟姐妹相處融洽的人,你最好讓他們在自己的家裡接受教育。他們可以在離家不遠的公立學校讀書。他們平時就可以住在自己家裡,每天有禮貌地與你道別然後去上學。

　　這樣,他可以從對你的尊重裡學到一種實用的禮節,同時你也可以透過他們對你的尊重中獲益。所以,公共教育與家庭教育孰優孰劣,是不言而喻的。

　　在悲劇和愛情故事裡經常有許多感人的情節。這些感人的情節是由親情的力量所造就的,即便是在親人完全無意識的狀態下,這種親情也在產生作用。

　　這種所謂的親情的力量應該也只能出現在悲劇和愛情故事中,只能發生在父母子女、兄弟姐妹之間。所以,那種認為這種感情也可以在表(堂)兄弟姐妹乃至叔嬸伯侄之間發生的想法通常被斥為荒唐的。

　　在以畜牧業為主的國家以及法律不能充分保證公民安全的國家,人們普遍選擇聚族而居。這是一種很重要的保障安全的方式。不同等級地位之間的人可以相互扶持幫助。他們之間的和諧可以加強彼此之間的幫助,他們的決裂則會削弱,甚至破壞這種感情。

　　這些家族內部成員的聯繫遠多於與外界的聯繫。在一個家族中,其成員之間都或多或少地存在著親緣關係,因此成員之

間互相扶助是一種很自然的行為。

在過去，蘇格蘭高地的族長習慣把部族裡最窮的人看作自己的堂兄弟或者親戚。我甚至認為，與本世紀初蘇格蘭高地部族的社會狀況類似的所有民族都是如此。此外，據說韃靼人、阿拉伯人和土庫曼人也普遍對其族人有相當的關注。

在商業發達的國家，因為法律可以保護地位低下公民的安全，所以人們就沒必要聚族而居了。他們散居在各地，追逐利益或者滿足自己的興趣愛好，幾代之後，同宗之間的認同感就消失了，直到忘記彼此的血緣聯繫和先祖的關係。

隨著國家文明的不斷完善和時光的流逝，那種對遠方親人的感情就愈來愈淡薄。相較於蘇格蘭，英格蘭較早進入文明狀態，程度也愈來愈完善，所以對遠方親人的關注相對較弱。

的確，幾乎所有的國家的達官貴人為了自己家族的體面和榮耀，不管彼此親緣關係有多麼遙遠，都喜歡彼此攀親帶故。他們如此看重家世宗族，並非出於真正的家族感情，大多只是為了淺薄無聊的虛榮心。

假如一位跟他們有血緣關係卻地位低下的人向他們攀關係，這些大人物多半會自謙地說，自己幾乎完全不瞭解家族譜系方面的知識。因此，我們恐怕沒法指望他們之間能表現什麼天倫之情。

我認為，所謂天倫之情，更多的是道德維繫的產物而非父母和子女之間血脈聯繫的產物。

當然，如果一個疑心比較重的丈夫懷疑孩子不是自己親生的，他會因此而對妻子的貞節產生懷疑，甚至怨恨，並將這種懷疑與怨恨轉嫁到可憐的孩子身上。

儘管這個孩子在倫理上還是他的子女，且一直在他的家庭裡接受教育，但是對他來說，這卻永遠是一個痛苦和恥辱的標記。

還有一種感情和親情差不多，那就是善良的人因彼此交流所產生的友誼。辦公室裡的同事、做生意的夥伴彼此會稱兄道弟，且在感情上也是情同手足。

他們的親密和諧對彼此都有好處，如果他們夠聰明，便能和睦地相處。能夠做到這一點，我們都會覺得這是最完美的，如果做不到就比較丟人了。拉丁文中的「必要」（necessitudo）一詞就是指這種關係。

從語言學的角度看，此即在說明人們適應環境的一種必要措施就是這種依附關係。

道德會受到週遭生活細節的影響。如果一個低頭不見抬頭見的人沒給我們帶來什麼麻煩，我們就不會傷及他的面子。鄰里之間彼此可能帶給對方很大的方便也可能是不便。

如果雙方都是好人，通常會是和平共處。我們討厭與惡人為鄰，而樂於接受和平共處。因此，鄰里間存在著更多與其他人的互助行為。

因為我們的天性習慣於遷就別人以達到一種和平共處的結果，所以有諺語說：「近朱者赤、近墨者黑」。

如果一個人經常和有智慧、有美德的人打交道，雖然他自己不一定能夠成為這樣的人，他肯定會對智慧和美德產生一定程度的敬意。同樣地，一個人若整天和荒淫無恥之徒混在一起，即使他不會變得同樣墮落，至少也會對這些惡行視而不見。

也許，這就是家族中幾代人品格相似的原因所在吧！當然，除此之外，可能還有遺傳因素。

不過，假如出於對一個人高尚行為的贊許而產生了感情，且這種感情經過長期的交往考驗，這種感情就會是一種最值得尊重的感情。這種感情不是出於勉強或為貪圖小利的偽裝，而是自然發生，他們確實稱得上是知音或志同道合的同志。

這種美德只在有德行操守的人之間存在，因為他們不會彼

此勾心鬥角，所以交情最穩固，雙方有著長期密切的交往，彼此完全信賴，坦誠相待。

友情不只是發生在兩個人之間，如果有人認為友誼只能產生在兩個人之間，他就是把單純的友誼和充滿嫉妒與放蕩的愛情混為一談了。

年輕人常常產生與高尚行為沒有任何關係的輕率、愚蠢和多愁善感的親密行為。這種親密行為通常是由於兩人性格上某種相似所產生的，是建立在共同的興趣或愛好上，或者是在某些一拍即合的奇談怪論上。

所以，不管這種朝三暮四的親密行為是多麼令人愉快，它都不能被稱為嚴肅的友情。

仔細想想，那些曾經給過我們恩惠的人是我們本性中最希望善待的人。上帝創造了人類，是為了讓人們能夠坦誠相待、和睦相處，祂教導人們對有恩於我們的人要知恩圖報。儘管善人得到的感恩不一定和他的善行相稱，但旁觀者對他美德的讚譽，卻是最客觀的人心天秤。

好人必有好報。儘管不是每個人都知恩圖報，但總有些人能做到受人滴水之恩必湧泉相報。如果我們最看重的是被人認同和喜歡，最有效的辦法就是用自己的行動來證明。

不論我們幫助的人跟我們是什麼關係，他們的個人品德如何，他們過去有沒有幫助過我們，我們對這些人是仁慈的關愛與熱忱的幫助，而非友誼。

在施予者與接受者之間，其地位通常相差懸殊：有的窮困潦倒，有的則有錢有權又有勢。但是，這種差距不是依靠劫富濟貧就能夠消除的，更重要的是要尋求社會的安定和有序。

社會的安定、有序有賴於人們的階級地位差別，而階級地位主要是靠對有權勢者的尊敬來維繫，然而，對大人物的阿諛奉承很容易讓人起雞皮疙瘩，對小人物的關懷同情卻常不足掛

齒。

眾所周知,富貴對人們的吸引是那樣強烈,以致人們都願意放棄做有智慧、有節操的人而希望成為富貴之人。這個想法是有道理的:智慧和美德的衡量標準太過抽象,而財富和門第則很容易比較。

因此,依財富門第劃分社會地位,更有助於社會的安定和有序。因此,倫理學家告訴我們,要兼濟天下、普度眾生,不要被顯赫的地位誘惑,我們天性善良的智慧也是耀眼奪目的。

很顯然,假如我們把對權貴的崇拜和對善行的欽佩結合,則其對人的感情會產生更大的影響。如果我們能排除嫉妒之情,達官貴人表現出來的智慧和美德可能會讓我們崇拜和傾慕。

富人很有智慧和美德,但他們仍然會遭遇不幸。通常,地位愈高,所面臨的危險和遭遇的痛苦就愈大,他們的痛苦程度也會比那些同樣具有美德但地位較低的人更深切。高貴的國王和王子遇到的不幸是悲劇和愛情故事中最吸引人的地方。

如果他們能夠運用智慧且努力不懈來擺脫不幸,重新享受其原有地位和權勢,我們就會報以極大的,甚至是過分的熱情和讚賞。

同時,正由於我們總是憂主人翁所憂,喜主人翁所喜,美德和權勢的結合才形成了一面倒的結果。

人的各種感情都會產生衝突,當衝突來臨時,我們會清楚地感受到,想要像數學計算那樣精準地劃分哪種感情在先,哪種感情在後是很不實際的。

面對衝突,友情與恩情孰先孰後、到底是親情重要,還是那些能夠影響社會進程的大人物的安全更重要?只有我們的心靈—這個冷靜的旁觀者、我們行為的偉大法官和裁判者—才能定奪。

機械的道德準則不能適應環境、品格、事物及其各種細微的差別與變化，因此它很難指導我們的具體行動。

　　如果我們能摒棄外界的喧囂，能夠客觀而認真地思考我們的處境，我們就不難做出正確的決定。

第二章　我們的天性和善心對社會群體的關注次序

　　社會上的群體也遵循了那些用來對慈善事物的個人進行排序的原則。那些最重要的社群恰好是我們慈善行為最優先、最主要的關注對象。

　　通常，國家和政府是最重要的社群，我們每個人都生活在特定的國家，在一定的政府領導下，我們行為的優劣會對它產生直接的影響。

　　因此，它是我們理所當然付出善行的對象。我們的愛國之情不僅僅是出於私心，同時也出自我們的仁義之情，因為我們自己、子女、父母、親戚、朋友，以及所有我們最愛的人都生活在國家之下。

　　我們的一切都跟國家緊密地聯繫在一起，國家的繁榮富強會給我們帶來各種榮耀。我們為祖國強於其他社群而驕傲；我們為其明顯的不足而感到羞愧；我們總是以極大的熱情去讚美本國歷史上出現的那些仁人志士、政治家、哲人、文學家，且一廂情願地相信他們比其他民族的人物更為傑出。

　　誠然，我們國家在當代也不乏傑出人物，只是由於嫉妒心作祟，我們對他們的評價難免受到影響。愛國主義者獻身於國家的安全與榮耀而萬古流芳，因為他們憑良心做事。良心使他們清楚地認識到其只是大眾的一員，為了多數人的安全、利益，或是榮譽，犧牲自己的生命是一種義務。

　　這種犧牲有時是必要的，且是高尚的，但我們都明白做出這種犧牲是多麼困難的事情，能達到這個境界的人是鳳毛麟

角。

因此，這些愛國主義者的行為應該得到高度的讚揚，他們值得我們欽佩與讚許。反之，那些為了自己的私利而不惜出賣國家利益的叛國者，都會受到公眾的譴責，而遺臭萬年。

因為我們有深切的愛國情懷，所以我們對任何一個鄰國的繁榮富強總是充滿猜疑和妒忌。彼此相鄰的獨立國家都處於對鄰國的恐懼和猜疑中生活，且沒有一個公認的權威來調停爭端。

沒有哪個君王敢指望鄰國能夠公正地對待自己，所以他有以牙還牙的理由。通常，那種宣稱尊重對方法律或者外交獨立者的動人宣言，只是一紙空文，不過是裝腔作勢罷了。

一旦發生利益衝突時，即使是最微小的利益，各國都無恥地逃避責任，肆無忌憚地破壞這些原則。由於害怕鄰國實力不斷地增強會威脅到自己國家的安全，高尚的愛國主義情操都會被這些惡劣的民族歧視者當作棋子。

據說，老加圖（Cato）在元老院演講的時候，不論每次的主題是什麼，他演講的最後一句總是：「我的看法是，應當消滅迦太基。」因為自己的祖國受到敵國的侵略，他便使用這種最野蠻和暴力的愛國感情來表達自己的憤怒。

另外，斯奇比奧·內西卡也同樣使用一句話作為他一切演說的結尾；不過，他的話更富人性，且表達了他更為開闊的胸襟和慷慨大度的心態：「這也是我的看法：迦太基不應當被消滅。」要是對手已經衰落，不能構成對羅馬的威脅了，就應該允許其有一定的富裕和繁榮。

因為這個緣故，英法兩國可能都害怕對方的軍事實力會上升。不過，若是因為妒忌其他國家的繁榮、土地的改良、工商業的發達、建設的堅固、人文與自然科學的進步—這些即代表著我們生活的這個世界的真正進步—而不允許它有一定的富裕

和繁榮，這兩個偉大民族就應該被鄙視。

在這些方面，各個國家應該摒棄嫉妒和仇恨，使其成為國家間競爭的目標。因此，在這些方面，每個國家不僅要盡力超越其他國家，還應該本著友好的原則，去促進鄰國的進步而非阻礙它。

愛國情感與普遍的人類之愛無關，它不僅絲毫不受普遍的人類之愛所支配，有時候甚至是與其對立的。例如法國，該國人口數大約是英國人口數的三倍；若是從人類整體的角度來考量，法國應該比英國更繁榮。

但是，如果有英國公民因此而不顧一切地將目光聚集在法國而非英國的繁榮上，他就不能算是一個合格的英國公民。我們是因為我們成長於祖國中而非因為我們的國家是全人類的一部分才熱愛它。

與其他方面的智慧體系一樣，決定我們情感的那種智慧已經決定，只要我們每個人都盡自己所能地熱愛自己的國家，就是為促進全人類的幸福盡了很大地努力。

民族偏見和仇恨很容易對相鄰的民族產生影響。英國或法國可能都會怯懦而愚昧地彼此仇視，卻不會對日本或中國的繁榮產生嫉妒之情。

然而，通常他們並不重視與這些遠方的國家保持友好關係。

政治家有著最為廣泛和現實的善行。他們與鄰國結成同盟以保持彼此力量的均衡，或者透過談判來維持國際間的安定與和平。但是，政治家是本著維護本國利益的原則來策劃和貫徹這些條約。

當然，有時候也會有更高層次的努力。在簽訂蒙斯特條約時，法國外交大使阿沃伯爵聽從了多疑的雷斯紅衣主教的請求，不惜犧牲自己的生命來使條約有利於恢復歐洲的普遍安定。也許是因為對法國存在特別的厭惡情緒，所以威廉國王有

志於歐洲大部分主權國家的自由和獨立。

可以說,當時德意志的自由和獨立危在旦夕,安娜女王的首相也部分地繼承了這種極端仇視法國的心態。

在任何一個國家裡都存在著階層與社群,每個階層和社群都有某些特權和豁免的權利。基於共同的利益,同一階層或社群其成員關係要比與外人的關係密切。

朋友、同黨的利益與名譽糾纏在一起,使他自然而然地充滿雄心壯志,努力擴張所屬階層和社群的特權與豁免權,並謹慎地維護它們,以防被其他階層或社群奪走。

國家體制所面臨的任務是劃分不同的階層和社群,以及在他們之間分配權力與豁免權。國家體制的穩定就取決於每個階層、社群維護自己權力與豁免權的程度。任何一個階層地位的升降,都會影響國家體制的變化。

即使是最偏激的成員也承認,國家是所有的階層和社群的載體和控制者。只有依靠國家的存在和發展,階層和社群才能發展。但是,當國家利益影響到階層與社群的利益時,他們就未必會犧牲其集團利益來成就國家利益了。

雖然它本身是不合理的,但它還是發揮了一定作用:它壓抑變革創新,努力透過各階層或社群的最初利益來進行關係劃定。

儘管有時它是政體變革的障礙,卻也因為如此,它對體制的鞏固和穩定做出貢獻。

一個愛國者通常具備兩種最基本的素質:一是對事實上已經存在的政體和社會結構有一定程度的尊重;另一是不做不守法的公民,他衷心希望並努力做到維護同胞的安全、榮耀和幸福,盡最大努力來增進同胞的福祉。

在和平年代,上述兩個原則都指向相同的行為:當我們的政治體制能夠真正維護同胞們的利益時,愛國者就要維護現有

的政治體制，這是保護同胞的安全、榮耀與幸福的最好辦法。

但是，當公眾的不滿情緒、產生爭議、社會趨於不穩定時，上述原則就會指向不同的行為。既然現有的社會體制難以維護社會的安定團結，即使是最愚蠢的人也想調整與改革這種政治體制。

但是，到底是維護還是變革現有政治體制？或者，什麼時候應該維護現有政治體制，什麼時候應該順應歷史潮流改革現有的政治體制？這需要具有深謀遠慮的政治家來斟酌。

對外的戰爭和國內的黨派鬥爭是表現熱心公益精神的最佳舞臺。在對外戰爭中，那些建功立業的英雄滿足了全民族的希望，因此受到廣泛的讚譽和感激。

國內的黨派鬥爭，各黨派領袖能得到一部分人的讚譽，同時也受到另一部分人的詆毀，因此很難對他們的品格以及是非對錯進行判定。

從這個意義上講，對外戰爭帶來的榮譽往往比國內黨派鬥爭帶來的榮譽更為顯著和無可非議。

但是，那些掌權的政黨領袖的作用是不可忽視的，他為國家做出的貢獻可能比在對外戰爭的攻城掠地所獲得的榮耀更為現實和重要。

因為就算他自己不夠穩健認真，他的威信卻可以使其下屬穩健而認真地從事改革。他可以改動，甚至重新確立國家的體制，防範那些曖昧的、野心勃勃的政黨領袖；他可以成為一個偉大民族最傑出的改革者和立法者；他可以用自己充滿智慧的行為使同胞獲得長久的安定和幸福。

同胞遭受的痛苦以及對此產生的同情心是人性之愛得以產生的基礎。在派系鬥爭造成騷動和混亂時，某種政治體制的精神可能與對公益的熱心精神相結合，激勵公益之心，甚至將其催發到瘋狂的程度，而公益的熱心精神恰好屬於人性之愛。

在野黨的領袖經常提出一些看似可行的改革方案,根據他們的說法,這種方案可以消除人們早已深惡痛絕的種種不便和陋習,且可永久地防止它們捲土重來。

儘管在現有體制下的帝國公民安居樂業了好幾個世紀,但他們還是常常提議對國家體制進行改革,尤其是在那些最關鍵的環節進行政治體制改革。

因為領袖的煽動使新的制度籠罩了一層謠言的光芒,所以儘管這個黨派的多數成員都沒有親身體驗過新的體制,他們還是陶醉在其虛構的完美之中。

許多領袖會因此而自我陶醉,相信自己的宏圖大志,儘管使自己獲得更大的權力才是他們的本意。這些領袖要一直保持清醒,不讓自己的追隨者有半點失望,為此他們常常違背良心和原則,依照大家最喜歡的意願來行事。

很明顯地,這種黨派性的狂熱行為截斷了一切折衷與合理的遷就、通融的可能性,這使他們經常因為目標太遠大而一事無成,甚至很多需要加以注意或急需解決的問題卻無人問津,永遠得不到解決。

但是,完全由人性之愛推動的熱心公益者就不會這樣。他尊重現存的各種權力以及個人特權,尤其尊重最主要的社會階層和社群的傳統權力;他會盡力協調那些並非不可動搖的特權和權力,儘管他知道許多權力和特權被濫用。

柏拉圖說:「不可用暴力對待你的父母,更不可用暴力對待你的國家。」西塞羅認為這是柏拉圖的神聖箴言。

他虔誠地信奉柏拉圖的這句名言,就算使用理性無法改變人們的偏見,他也不會使用暴力;他只是努力協調自己的政治計畫與人們根深蒂固的習慣和偏見,防止它們產生衝突,在這個基礎上盡力勸阻人們抵制法律,努力修正在無法確立正確事物之前的所有錯誤。

他以梭倫為榜樣，盡量在人們的承受範圍內制定最完美的法律體系。

但是，政府的掌權者卻不會如此。他們總是自以為是地相信自己虛幻的政治計畫是最完美的，不能容忍別人對其進行任何的變更。他們總是努力地全面推行這個計畫，忽視各方面可能影響計畫實施的重大利益或偏見，社會上的所有成員都任其擺佈。

然而，他忘記了：棋盤上的棋子沒有自己的想法和行動，可是人類社會這個大棋盤上的棋子就不一樣了，他們的遊戲規則完全不同於立法機關的教條。也就是說，如果兩種原則一致、方向相同，社會的棋局可以順利地走下去，且有可能得到較好的結局。

反之，這盤棋走得就不會順利，我們的社會必然也不得安寧。在一切政治投機者中，最危險的是處在權力頂峰的國君。因為影響政治家的想法對於法律和政策中系統的、宏觀的理念是有意義的。

相反地，如果無視各種反對的聲音，認為自己是全體國民中最有智慧的出類拔萃之人，自己的判斷是辨別正誤的最高標準，其他人應該適應他、遷就他，他就很難在很短時間內全面實施這個理念。

為了成為改革者，這些高高在上的人開始考慮自己所統治的國家結構，但他們始終相信只有自己的決定與判斷是正確的，認為自己是國家的意義所在，不能忍受那些可能影響其意志貫徹執行的事物。

因此，柏拉圖的神聖箴言在他們的眼中什麼都不是，他們改革的偉大目標是清除他們面前的障礙、削弱貴族的權勢、剝奪各城市和郡縣的自主權，最終使那些地位最高者與最顯貴的階層都喪失往日的特權，喪失反對他們的力量。

第三章　兼濟天下萬物的善行

雖然我們的善行很少能超越國家的範圍，但我們卻可以不受任何限制地對天下的萬事萬物普施慈悲之心。對於那些淳樸且有益的、有知覺且有生命的生物，我們與牠們同喜同悲；對於那些有知覺卻有害的生物，我們會發自內心地厭惡。

之所以如此，正是因為我們有兼濟萬物的仁愛之心，怕有益的生物受到傷害。

那些相信上帝存在的人會相信，那位偉大的、仁慈的、萬能的上帝，時時刻刻都在關心和保護著天下的所有生物—無論這種生物是卑賤的還是高貴。

上帝指導人類發自本性的所有行為，上帝具有最純粹的美德，這使祂時時刻刻都希望把最大的幸福帶給人類。但是，對那些不相信上帝存在的人來說，作為幸福源泉的任何高尚的兼濟天下的善行，都是靠不住的。

因為當他面對那個無人主宰、廣漠無垠的宇宙時，他會感覺到無窮的苦難和不幸，茫茫世界的所有領域都一無所有，這讓他產生了感傷性的懷疑和悲觀。

換句話說，如果其本能地不承認上帝真實存在的話，他將一直徘徊在悲觀的陰影裡，這使他想像出來的一切美好的事物和幸運都黯然失色；但是，對那些相信上帝真實存在的人而言，所有的痛苦和憂傷都不會消磨掉他的樂觀，因為他是個有美德、有智慧的人。

當個人利益與自己所屬的社群或階層的公共利益產生衝突時，有智慧和美德的人都願意犧牲前者來成全公共利益。

同樣地，面對國家或君王的更大利益，他也會毫不猶豫地犧牲自己所在社群或階層的部分利益。出於虔誠的信仰和習慣，他會為了所有上帝創造和管理的有知覺、有靈性的生物的利益、為了全世界的大利益而犧牲所有的次要利益。他會深切

地感受到，既然具有無上智慧的上帝設計了這樣一種格局，部分的痛苦和邪惡對於普天下的幸福來說就是十分必要的。

他對此有比一般人更深刻地認識，他會虔誠地、心甘情願地承受可能發生在自己、朋友、社群，或者國家的一切災難，因為那是世界繁榮興旺所必需的，同時也是他們心甘情願地承受的。

這種對偉大宇宙主宰意志的高尚順從正是由人的天性決定的。對於那些信賴和崇拜自己的優秀軍人，他們甘願為國捐軀，所以他們願意開赴九死一生的戰場，而不是沒有任何危險的地方。

因為在戰場上，他們能感受到自己正在為同胞做出努力。他們相信，他們的將軍之所以會發出這樣的命令，是為了軍隊的安全和勝利。

他們告別了自己的戰友，開赴那個指定的必死無疑的光榮戰場，滿懷激情，歡呼雀躍。然而，與上帝相比，任何從將軍那裡得到的信任與愛戴都是微不足道的。

一個有理智的人會這樣認為：一個優秀軍人隨時準備去做的事情，他也同樣應該做到。既然他和別人都是奉上帝之名來到這個悲慘的世界，則其無論是面對個人的災難，還是整個國家的重大災禍，他們不僅要順從，更要是快樂地，且心甘情願地順從。

自古以來，人們就相信世間所有的幸福都源於偉大的上帝以其慈悲和智慧所設計製造出的宏大機器—宇宙。

這當然是人類虔誠思索出的所有內容，其他所有思考在這種思索面前都不值一提。投身於這種思考的人，理所當然地應受到尊敬，這種尊敬甚至超過了我們對那些為國家鞠躬盡瘁、死而後已的公務員。

顯而易見，著有《沉思錄》的馬庫斯・安東尼努斯（又名

馬可‧奧勒留,是歷史上少有的哲學家兼皇帝)或許因此而得到比他統治期間公正、溫和、仁慈地處理一切事務時更為廣泛的讚譽。

當然,這是上帝的職責而非人的職責:管理宇宙、普遍關懷一切有靈性、有知覺的生物。人的智慧與能力決定了人的關心範圍只局限於在個人、家庭、朋友,和國家幸福這個很小的範圍。

另外,我們不能藉口思考高尚的事情而忽略小事情。據說,阿維猶烏斯‧卡修斯曾經指責馬庫斯‧安東尼努斯沉迷於哲學推理、關心整個世界的繁榮昌盛卻不顧羅馬帝國的繁榮昌盛與否。

可見,哲人以放棄當下的最小責任來進行最高尚的思考也是會受到指責的。因此,人們應當引以為戒。

所謂道德完備的人,是那些能夠按照完美的審慎、嚴格的正義,以及恰如其分的仁慈等準則來規範自己行為的人。但是,既然人是感性的動物,只是準確無誤地瞭解這些準則,並不代表人們能在行為中貫徹它們。

雖然人們在冷靜清醒時,是全力以赴支持這些原則的,但在衝動的情況下,卻可能會違背這些準則。因此,光憑對這些原則的瞭解還不足以讓人恪盡遵守之則,我們需要完善合理的克制。

這種情感衝動被多數優秀的古代道德學家分為兩種不同的情形來研究:一是需要借助足夠強大的克制力來進行抑制的一時衝動的激情;另一種是雖然可以很快抑制但終生都難以避免的激情。它幾乎是頻繁的,甚至是持續地存在,在人生的某個時刻,它很容易將人引向歧途。

前者主要包括恐懼和憤怒,以及那些與它們相互關聯的其他情緒;後者主要包括熱衷於安逸、享受、恭維等使人愉悅與

滿足的事物。

　　強烈的恐懼和憤怒很難在短時間內平息。雖然對安逸、享樂、恭維等事物的熱衷可以在短時間內抑制，但它們卻無時無刻不在引誘著我們，引誘我們犯錯，甚至因此而抱憾終生。

　　根據古代道德學家的說法，對前一種情緒的克制可以稱之為意志堅定和隱忍；對後一種情緒的克制則稱為節制、嚴謹、莊重和有節。

　　這種對自身情緒的克制應該得到某種尊敬和讚揚。因為這種克制本身就是一種美。它與透過自我克制得到的好處或是透過謹慎、正義和合理的仁慈行為得到的美無關。有時候，我們的克制引起的一定程度的尊敬和頌揚來自它表現出來的高尚和人格力量，有時則來自那種始終如一的堅忍性。

　　堅忍者飽經困苦憂患，即使面對死亡仍可以安之若素，不說違心之論，不做違心的事，他因此而得到高度的讚揚和崇拜。

　　如果他是因為對人類和家國的熱愛，或為了自由和正義的事業而遭遇磨難，我們對他的苦難便充滿了同情，對陷害他的卑鄙之人充滿了最強烈的憤怒，並由衷地敬佩他的高尚情操，深刻地理解他的人格，欽佩他的行為。

　　總之，是各種美好的情緒融合一起，因而對他產生最狂熱的崇拜之情。從古到今，人們最喜愛和仰慕的英雄都是為了爭取真理、自由與正義的事業而走向刑場，並在就義的過程中保持了自己的身分和尊嚴。如果敵人讓蘇格拉底安詳地死在自家的床上，後世就不會有那些對他由衷的讚譽了。

　　後世的仁人志士同樣承繼了先人的光彩。在我們鑑賞弗圖和霍布雷肯雕刻的歷史人物雕像時，特別是看到湯瑪斯·莫爾、雷利、羅素、西德尼等人頭像下面那把作為砍頭標記的斧子時，恐怕沒有人會否認它給這些人物帶來了真正的尊貴和情趣，這遠比人們佩帶的勛章等無聊的裝飾物要好得多。

因為這些高尚而可貴的行為，不僅清白高尚的人會因此而增添光輝，囚徒也因此讓人產生親切的敬佩之情。

當一個竊賊或強盜大義凜然地站上斷頭臺時，儘管我們理智地認為他應該受到懲罰，卻仍會為此感到惋惜，感嘆優秀有才能的人居然犯下卑劣的罪行。

戰場是一所好學校，它讓人們學習並鍛煉高尚的品格。就像前面說過的，人生最可怕的事情莫過於死亡。

如果一個人連死亡都不害怕了，任何自然災害都對他無可奈何。

經歷了戰爭，人們便熟悉了死亡，沒有經歷過戰爭的人，會為對死亡的迷信式恐懼摧殘自己薄弱的意志。

他們只是把生命看成一種追求，把死亡看成令人討厭的生命終結。但是，經驗會讓他們逐漸明白：許多看似很可怕的重大危險，實際上並沒有我們預想的那麼悲觀。為國捐軀一直是英雄最顯著的特點，只要鼓起勇氣，機智地沉著應對，就可以在絕望的境地中找到希望。

死亡帶來的恐懼因此而淡化，躲避、應對它的信心和希望因此增強。面對危難時，他們學會了順應放鬆的心態，不會驚慌失措地只想逃跑。

正是這種對危難和死亡的習慣性藐視，使軍人的形象變得高大，同時使這種職業變得比其他職業更加高貴可敬。

雖然戰場上的豐功偉業與任何正義的信念，以及人性都不相符，但我們仍然會對此有濃厚的興趣。也許，那些本來無聊的指揮者會因此得到我們的某種尊敬。

因為在追求邪惡目標的同時，他們也忍受了所有歷史教材中無法描述的艱難困苦，克服了種種困難，海盜的冒險也是因此而引發我們濃厚的興趣，甚至會帶著尊敬的心情去宣揚那些本來猥瑣之人的故事。

對恐懼的克制往往比對憤怒的克制顯得崇高。從古到今，那種因合理而正義慷慨的表達成就了許多辯論中最為精彩和令人嘆服的段落。

　　雅典的狄摩西尼批判馬其頓國王的演說、西塞羅控訴喀提林同黨的演講，都是因為激昂高尚的感情而萬古流芳。

　　但是，這些激昂的表達是經過一定程度修飾的；因此，那些擁有正義感的旁觀者才能夠理解並表達同情。過分的怒氣以及大喊大叫的衝動讓人討厭，且唯恐避之不及。相較於發怒的人，我們對發怒的對象更感興趣。

　　大多數情況下，寬恕作為一種高尚的品格，比憤怒更為合理。不管引起憤怒的一方是否道歉且已得到寬恕，在公眾利益需要時，如果與最可恨的敵人進行合作能達成更為崇高的目標，則那些眼光長遠的人都能盡棄前嫌與曾經的對手團結合作。

　　可見，這種人值得我們讚揚及尊重。不過，對憤怒的克制並非總是顯得如此輝煌壯烈。恐懼與憤怒相輔相成，且經常成為抑制憤怒的原因。若是因為恐懼而壓抑了憤怒，我們無法把這種怯懦的念頭定義為高尚的。

　　憤怒激發人的鬥志，這種鬥志有時可以表現出人的膽量和氣度，展現大無畏的精神。虛榮的人可以容忍憤怒，卻絕不會容忍恐懼。

　　那些愛慕虛榮卻氣血不足的人，總是在他們的手下或者忌憚於表達意見的人面前裝腔作勢，以為這樣就可以顯示他們勇武的氣魄。無賴也喜歡用謊言將自己武裝得強暴蠻橫，希冀自己如果不能被看成一個可親可敬的人，也能被看成是一個可怕的傢伙。

　　當前的社會風氣鼓勵人們使用武力解決問題，這在某種意義上鼓勵私人復仇。這種風氣讓那些因恐懼而壓抑憤怒的行為

變得怯懦猥瑣。

但是,無論如何,與對憤怒的抑制不同,對恐懼的抑制多少會顯示出某種高尚的精神。除非是為了體面和尊嚴,否則對憤怒的抑制是不會得到諒解的。

如果無須面對邪惡的誘惑,依照審慎、正義和得體的規範行事其實也沒有多麼高尚。

不過,有些肯定是屬於最高貴的智慧和美德:面臨重大的危難時隨機應變、量力而行;虔誠地遵守正義的規範;抵抗住那些違反規範可能獲得的利益,無視那些可以刺激我們違反規範的種種傷害;小人的忘恩負義不會讓自己壓抑慈悲之心。

自我克制是一種重要的美德,其他美德最耀眼的光芒大都是源自克制。偉大而高尚的自我克制力量包含了對恐懼和憤怒的抑制。我們出於正義和仁慈的所作所為,就表現出美德與美德之外的光彩。

然而,除了正義和仁慈,它們還受到其他各種動機的驅使。在這種情況下,儘管自我克制本身是偉大且值得尊敬的,但卻具有一種十分危險且可怕的力量。

無所畏懼的勇猛可能意味著聳人聽聞的惡行,外表的平靜和開朗掩飾了內心深處堅決卻殘忍的報復,即使面對重大的挑釁也可以波瀾不驚。

儘管這是為了掩飾其內心卑劣的想法,但旁觀者仍會向他們表達高度的敬佩之情:淵博的史學家達維拉經常讚揚梅第奇家族的凱薩琳其超乎尋常的虛偽狡詐;嚴肅認真的克拉倫敦勳爵高度評價迪格比勳爵及其後的布里斯托爾伯爵的虛偽掩飾;智慧的洛克先生最欽佩沙夫茨伯里伯爵的隱忍虛偽;甚至西塞羅也認為這種欺騙功夫雖然未必高尚,卻因其機動靈活故亦值得稱讚。

總而言之,就是值得稱頌和讚許。這種隱密且具城府的欺

騙在國家發生大動盪、出現激烈的派系鬥爭，或內戰時就有了蓬勃發展的機會。

當法律失去了尊嚴和效力，連最清白無辜的人都難以自保時，多數人為了個人安危便見風轉舵，變成牆頭草，對任何當權的黨派陽奉陰違。顯而易見地，伴隨著這種偽詐品質的還有冷靜堅毅的態度和決然果敢的氣魄。

就像需要經過某種鑑定才能確認死亡一樣，偽詐運用成功也需要足夠的勇氣。但不可忽略的是，某些時候它可能可以調解對立派別之間的矛盾，但它的害處也是相當明顯的。這種敵意恰好是偽詐賴以生長的土壤。

要想不被壞人利用，最好的辦法就是抑制那些尚不強烈和狂放的激情。最受人們推崇的節制、莊嚴、謹慎和中庸，不太可能對人造成危害。單純、簡樸、勤勉和節儉，具有原初的樸素光澤，讓人覺得親切，這是和緩且長久地進行自我克制的結果。正是由於這種和緩而長久的克制，那些生活安靜簡約的人培養了非常優美和典雅的行為。

這種優美典雅可能不光彩奪目，卻不比議員、政治家或者英雄豪傑的宏圖大略遜色。

透過上述幾個對自我克制的性質的探討，這裡無須再對這種高尚的美德進行贅述。我現在只想探討：由於激情種類的不同，得體的程度也有所不同，這種得體，是作為一個有正義感的旁觀者所能感受到且贊成的。

人們相信，某些激情過分比不足更讓人覺得舒服，且這種激情達到的得體程度比較高，甚至它更接近於過分而不是不足。另一些激情，則恰恰相反，人們會更喜歡它的不足；也就是說，這種激情達到得體的程度比較低；換言之，它更趨近不足而非過分。旁觀者最容易認同趨於過分的激情，對趨於不足的認同則需要一些時間。

因為前者是現實的感受，比較接近當事人的心意，容易被旁觀者認為得體；後者則較不符合當事人心意，那種激情不僅不容易被旁觀者認可，甚至會讓人覺得討厭。現在這可以被看作是一個普遍準則，用少數的幾個例子就可以證明─在我的考察範圍內，還沒有發現有例外的。

儘管有時候會顯得過分，但仁愛、慈悲、友情、恭敬、天倫之樂等各種情緒都有助於加強人與人之間的團結。我們可能抱怨這種感情太過分，卻仍會以同情且平和的心態來對待它。

那時過於強烈的感情讓我們感到遺憾而非厭惡。很多情況下，有時會認為放縱這種感情是多麼令人快樂和興奮啊！當然，在很多時候，這種在感情投向了那些不知道感恩之人的身上，而往往讓給予者惱羞成怒。

不過，儘管如此，一個善良的人會對他表示極大的同情，且對於那些麻木不仁和不懂知恩圖報之人感到憤怒。相反地，我們把那些因為感受不到別人的痛苦而麻木不仁、無動於衷的人歸入感情不足的一類，其如何對待別人，別人就如何地對待他。

正因為如此，這些人得不到任何人的友誼與親情，也就享受不到人間最可貴、最快樂的那種感情。

憤怒、怨恨、妒忌、仇恨等感情的過分比不足更讓人感到不適，因為它使人們之間產生隔膜，阻礙人與人之間的各種聯繫。如果一個人這類感情太豐富，不但會招致別人的憎惡和咒罵，就連自己也會覺得卑鄙無恥。

相反地，雖然缺乏這類感情算不上完美，卻往往不會受到人們的苛責。男人最致命的性格缺陷就是該憤怒的時候不憤怒，當自己或者親朋好友遭受侮辱與侵害時，一個男人若是不能保護自己或是親朋好友免於遭受侮辱或侵害，往往是因為他不具備這類感情。

憤怒和仇恨作為一種本能有其缺點。過分的和無來由的憤怒與仇恨就變成厭煩和妒忌。妒忌也是一種激情，它讓人懷著極大的惡意審視那些正人君子身上所表現出來的一切優點。

　　然而，那種面臨大事時亂了方寸，甚至可以容忍沒有任何優勢者凌駕，甚至超越自己的人常常被指責為軟弱。他經常表現得仁慈、逃避鬥爭、害怕混亂與求饒，有時甚至是某種不合理的寬宏大度。

　　這種人在面臨一時的利益糾纏時，會自欺欺人地認為這種利益對自己來說是無關緊要的，因此而輕易地放棄。但是，當他軟弱地放棄之後，隨之而來的往往是強烈的沮喪和懊悔，最後就變成了妒忌，以及對合理獲得某種利益的人的仇恨。

　　為了能夠在世界上安逸地生活，不管遇到什麼情況，人都必須拚命保護自己的生命和財產，維護自己的尊嚴和地位。

　　如果人們遭遇過分的挑釁和愚弄會感到非常憤怒，我們個人的危險和痛苦感受也是如此。懦弱是最為可鄙的，那些能夠在重大危難中平靜而沉著地面對死亡的品格比其他任何一種品格都更值得人們讚揚。

　　那種憑藉英雄氣概和堅忍沉著忍受痛苦和磨難的人，總能夠得到我們發自內心的尊敬。相反地，一個在痛苦和磨難面前懦弱無能，除了無謂地哭喊哀號，不知道如何堅強地面對痛苦和磨難的人，則很難得到人們的尊敬。

　　人們會憐憫和討厭那種遇到小挫折就變得煩躁不安的人。堅定沉著的人會安然等待並承受影響全世界的自然與道德的邪惡災難，絕不允許日常生活中的細小傷害或是小挫折打擾自己內心的平靜。

　　對他來說，因為這能為所有的親朋好友帶來生活的寧靜和舒適，其本身就是幸運的。

　　但是，我們對自己所受到的傷害以及痛苦的感受是不同

的,有的時候會非常強烈,有的時候卻可能非常微弱。那些對自己的不幸幾乎無動於衷的人對於別人的痛苦同樣也是無動於衷,更別提去幫助別人解脫這種痛苦了。

那些對自己受到的傷害麻木無知覺的人,對別人受到的傷害也一定是麻木的,更別提保護別人,或者為別人復仇了。

那些對自己行為漠不關心的人,對於現實生活中的一切變故也會是視而不見、麻木不仁。推崇美德的要義恰恰就在於關注,如果我們完全不考慮我們行為的後果,我們怎麼會去追尋我們行為的真正意義呢?

通常,真正具有高尚的道德情感理論,真正值得我們尊敬和欽佩的人都具有這樣的特徵。他們切身體會到災難對自己的傷害,體會到卑劣品質給自己帶來的痛苦,更強烈地體會到自己的精神應該具有這樣一種尊嚴,他不受那些發自本能的激情的支配和擺佈,只是單純地按照自己的良心和上帝使者的指令來決定自己的行為舉止。

高尚的堅定與麻木不仁完全不同,它是以尊嚴和意義為主導之高貴的自我克制。過度的麻木不仁會讓高尚的堅定和克制變得一無是處、不值一文。儘管自我克制會在對自己遭受的傷害、危險與痛苦的漠然面前完全失去意義,但對這種傷害、危險與痛苦的感覺往往會有過度的表現。

如果人們內心的那位高尚法官、一切意義的評判者能夠克制住對痛苦、傷害的過度感受,這種行為就會變得十分高尚而偉大了。

當然,這是相當困難的,並不是人人都可以做到的。兩種人類本性之間的鬥爭會引起心靈的激烈衝突,使內心深處難以平靜,只有堅持努力不懈才能夠讓一個人表現出完美無缺的行為。

上帝賦予聰明人強烈而敏感的內心感受,且若其所接受的

教育和鍛煉使這種感受一直是鮮活的，對那些對自己有所傷害的環境，他會在職責和理性允許的範圍內加以回避。

那些感情過於軟弱、對精神的苦難和肉體的痛苦都非常敏感的人最不適合軍旅生活，也不適合參與派系鬥爭。儘管衝動與激情會因理想而得到克制，但在鬥爭中，首當其衝受到傷害的往往是平靜的內心。

當屢次面臨這些感情的衝擊時，正常情況下理性判斷的敏銳和精確會受到損害。儘管他已經下定決心準備，實際上還是遭受莽撞和輕率所擾，並畢生以此為辱。不管是先天的還是後天的，對於實行自我克制的可貴努力，剛毅、勇猛和頑強的性格是最有必要的。

儘管戰爭與黨派鬥爭是培養人堅定頑強性格的最好課程，是治療人的怯懦猥瑣性格的良藥，但如果在他順利畢業、藥物發揮作用之前，這種激烈的鬥爭考驗就提前到來，其結果卻是讓人擔憂的。

生活中的快樂和享受，也會讓我們產生過分或者不足的感覺。這同樣為我們帶來了不快。但是，對於快樂的感受不足更讓我們感到難堪。

不管是旁觀者或當事人，麻木不仁比對快樂、娛樂與消遣的強烈愛好更讓人厭倦。人們都是厭煩老年人乏味無聊的持重保守，喜歡沉溺於年輕人的快活，甚至是兒童的遊戲。

不過，當它和現實環境，和當事人的地位、年齡不相稱，或是當事人過度沉溺其中而忘記了自己的職責和利益時，人們還是認為對快樂的極端追求是過分的，且對個人和社會極其有害。然而，多數情況下，相較於對快樂的強烈愛好與追求，對理性和責任感的淡漠更容易引起人們的指責。

如果一個年輕人對那些同齡人的各種消遣娛樂不感興趣，只知道談論教條和功業，我們還是會認為他迂腐刻板，而不會

稱頌他清心寡欲—即便他真的沒有沾染那些墮落享受的壞習氣。

人們的自我評價可能過高,也可能過低。對於個人來說,高估自己讓人愉快,低估自己則讓人沮喪。但是,對於一個冷靜而客觀的旁觀者來說,最好還是低估自己而非相反。

我們會對於朋友的自我評價過高而感到反感。如果他們在我們面前擺出一副自命不凡、高高在上的姿態時,我們的自尊心就會受到傷害,忍不住會指責他們的驕傲與自負,這時我們就無法公正地觀察他們的行為。

但是,如果他們能夠容忍別人在他面前裝模作樣地擺架子,我們會因此而責備和瞧不起他們。相反地,若是他們的努力得到青睞,並攀上我們難以想像的地位,儘管我們可能不完全贊同他們,但仍然會為他們感到高興。

而且,排除了嫉妒等因素,他們登上高位所給我們帶來的不快,要比他們在別人面前貶低自己時的不快要輕得多。

我們經常使用兩種不同的標準評價我們的行為、品格優劣與否:

一種是盡善盡美、完美無缺的標準,這是我們每個人都認可的標準;

另一種是世人只要肯努力就能實現的標準,是我們自己、朋友、敵人和競爭者大多都能達到的標準。

前一種標準要比後一種的層次高。我認為,儘管不同的人,甚至同一個人在不同的場合,評判的標準往往會有所差別,有時使用前一個標準,有時則使用後一個,但無論如何,我們在進行自我評價時,大都會或多或少地留心到這兩種不同的標準。

如果我們使用前一個標準進行評估,就算是最聰慧的人,也只能在自己的行為和品格中看到缺陷和不足,他除了表示悔

改、遺憾和謙遜外，再也說不出自以為是、自命不凡的話來。如果我們使用後一個標準進行評估，我們會感到自己能實實在在地符合或達到那個標準。

第一種標準是人們在對自己和他人行為品格進行長期研究的基礎上逐漸形成的，是良心這個正義之神和判斷是非善惡的偉大法官經過漫長歲月形成的，是聰明和善良的人會全身心地投入的標準。

根據道德觀察的細微和精確、專心的程度，每個人都會持有這種觀念。儘管掌握的層次不同，但基本上，它們之間的關係是協調的。聰明善良的人天生就有非常強烈和精確的感受力，在進行考察時，他們會全力以赴，每天都能使其輪廓上的特徵得到改進。

由於能比其他人更全身心地投入到這種考察和探索中，他心中就會形成更加準確的理念模型，從而使自己更加沉溺於那種神祕而脫俗的倫理之美。儘管不一定能模仿得唯妙唯肖，但他會努力根據那個超凡大師的作品來打磨自己的品格。

然而，當他看到人造之物幾乎無法達到上帝造物時的完美精確，所有的努力都難以達到完美無缺時，他就會變得憂鬱而羞愧，原來自己是如此地缺乏注意力和判斷力，以至在談吐和行為上都達不到完美理念模範的水準。

但是，當他將目光轉向第二個標準，也就是身邊的人通常能夠達到的那種水準時，他就會感覺到自己的一些優點了。此時，他的注意力往往集中在對前一個目標的追求上，因此遭受的打擊遠遠超過其所能承受的。

他非常瞭解自己的缺陷，也知道在追求盡善盡美的過程中的困難，因此他從不會自滿，甚至傲慢地看待那些品德不如自己的人，也不會故作超然於世的姿態來取笑，甚至侮辱不如他的人。其會抱著最大的同情心去看待他們，並透過自己的體會，

去督促他們和自己一起成長。

世界上不存在那種道德品格盡善盡美、在任何方面都超越別人的人。所以他不會嫉妒別人在某些方面比自己強。

他總是對別人的優點做適當的高度贊許，對其抱持敬意，因為他懂得要超越自己是多麼困難的事情。總而言之，真正謙遜、客觀地評價自己和別人的優點，會在人的心靈和一切行為活動上深深地烙下痕跡。

在美術、詩歌、音樂、辯論和哲學等所有需要自由和獨創性的藝術形式中，最偉大的藝術家都是最謙遜的，他比別人更清楚現實中的作品與理想中的作品存在著很大差距，即使是最完美的作品仍存有某些不足。

他對那個存在於理想中的完美作品已經形成了一些想法，並竭盡全力地模擬並做呈現，卻又無法指望自己能模仿得唯妙唯肖。只有那些等而下之的藝術工匠才會對自己的作品洋洋得意，因為他只與其他藝術家，甚至是不如他的藝術家作品做比較，他的心裡完全沒有所謂盡善盡美的理念。

偉大的法國詩人布瓦洛就經常說：「沒有哪個偉大的藝術家對自己的作品感到完美，儘管他的某些作品可能跟古往今來的同類詩歌一樣好。」相反地，他的老朋友桑托伊爾雖然只創作了一些中學生水準的拉丁詩歌，卻喜歡將自己幻想成是一個詩人，對於自己的作品感到心滿意足。

布瓦洛一語雙關地告訴桑托伊爾，他肯定是在這方面有史以來唯一一個最偉大的人。他們兩個所使用的評價標準是不一樣的，布瓦洛是用詩歌方面最完美的理念標準來評價自己的作品，而桑托伊爾則否。

我相信布瓦洛已經全力以赴地認真探求那個理想的標準，並盡量精確地把它表現出來；而桑托伊爾的造詣當然不能算低，但他主要是透過與其同時代那些拉丁詩人的作品來評價自己。

相較之下，製作一件精巧美妙的工藝品要比一輩子都使自己的言談舉止始終符合完美的理想要容易得多。藝術家在從事創作時，總是投入全部的技能、經驗、知識和注意力，專注且有條不紊地工作。不論健康或是患病、成功或是失敗、勞苦或是清閒，一個聰明人在任何時候都堅持讓理性的光環照耀自己。

　　突如其來的困難和出乎意料的打擊不會讓他驚慌失措，別人的無情攻擊不會讓他失去理智，甚至不擇手段，激烈的派系鬥爭和戰爭也不會讓他失魂落魄。

　　當人們把目光投向第二種標準，也就是多數人可以具有的那種好的品格，尤其是拿它來評價自己的優缺點時，很多人都會發現自己的言行遠遠在這個標準之上。公正而理智的旁觀者非常認可這種正確的做法。

　　不過，當這些人將所有注意力都放在一般的完美標準而忽略了理想上的完美時，他就會因遠離謙遜而變得傲慢驕橫、目中無人；就會變得極其熱衷於讚美自己，不再審視自己的不足。雖然他們的品格離正派還差了十萬八千里，更別提是不是具備謙遜善良之人所具有的那些真正的美德了。

　　但是，即使是那些很高明的人也往往會被他們愚弄，因為那些極端自信和自欺欺人的感覺還是能夠騙取信任的。這就像那些披著大師外衣的騙子和假內行，雖然他們不學無術，卻經常會取得驚人的成功。

　　從另一方面看，這也說明老百姓是多麼容易被騙子誇誇其談的吹噓所迷惑，而成為他們的崇拜者，將他們視為偶像。在這種情況下，那些最清醒和聰明的人也難免失去主見，和眾人一起投身到這種盲從的迷信崇拜之中。

　　甚至當這種自我吹噓和某些比較真實可見的優點聯繫在一起時，連位高權重的大人物也會支持他們。

由此可見，人們的理性更容易被群起的愚昧喝彩和膜拜所攪亂，當偶然的成功能夠博得愚民的頂禮膜拜時，那些騙徒就更容易得到成功。

當人們看著那些所謂的偉人時，往往會懷著某種真誠和欽佩的仰慕之情。有時候，這種仰慕之情甚至超越了騙徒自欺欺人的自高自大。當我們不再以嫉妒的心態來看待別人時，很容易就會敬佩甚至崇拜別人，也正因為如此，那些高高在上者就從凡夫俗子變成了聖人。

那些自欺欺人的所謂聖人所自誇的很容易理解，他們也只能騙取那些不瞭解他們之人的尊敬，以及頂禮膜拜的感情，因為這些人聽信了那些自我誇耀，熟悉且能夠洞察他們的人則會對這種自誇報以冷笑。

不論哪個時代都有這種情況，許多一時聲名顯赫、威風八面的人物，都會在後世變得一文不值。

我們需要某種狂熱，甚至過度的自我陶醉與讚賞來取得超凡脫俗的巨大功業，贏得使萬眾一心擁戴自己的龐大權力。那些最傑出的人物能夠出人頭地，大多數是因為某種程度，甚至是與他的優點完全不相稱的自以為是與自我陶醉，並不是其真的擁有過人的優點和長處。

對這樣的人，我們可以列出很長很長的名單：做出了卓越貢獻的人、極大地改變了人們對自我處境和地位的看法者、戰功卓著的戰場統帥、最偉大的政治家和國會議員、創立和領導人數眾多、成就巨大的政黨領袖等等。

或許也可以說，這種貌似盲目的自以為是的自我陶醉與欣賞，鼓勵著這些領袖投身於那些正常人所不願問津的事業，並為他們的追隨者製造了更為順從和崇拜的理由，這幫助他們獲得重大的成功。

不過，他們頻繁地獲得成功會讓他們陷入幾乎是瘋狂或是

迷戀那些虛榮的危險境地。亞歷山大大帝幾乎就把自己當作一個神，更別提他希望別人把他看成是一個神了。

很早以前他就列了一張名單，這個名單包括了他朋友的名字，甚至還有他那年邁老母奧林匹亞的名字。在他即將離世之前，他居然要求人們把名單上的所有人都尊崇為神！這樣的行為，大概連神也很少做吧！

在部下和追隨者的馬屁聲中，在老百姓讚揚的海洋中，人們按照神諭（或許是跟著這種讚美）宣告他是最有智慧的、最偉大的、蘇格拉底式的賢人。儘管那個神諭沒有承認他自己可以冊封自己為神，卻無法讓他停止頻繁地從某些無形而非凡的神那裡得到神祕啟示。

凱撒大帝甚至愚蠢而天真地認為自己是維納斯女神家族的一員，他自認維納斯為自己的曾祖母。就在他「曾祖母」的神殿前，他竟然不願意離開椅子去接受聲威赫赫的羅馬元老院把某些非凡榮譽以天命的形式授予給他。

這種帶有孩子氣的虛榮真讓人難以理解，它和其他一些行為結合的時候，加劇了百姓的懷疑，也增加了刺客的膽量，加速了陰謀的部署。現在的宗教和習俗基本上都不鼓勵我們的大人物以神明自居，或者自命為預言家。

但是，一旦成功與老百姓的歡呼愛戴結合時，它們會讓那些大人物自我陶醉起來，而搞不清方向，高估了自己的實際價值和能力。這種盲目的自以為是導致了許多輕率和危險的舉動，只有謹慎才會避免悲劇的發生。偉大的馬爾伯勒公爵在十年中取得了一連串的輝煌勝利，這些勝利甚至超出了一個普通人最誇張的想像，但他並未因此而有絲毫的得意忘形，這大概是他最難得的地方。

後世一些偉大的統帥，例如尤金王子、已故的普魯士國王、偉大的孔代親王，以及斯塔夫二世，都具備這種理性的冷靜和

自我克制的能力。蒂雷納大概是最具備這種特質者,但他畢生處理的幾件不同事件說明,他還沒有馬爾伯勒公爵那樣完美無缺。

與平民百姓一樣,經邦濟世的偉人憑藉優異的才能和巨大的成功開始了野心勃勃的追求,其最後都難免敗走麥城。

那些真正勇敢、大度和高尚的人,公正的旁觀者都會由衷地欽佩他們的品德。這是一種合理、有根據且穩定持久的感情,它與對象的命運起伏無關。

但是,那種因自以為是和自我陶醉而使旁觀者產生的欽佩,則與前面那種感情完全不同。當他們取得聲名顯赫的功業時,旁觀者確實容易被他們的成功遮住眼睛,看不到他們行為中的那些輕率、魯莽,以及與正義不符之處,由此而寬恕他們品格的缺陷,代之以極其神往的欽佩之情對其仰慕與崇拜。

然而,一旦這位大人物時運不佳,他就會獲得完全不同的評價。那種英雄式的寬大和勇猛會在頃刻間變成輕率、莽撞和愚蠢,過去被繁華功業所掩蓋的貪婪和邪惡就會大白於天下,這使他們聲名狼藉。

如果在法薩盧斯戰役中凱撒失敗了,則人們對其品德的評價大概不會比喀提林好。與加圖那個黨棍對凱撒的評價相比,最愚昧無知的人也會做出惡毒的判斷,把凱撒說成是一個陰謀反對國家法律的惡人。

如同喀提林身上具有的那些真正的優良品格,凱撒身上的優點也是大家所公認的:合乎情理的愛好和追求、優雅明白的文字、完美的修辭、指揮戰爭的嫻熟技巧、危難時指揮若定的能力、對朋友的忠誠不渝,以及對敵人無比的寬宏大量等等。

然而,他妄圖奪取一切的野心和目空一切的態度會掩蓋其所有優點的光芒。在這種情況下,命運會極大地影響人類的道德評價。

所謂「勝者為王，敗者為寇」就是這個道理，同樣的品格，成功能使它變得受人愛戴和崇拜，但一旦失敗則會讓人厭恨和唾罵。當然，人類道德判斷中的矛盾也是有一定好處的。這也是賢明上帝的成功創造，跟其他方面一樣，甚至與人類的缺陷和邪惡一樣。

　　這種對成功者的盲目崇拜與我們對地位財富的尊敬分享了相同的基礎，它有助於確立各階級之間的區別，維護社會秩序。它能夠讓我們比較老實地服從那些因社會發展而產生的勝利者；指引我們以一種尊敬甚至崇拜的心情來忍受那些不可抗拒的能夠帶來幸運的殘暴。

　　這種殘暴不僅包括了凱撒或亞歷山大大帝這些傑出人物的殘暴，還包括了最蠻橫和兇殘的人，像阿提拉、成吉思汗或帖木兒等人的殘暴。大部分人對那些強勢勝利者都帶著一種驚異和有些愚昧的崇拜心理。

　　因為就算反抗也無濟於事，所以他們可以安心地服從那種不可抗拒的力量對他們的統治。

　　那些高傲自大的人在得意時會顯得比謙遜的人更容易取得成功。他們更容易贏得老百姓和沒有實際經驗者的讚美。但是，從總體上考量，謙遜比自高自大更有益處。

　　那些從來不指望獲得意外之名的人，不會擔心謊言被揭穿後的身敗名裂，因此日子會過得非常踏實。儘管欣賞他的人並不太多，對他的讚譽也不多，那些對其有深刻瞭解的哲人，卻對他表達了發自內心的由衷的欽佩。

　　那些出自於真正哲人的客觀而公正的讚譽，要比無知之人熱情喧囂的讚美要動聽得多。據說巴門尼德曾經在雅典的一個集會上發表哲學演說，他演說時除了柏拉圖一個人在場聆聽外，所有的聽眾都轉身離開，但他仍然堅持繼續演說。

　　他認為，就算只有柏拉圖一個人也已經足夠了，因為那是

知音。但是,對那些狂妄自大的人,情況就完全不一樣了。那些生活在他的身邊對其有著深刻瞭解的賢達人士,很少讚美他們。

別人給予他的一點點客觀公正的敬意,遠遠滿足不了他自我陶醉時的顧影自憐,所以,在他看來,這種敬意就是一種惡意的譏諷和妒忌。他會懷疑和嫉妒那些患難與共的老朋友,不僅要把他們從自己身邊趕走,且不珍惜他們曾經對自己的付出,忘恩負義,甚至恩將仇報。

相反地,那些靠阿諛奉承來滿足他虛榮心的小人,最容易獲得他的青睞和提拔。總之,早年那些同他患難與共、對他忠心耿耿的人,最終都變成了他清理的對象;那些奴顏婢膝、善於逢迎拍馬之徒,亞歷山大卻給了他們一人之下、萬人之上的地位。這些人後來是如何?

當他歸天之後,這些人不僅瓜分了他的帝國,且劫殺其所有的親屬。

具體言之,在亞歷山大功成名就、志得意滿的時候,為了霸佔父親菲力浦開拓疆界的功績,他殘忍地殺死了克利特斯,當卡利斯塞納斯拒絕按照波斯習俗對他頂禮膜拜時,他便將其殘酷地殺害;父親菲力浦的好友、年高德劭的帕爾梅尼奧,因為亞歷山大對他產生莫須有的猜疑,他也喪生於亞歷山大的屠刀之下;更過分的是,這個老人所有的兒子都為他的征伐而戰死。

那僅存的一個也在受盡其酷刑後被斬首。帕爾梅尼奧是一個非常出色的人;據說,正是因為帕爾梅尼奧的運籌帷幄,亞歷山大大帝才贏得了遠征的勝利;如果沒有他,亞歷山大恐怕難以有那麼輝煌的功業。

菲力浦經常說:「雅典人每年能選舉出十名將軍,真幸運,而我自己在一生中只有一個帕爾梅尼奧。」他相信帕爾梅尼奧

的能力和忠義，因為帕爾梅尼奧的存在，菲力浦在任何時候都可以高枕無憂。

因為帕爾梅尼奧滴酒不沾，所以他在宴會上常常可以放心大膽地說：「讓我們盡情痛飲吧！朋友們。」

假如那些超凡脫俗、出類拔萃的優秀人物對自己的評價有所提高，我們也會以體諒和寬容的心態來看待，因為我們相信他們是勇敢、寬容和高尚的人。

但是，對於那些無所作為卻自鳴得意和自命不凡的人，我們就很難接受並原諒他們的行為，且可能因此對他們產生厭惡之情。

細想，這種缺點可按程度的不同分為驕傲和虛榮兩種。雖然驕傲和虛榮在指稱自大的情緒方面是相同的，其中的區別卻很明顯。

不知道為什麼，驕傲的人總是相信自己具有某種優點和長處。他不希望別人對他要求太過嚴格，且只向人提出他自以為正當的要求。

如果他發現你尊重他不如尊重你自己，他就會感到屈辱，甚至感覺受到傷害，而埋怨生氣。儘管如此，人們不要指望他會降尊紆貴向自己說明理由。他認為沒必要博得你的尊敬，為了維護自己的自尊，他甚至會假裝蔑視它。

他不喜歡人們用降低自己身分的方式來抬高他，也不喜歡你以傷害自己尊嚴的方式來表達對他的敬意。

愛慕虛榮的人則恰恰相反。儘管他渴望得到各種的尊敬和讚揚，但他自己內心深處並不確定自己是否值得獲得這些。他希望人們能用一種比較誇張的，甚至頗具有感情的眼光看待他。

所以，對於人們用其他，甚至是他本來的形象來看待他時，他會感到難過。他會抓住一切場合和機會，以誇張和無聊的方

式向人炫耀他的優點和長處。他甚至會利用人們非常不安的奉承來獲得尊敬。他鼓勵人們對自己做出較高的評價,並期望你用對他的較高評價來互相吹噓。

為了得到奉承,他利用一切機會去奉承別人。為了得到青睞,他在別人面前大獻殷勤;為了吹噓和賣弄自己,甚至不惜為他人提供真實的幫助來哄別人開心。

看到人們對權勢和財富充滿敬意,愛慕虛榮的人會豔羨不已。他不僅希望得到人們對財富的敬意,甚至還想得到人們對美德和慈善的尊敬。

所以,為了擺闊,他的服裝、配件和生活起居,都要比其實際經濟水準高出許多。剛開始的時候,為了維持表面上的尊貴,他會有很長的一段時間生活在困頓貧窮中。不過,由於虛榮心的驅使,只要他還能維持表面的闊綽以便追求讚譽,他就會一如既往。

他渴望得到人們對於他富麗堂皇的家居、服飾的讚歎,因此他盡力掩蓋其收支底細。

或許,這就是虛榮心引起的最普遍的現象。那些愛慕虛榮之輩,總是喜歡從鄉下跑到城市遊覽,或者到外國遊歷一番。這是一種愚蠢的舉動,但這不像其他打腫臉充胖子的行為那麼容易被揭穿;如果他們遊歷的時間不長,或許可以掩飾其家底的拮据。

他們在幾個月或幾年的時間裡享受虛榮,而一旦他們回到老家,就拼命地省吃儉用以彌補揮霍浪費造成的虧空。

驕傲的人受自尊心的驅使都會小心翼翼地維護自己的獨立和尊嚴,因此他很少會因為這種打腫臉充胖子的行為遭到恥笑。儘管他嚮往過著那種體面的生活,當他的收入還不夠多時,他仍會努力縮減一切開支。

他十分厭惡那些愛慕虛榮者一味地講究排場,在他看來,

那種排場是一種對現實身分的無恥僭越。他會表現出無比憤怒，對那些愛慕虛榮的人進行毫不客氣的批判。或許，這就是讓他自己感覺相形見絀的原因吧！

驕傲的人在和自己身分地位相當的人打交道時會感到不舒服，在和地位更高的人相處時，這種不舒服更甚。在那些高高在上的人面前，他無法談論他的鴻圖大志，那些高位者的言談舉止讓他畏縮，不敢暢言自己的抱負。

因此，他會將目光轉向那些地位比他低的人，也就是那些不被他尊重的朋友，但他從那些人身上也難以獲得益處─他的下屬、侍從和有求於他者。他很少拜訪地位比他高的人，即使前往拜訪，多是為了顯示自己的資格和身分，而不是期望從這種相處中得到任何教益。

就像克拉倫敦勳爵說的，他有時到宮廷裡去，因為只有在那裡他才能找到比自己偉大的人；但是阿倫德爾伯爵卻很少去，因為他在那裡總是遇到比自己偉大的人。

驕傲的人通常會拼命地避免與地位比他們高的人接觸，而愛慕虛榮的人則是拚命地接近那些人。

他們會覺得，大人物身上的光彩會照耀在他們身上。他經常穿梭在君主的宮廷和權臣的沙龍間，目的就是要得到肥缺和權勢。

事實上，若是沒有那些肥缺和權勢，並懂得如何享受快樂，他反而會更加幸福。這些人會因為成為大人物宴會的座上賓而欣喜若狂，藉此而增加其向別人炫耀的資本。他拼命拉攏上流社會的各色人物、不斷地討好那些能影響輿論的人、或是學識淵博廣受敬者。

一旦環境產生變化，他就會對那些處於不利境地的朋友避之唯恐不及。但是，他會用無謂的誇大、無據的自我吹噓、持續的應聲附和，以及阿諛拍馬，甚至是不擇手段的方式來討好

那些他可以依靠、能夠引薦提拔他的人。

當然,他不會表現得那麼粗俗明顯,而是會讓人感到輕鬆愉快。相反地,驕傲的人從來不亂拍馬屁,當然也不會對任何人都彬彬有禮。

雖然自我吹噓不免可笑而滑稽,但虛榮心卻往往是一種輕鬆愉快、溫和醇厚的情緒;驕傲則是一種沉重和嚴肅的情緒。愛慕虛榮的人有時會說謊,但那些謊言主要是為了提高自己的身分,而不是為了貶低別人,因此他對社會沒有什麼實際危害。

公平地說,驕傲的人因以撒謊為恥辱而不願意撒謊,他一旦撒了謊,往往會造成危害。對於驕傲的人,無論是否撒謊,本身都是為了貶低別人。

驕傲的人會把那些身處高位的人當成尸位素餐的小人,對其憤怒不已。在談論別人的時候,他總是以一種敵意和妒忌來詆毀別人的長處。雖然驕傲的人不編造謠言,但是他們非常樂意相信揭發別人短處的流言蜚語,甚至喜歡加油添醋地到處傳播。

愛慕虛榮的人即使編造了最惡劣的謊言,人們大多會一笑置之;但如果驕傲的人說了謊話,事情就沒那麼簡單了。

驕傲和虛榮讓人討厭。通常我們習慣把那些被我們看作驕傲或者虛榮者的道德水準定在一般人以下。但我還是認為,這種思維習慣可能會誤導我們。

儘管不一定像他們自視或者希望我們看待的那樣,通常驕傲和愛慕虛榮者的智慧大多高於普通人。他們肯定是達不到其自我吹噓的標準,但與其他同類的競爭對手相比,他們則遠遠高於一般水準。

事實上,這兩種情緒都有美德伴隨著它出現,驕傲多會伴隨著誠摯、直爽、榮譽、正派、堅定的友情和堅韌的事業心;虛榮則是隨著仁慈、禮貌、知恩圖報的願望,這往往是虛榮心

最動人的表現。

上個世紀，法國人經常被敵人和競爭對手指責為愛慕虛榮，西班牙人則被指責為驕傲。就一個旁觀的外國人來看，前者是可愛的，後者則是受人尊敬的。

虛榮心和愛慕虛榮都有貶抑的意思。實際上，有時候我們談論一個人的優點時，說他是因為有虛榮心會更合適些。換句話說，他的虛榮心帶給人更多的不是討厭而是高興。即便如此，虛榮心還是被視為其品格中的一個缺陷。

相反地，驕傲這個名詞有時會被看作是一種讚揚。例如，我們經常會說某個人非常驕傲，從來都不肯做卑賤的事情。很明顯地，在這裡，驕傲與某種高尚的事物密切聯繫在一起。

亞里斯多德這個洞察世事的偉人，在描述一個人的高尚品格時，著重於描述一種特質，兩百多年以來，這種特質常常被用來描繪西班牙人縝密地思考所有下決心去做的事情，從容不迫地、甚至是遲緩地做事。

他的聲調莊重，言談謹慎，步伐舉止冷靜審慎。做事時，常顯得消極懶散，無論當他要做那些性命攸關的重大事務和在投入最堅定、最強烈的決心時，或是在做小事時。

他討厭莽撞地投入沒有意義的危險事業；當其面臨對自己有重大意義的危難時，他會勇往直前，不惜犧牲自己。

一般來說，驕傲的人都覺得自己的品格已經盡善盡美，不需要任何提高，他們因此而自滿。很顯然，這種人永遠都不會承認任何進步。

從小到大，那種對於自己優點的自信和狂妄的自高自大都會伴隨著他。就像哈姆雷特所說的，他至死也不會懺悔和接受臨終塗聖油禮，他寧願帶著所有的罪孽歸天。但愛慕虛榮的人則不同。

他對於光榮與尊嚴有著真正的狂熱，為了獲得那些受人敬

佩和尊重的品格,他熱情滿滿。這種狂熱肯定是人類天然激情中最好的一種。

虛榮心通常是渴望提前獲得本該以後才具有的某種榮譽。例如,你有一個正當青春年少的兒子。就算他現在吹牛說自己具有,或者非常渴望具有那些聰明和高尚的品格,你千萬不可對他喪失信心,當他四十歲時,他有可能成長為一個那樣的人。

因此,教育的祕訣就是把這種虛榮心導向正軌。雖然,細枝末節的小本領並不值得稱讚,但千萬不要讓孩子因那些對現實有重要意義的才藝遙不可及而喪失信心。只有他熱切地追求這些目標的時候,他才可能真正實現這個目標。因此,大人所要做的就是鼓勵他們去追求,並為此提供一切必要的條件。

不要因為他在沒有完全掌握它們的時候假裝成熟而發脾氣。

就我而言,以上所講的就是驕傲和虛榮依照各自的特性所產生的不同特點。然而,驕傲和愛慕虛榮往往是兩種難以分離的品格,驕傲的人往往也是愛慕虛榮的,愛慕虛榮的人多數也是驕傲的,這很自然:對自己評價過高的人,會希望別人以高評價看待自己;希望別人以高評價看自己的人,對自己的評價往往與事實不符。

這兩種缺陷密切地聯繫,甚至交融混雜在一起,驕傲得不可理喻和幼稚得桀驁不馴,常常和虛榮心的膚淺與言過其實的賣弄結合,讓我們不知道應該稱它為驕傲還是虛榮。

通常,那些明顯比別人優秀很多的人,不是高估自己就是低估自己。雖然這些人不見得高尚,但與他們交往未嘗不讓人感到快活。當我們和一個胸懷寬廣、平易近人的人打交道的時候,所有的人都會感到自由自在。

然而,若是這些朋友沒有比一般人更好的鑑別能力與胸懷寬大的品格,則儘管他們對其產生友好的情感,卻很少對他懷

有較多敬意。

　　這種淡薄的敬意不能靠友好的情感來補償，沒有過人的鑑別能力之人，對於別人的評價與對自己的評價一樣，甚至低於對自己的評價時，他會覺得他的朋友懷疑自己的身分和地位的匹配程度。

　　因此，他會將目光轉向那些不會質疑自己的身分地位的人。如果心胸不夠開闊，儘管這些人可能有某種眼光，他們肯定會利用他的單純和無知而擺出一副高高在上的姿態，但事實上他們根本沒有資格這麼做。

　　也許，他會忍氣吞聲地容忍一段時間，但當他原本具有的身分和地位完全不存在時，他開始不耐煩，他會懷念原來的那些朋友且因此而感到非常幸福。

　　然後，他可能就學會了如何公平地對待原來的那些朋友。但是，這樣一來，原本那個過於謙遜樸實的年輕人往往會變成一個無足輕重、充滿抱怨和不滿的老人。

　　不幸地，那些缺乏天分的人往往會淪落為傻瓜，因為他們會比實際水準更低估自己的能力。如果我們有耐心向這些人投以關注的一瞥，會發現他們的理解力和創造力絕對不會低於那些沒有被看作傻瓜的人。

　　很多傻瓜從小也像別人一樣讀書上學，緩慢地學會了讀、寫、計算。許多不在傻瓜之列的人，儘管小時候具備了良好的教育條件，那些少年時候沒能夠掌握的技巧，到晚年也有足夠的時間精力去補習，卻還是沒有學會讀、寫、計算中的任何一項。

　　不過，為了維持自己的驕傲，他會把自己放在與自己年齡、身分相同者的水準上；若是遭到質疑，他會大膽地站出來維護自己在同儕中的地位。因為傻瓜缺乏這種勇氣，他認為身邊的每一個人都比自己強。蔑視和不公正待遇讓他大發脾氣，而平

等、善意和彬彬有禮的待遇又無法使他相信他自己可以抬頭挺胸與人平等地對話。他們內心深處的強烈自卑感，讓他們覺得好像永遠都那麼猥瑣不堪，甚至導致他們不敢跟別人面對面地交談。

事實上，若是他能夠與人平等地對話，人們會發現他的思維和談話非常有條理，且是理性的。

但是，實際的情況卻是就算你用非常謙虛的態度對待他，他還是會擔心你把他看得一無是處。多數傻瓜可能是因為思考能力比較遲鈍，而沒有在同儕之中維護自己地位的那種驕傲本能，但有些傻瓜並不是因為思考水準低，而是因為缺乏驕傲。

因此，良好的自我評價能讓人獲得最大限度的幸福和滿足感，也能給公平的旁觀者帶來最大限度的愉悅。那些能夠客觀公正地評價自己的人，也最容易得到別人的尊敬。

相反地，驕傲或虛榮的人永遠不會得到滿足。驕傲者總覺得別人徒有虛名，因此終日懷恨虛榮者，害怕別人揭穿自己那些毫無根據的吹噓而惴惴不安。

那些道德高尚之人可以憑藉難得的才性和好運氣言過其實地自我誇耀而不被揭穿。他可以欺騙老百姓，卻騙不了長久相處的哲人。他可以不在乎老百姓的讚美，他卻不能不將哲人的評價放在心上。

他渴望獲得哲人的青睞，卻害怕自己的把戲被看穿，甚至害怕哲人瞧不起他而故作姿態，從而使他徹底垮臺。剛開始的時候，他暗中提防著這些哲人，最後則是公開地展開敵視行動。為此，彼此之間那些曾經帶給他無盡歡樂的友誼成為永遠的過去。

人們往往不太喜歡驕傲或虛榮的人，所以其品格往往被低估。然而，除非是遭遇到過分的人身攻擊與言語侮辱而勃然大怒，人們是不太敢跟他們翻臉的。

通常，為了明哲保身，人們會採取息事寧人的態度，對他們的行為睜一隻眼、閉一隻眼。但是，對於那些低估自己的人，除了極少數睿智而開明的人，人們通常會像他們一樣，甚至比其更過分地對待他們。

　　這不僅是因為那些低估自己的人比高看自己的人更陰暗，也因為他受到更多的不合理待遇。無論如何，無論是對當事人還是旁觀者，過分的驕傲總比無原則的謙讓好，高估自己總比低估自己更讓人感到舒服。

　　總體而言，與其他感情、情緒和性格相似，如果自我評價的情感能使公正的旁觀者感覺恰當，也就會使當事人感覺愉快；反之，當事人也會有同感─不管這種不快是由於情感過多還是過少所引起的。

結論

　　因為擔心自己的福祉，我們學會了謹慎；因為在乎別人的福祉，我們學會了正義和仁慈。謹慎會約束我們的行為，使我們避免各種傷害；正義和仁慈則讓我們關心別人的幸福，思考別人會怎麼想、應該怎麼想，以及在特定情境下會怎麼想。

　　謹慎是因為利己之心使然，正義和仁慈則展現了我們以慈悲為懷的氣度。

　　不過，由於我們關注他人的感受，理性指導了這些美德的產生。

　　要是人們尊重意念中偉大的旁觀者，正視自己永不改變的良心，重視對自己行為進行裁決的公正法官和裁判的情感，則其一生都會堅定不移地按照這三種美德行事；要是我們違背了這些準則，過分節儉或者奢侈，過分勞苦或者安逸，因衝動或粗心而損害了他人的利益，沒有能夠及時地增進他人的幸福，我們的良心就會要求我們對這些錯誤進行反省，我們會因為自己損害了自己和別人的幸福安寧而感到懊悔。

儘管上面提到的三種美德在不同的情況下可能是出於關心自己或他人的目的而產生的，但把握分寸，亦即尊重意念中那個公正旁觀者的感情，這要求我們幾乎在所有場合都具備自我克制的美德。

　　如果缺乏這種克制，則在任何場合，所有激情都會勃然而起、一發不可收拾。激情本身的狂熱或者焦躁引發了憤怒和恐懼。由於時間、地點、場合等的限制，人們的虛榮心會受到一定程度的壓抑，不會表現得過分誇張；或者生理慾望受到壓抑，不再表現得那麼張揚、下流或縱慾無度。

　　在多數情況下，那種能夠駕馭難以控制的激情並使它們變成可以被公正旁觀者接受的唯一準則，就是重視別人會怎麼想、應該怎麼想，以及在特定處境下會怎麼想。

　　在一些情況下，人們可能會因為擔心發洩這些情緒而產生無法收拾的後果而壓抑自己的激情，故不認為這種感情會違背理性。此時，激情仍伴隨著怨恨和憤怒潛藏在內心深處，只是受到了暫時的壓制。

　　恐懼並不能驅散人的憤怒感情，只會讓它暫時凍結，等待一個比較保險的時機再爆發。但是，如果一個人能夠向別人坦承自己的不幸，他的朋友會以溫和友善的態度來看待他的不幸和所遭遇的傷害，他人溫和的同情會舒緩他的衝動，原來的怨恨會被理性與深思熟慮代替。

　　他的憤怒不僅因此被壓抑與緩解，那種已經得到疏導和安撫的激情，不再會促使他採取報復行動。

　　那種理性的分寸可以節制上面提到的各種激情。但是，如果只是因為謹慎而壓制自己的激情，則這種激情往往會隨著壓制而愈來愈強烈。也許在很久很久之後，這種激情會在別人幾乎已經忘記的情況下，出人意料地發作起來。

　　審慎的思維甚至可以抑制憤怒。這種抑制，對於進行某種

果敢和自制的努力是必要的。

　　當然，公正的旁觀者並不會用那種對待理性和同情的那種讚賞來對待這種努力，而是會用對待普通的審慎行為的敬意來搪塞這種努力。儘管這種努力也代表了一些美德，但比起理性的分寸感，旁觀者不太會覺得它有多令人神往。

　　行善者和旁觀者都知道這個道理：謹慎、正義與仁慈的美德除了令人愉悅之外不會再有其他的作用。人們讚賞謹慎處世的人，他們自己也會享受在沉靜和思慮美德保護下的安逸；人們也會讚賞正直的人，正直的人自己也同樣會享受和具有這種安逸的保障。

　　不論是朋友或是工作上的同事，所有與他交往的人都會從其這種對他人利益和感受的敏感尊重中得到安慰。受惠者會對仁慈的人心懷感激，他瞭解仁慈之人的優點，公眾也開始熟悉仁慈的人的好處。

　　無論是善行的奉行者或是旁觀者，對美德的贊許總是源自於它那讓人愉悅和有益的感受，以及與理性分寸感的結合。

　　但是，我們讚賞美德，並非完全出於其所帶來的結果。美德的結果有時與人們的意願相符，有時卻恰恰相反。當它與我們的願望相符時，我們讚賞它，就算最終結果沒有給我們帶來太多好處，我們也不會完全否定它。

　　英雄主義可以產生於正義事業，也可以投入到邪惡事業中。儘管在正義的事業中，更多地，人們會景仰英雄主義；在邪惡的事業中，人們也不會完全忽視英雄主義。英雄主義所透露出來的主要是支持堅定信念的分寸感，但人們卻往往忽略了它的影響力。

　　關於人類道德情感的本性和起源有各種各樣的理論，觀察其中一些最成功和最卓越的，我們會發現，基本上所有的理論都或多或少地與我一直在努力加以闡明的理論相關。

並且，若是充分思考前面提到過的每件事情，就可以解釋到底是什麼在引導每個作者去形成其特定理論體系中關於人類天性的觀點或看法。

或許，一直以來我努力闡明的某個原則，就是每一種在世界上享有聲譽的道德學說體系的基礎。因為建立在以天性為原則的基礎上，這些道德學說從某種程度上說是正確的。當然，它們不可能完美無缺，都會有錯誤的存在，因為它們中間尚有不少關於天性的觀點是片面的，以及不完整的。

在探討道德原則時，需要思考兩個問題：

第一，美德存在於什麼地方？換言之，讓我們發自內心地尊重、敬愛、贊同的自然對象的那種優良、高尚的品格是由哪些性格和哪些行為構成的？

第二，是什麼力量和功能所產生的作用，使我們認識這種品德—不管它是值得尊重、敬愛，或贊同的？也就是說，人有喜歡某種行為而討厭其他行為的意向；認為某種行為是正確的，而認為另一種是錯誤的；贊同、尊敬和報答某些行為，責備、非難和懲罰某些行為，所有這些是如何且憑藉什麼手段、原則來實現的？

當我們思考第一個問題時，我們會像哈奇森（Hutcheson）博士假設的那樣去觀察美德是否存在於仁慈之中；或者像克拉克（Clark）博士假設的那樣去考察美德是否存在於我們所處的各種不同社會關係的行為之中；或者會用其他人的刻板成見去觀察美德是否存在於對自己真正的幸福的明智、謹慎的追求之中。

當我們思考第二個問題時，我們會關注某種具體的良好的品德：它存在於什麼地方？是否有自愛之心？它能否使我們從自己身上或他人身上領悟到這種品德？

它是否能對增進我們的個人利益有很大的助力？或者我們

會觀察其是否有理性—它向我們指出一種品德和另一種品德之間的區別，同樣也向我們指出正確和錯誤的差異所在，或者我們會觀察它是否有某種被稱為道德意識的特殊的感知力—那種良好的品德會使它感到滿意和高興，一如邪惡的品德會使其感到厭惡和不快。

最後，我們或許會觀察它是否具有人類天性中的某些其他性能—諸如某種同情的限制等等。

下面我們先觀察前者的問題，接著再進一步觀察後者的相關問題。

第七單元　關於道德哲學的體系

引言

可以將對美德的本質，或者對構成良好的、值得讚揚的品格之內心性情已經做出的各種說明歸納為三種類型。一些作者認為，內心優良的性情是存在於對我們所有感情進行合宜的控制和支配之中，而不是存在於任何一種感情之中。

從人們所追求的目標以及追求這種目標時的激烈程度來看，這些感情可以說是善良的，也可以說是邪惡的。因此，在這些作者的筆下，美德存在於合宜性之中。

按照另一些人的看法，美德存在於我們對個人利益和幸福的審慎追求之中；亦即，存在於合宜地控制和支配一心追求個人目標時所湧動的那些自私情感的過程之中。根據他們的見解，美德存在於謹慎之中。

還有一些作者認為，美德不存在於專心一意只追求個人幸福的自私感情之中，而是存在於以促進他人幸福為目標的那些高尚感情之中。在他們看來，美德存在於寬容無私的仁慈中。

很顯然，他們不是大同小異地把美德的性質歸結為人們各種得到適當控制和引導的感情，就是把美德限定為這些感情中的某一類或其中的一部分。人類的感情大致分成自私和仁慈兩種，因此，如果不把美德的性質定義為在合宜的控制和支配之下的所有人類感情，就必須把它限定為以個體的私人幸福為直接目標的感情，或者以他人為直接目標的感情。

所以，若美德不存在於合宜性之中，就必然存在於謹慎之中，或者存在於仁慈之中。很難想像還有其他任何關於美德本質的解說。下面，我將會把那些表面上與其不同的其他解說一一摘錄出來，這些解說其實在本質上都或多或少地和它們相一致。

第一章　試論將美德置於合宜性之中的道德學說體系

　　根據柏拉圖、亞里斯多德和芝諾的觀點，美德或存在於行為的合宜性，或存在於感情的拿捏得當之中，以下我們將逐一闡述。

❀ 1　在柏拉圖的體系中，靈魂被描述成是某種類似小國寡民或小眾團體的東西，它由三種不同的功能或等級組成。

　　第一種是判斷功能。

亦即，確定什麼是達到何種目的的合適手段之功能與確定哪些目的適合追求，以及應該相對應地得到何種程度的評價之功能。

　　柏拉圖十分合理地把這種功能稱為理性，並指出它是（也應該是）指導所有感情的根本原則。很顯然，在這個概念下，他把我們藉以判斷真理和謬誤的功能，以及判斷願望和感情的合宜與否的功能都包括在內。

　　柏拉圖把這個指導原則的自然條件（它們很可能反抗自己的主人），亦即不同的激情和慾望歸納為兩種類型或等級。第一種是由基於驕傲和惱怒的那些激情組成，或是由被學院派稱為靈魂中易怒一面的激情組成，這些激情包括野心、憎惡、對榮譽的狂熱和對羞恥的懼怕，對勝利、優秀和報復的渴望等等；總而言之，它們來自或者表示通常用人類語言隱喻的脾氣和天生的熱情。

　　第二種是由基於熱愛快樂的那些激情組成。

或經由學院派稱為靈魂中的多慾一面的激情組成，它們包括對舒適和安全生活的熱愛，以及所有肉體慾望的滿足感。

　　我們很少不遵從上述指導原則，隨意中斷在我們冷靜時刻所制定的那些最適合於追求自己目標的行動計畫。當然，受到這兩種不同激情刺激的時候則除外，亦即受到難以駕馭的野心

和憤恨的刺激，或受到眼前的舒適和快樂的極度引誘。

但是，雖然這兩種激情很容易使我們走火入魔、誤入歧途，它們仍然是人類天性的必要組成部分：前一種激情保護我們免受傷害，並維護我們在人世間的地位和尊嚴，使我們去追求崇高的和受人尊敬的本質，並使我們能識別以同樣方式行動的同道中人；後一種激情給我們的身體提供所需的給養和必要的慾望。

一種基本的美德，即謹慎，就存在於這個指導原則的力量、準確和完美之中。

柏拉圖曾說：「謹慎存在於公正和清晰的洞察力中，以追逐哪些目標以及為達到這些目標應該使用怎樣全面而科學手段的觀念為根據。」

當靈魂中易怒的部分，亦即第一種激情在理性的指導下，強勢到能使人們在追求美好生活的過程中藐視一切荊棘和危險的程度時，就會產生堅忍不拔和寬宏大量的美德。

在柏拉圖的道德學說體系中，這種激情遠比其他天性更為慷慨和高尚，它們是理性的補充，可以抑制低級、粗野的慾望。眾所周知地，因為追求幸福而違心去做我們所不喜歡的事情時，我們通常會很生氣，把自己當成憎恨和憤怒的對象。

人類天性中的易怒部分，就是用來幫助有理性的激情去戰勝由低級慾望引起的激情。

當天性中三個不同的部分彼此完全和諧一致時，亦即易怒的激情和由慾望引起的激情都放棄追求理性所不贊同的任何滿足時，理性除了這些激情自願做的事情之外從不下令做任何事情，這種充滿幸福的平靜，這樣完美又絕對和諧的靈魂，構成了希臘語言的一個詞彙：通常被翻譯為自我克制（這個名詞在希臘文的意思是一種美德），當然，它也可以譯成好脾氣，或內心的冷靜、慾望的節制等。

根據柏拉圖的道德學說體系，當內心這三種功能都安於各自適當的職能，不企圖去僭越任何其他功能的職能時；當理性力壓激情占支配地位時；當每種激情都順利地、毫不勉強地履行了自己正當的職責，並用恰到好處的力量和精力去追求目標、盡力達到自己正當的目的時，就產生了正義。

　　正義在四種基本美德中是最後的，也是最重要的。完滿的美德、行為最大的合宜性─繼古代畢達哥拉斯的一些信徒之後，柏拉圖把它稱為正義─就存在於這個體系之中。

　　需要加以說明的是，希臘文中表示正義的名詞有好幾種不同的含義。據我所知，其他語言中相對應的詞彙也存在這種情況。

　　因此，在詞彙的幾個不同的意義之間必然有一些天然的類似。有一種意義是，當我們在實際生活中沒有傷害到其他人，或不直接損害其他人的身體、財產或名譽時，就說我們對他採取的態度是正義的。這種「正義」我在前面已有所論及，遵守它可能是迫於強勢，違反它則會受到懲罰。

　　另一種意義是從反面來說明的，如果考慮到他人的品德、地位，及其與我們之間的關係，我們也確實認為他應當受到熱愛、尊重和尊敬，卻不做相應的表示，不以他應該得到的感情態度來對待他，則我們對他採取的態度就是不義的。雖然我們並沒有在哪裡傷害到他，但是我們沒有盡力為他做些好事，沒有盡力把他放到連公正旁觀者也會樂意的合適位置上。

　　這個詞彙的第一種意義與亞里斯多德和經學院派所說的「狹義的正義」相一致，也與格勞休斯（Grotius）所說的 justitiaexpletrix 相一致。它主要是指自願地做我們按照禮節必須做的一切事情，不去侵犯他人的一切。

　　這個詞彙的第二種意義與一些人所說的「廣義的正義」相一致，也與格勞休斯所說的 justitiaattributrix 相一致。它存在於

合宜的仁慈之中，存在於對我們自己的感情的合宜控制之中，存在於那些仁慈的、博愛的，以及在我們看來最適宜的目的之中，這個意義上的正義包含了所有的社會美德。

有時，正義一詞還有一種比前述兩者更為廣泛的第三種意義，並且與第二種意義非常相似。

據我所知，其他語言中也存在著這第三種意義。它又是如何定義正義的？當我們對特定的事物不以應有的敬意去加以重視，或者不懷著應有的熱情—這些敬意和熱情在公正的旁觀者看來是必須要追求時，第三種意義就會判定我們是不義的。

例如，當我們沒有欣賞一首好詩，沒有讚揚一幅好畫時，就會被認為是沒有公正地對待它們；當我們非常熱烈地讚美它們時，則被說成言過其實、逢迎拍馬。

同樣地，當我們刻意地忽略一些與自己的私人利益相關的特定事物時，會被說成對自己不公正。

在這第三種意義上，所謂正義的含意，就是行為和舉止的確切以及完美的合宜性，它不僅囊括了「狹義」、「廣義」正義中所有的職責，還包括了其他的一切美德，如謹慎、堅忍不拔和自我克制。

很明顯地，柏拉圖是以最後一種意義來理解正義這個詞彙。根據他的理解，正義一詞包攬了所有值得稱頌的美德。

以上就是柏拉圖對美德的本質的說明，也是對作為讚揚的合宜事物之內心性情的說明。

依照他的說法，美德的本質就是內心世界處於一種平和寧靜的精神狀態，靈魂中的每種功能都活動於自己應當活動的範圍之內，不會去侵犯其他功能的活動範圍，只是以自己應有的力度和強度來履行正當的職責。

很顯然，這和我們前面對行為合宜性所作的說明是相一致的。

❀ 2 在亞里斯多德的思想體系中，美德存在於理性所養成之平凡的習性中。

　　他認為，每一種美德都介於兩個相對應的惡習之間的某種中間狀態。在面對某種特定事物或處於某種特定條件時，這兩個相對應的惡習會因為其中一個太過分、另一個稍顯不足而使人感到不快。因此，介於膽小怕事和急躁冒進這兩個相對應缺點的中間狀態的堅忍不拔或勇氣，就是一種美德。

　　在容易引人慌亂和恐懼的事物面前，膽小怕事和急躁冒進都使人感到不快，介於貪婪吝嗇和揮霍浪費這兩個惡癖的中間狀態的節儉，就是一種美德，貪婪吝嗇者對私己利益的關心超過了應有的程度，後者則是關心不夠。

　　同樣地，介於過度偏激和缺乏膽量兩者的中間狀態的高尚，就是一種美德，過於偏激是因為我們對於自己的身分和尊嚴過分在乎和計較，缺乏膽量則是過於軟弱、自憐的生命情感。

　　以上關於美德的種種說明，與我們前面對於行為合宜與不合宜所作的闡述是相差無二的。

　　根據亞里斯多德的看法，美德是存在於適度的習性之中，而不是存在於恰如其分的感情之中。要理解這一點就必須知道：美德可以說是某一種行為的品質，也可以被看作是某一個人的品格。

　　如果將其看成是某種行為的品質，它是存在於對某種產生這一種行為的感情，且具有理性的節制之中，不管一個人是否習慣這種控制，即便亞里斯多德的看法也是如此。

　　如果把美德看成是某個具體的人的品格，美德就存在於日常具有理性的節制所形成的習慣之中，存在於對這種做法日漸習以為常，且完全的行為掌控之中。

　　所以，偶爾大發慈善之心、慷慨濟世的行動無疑是一個值得讚賞的行動；然而，實行者未必生性慷慨大方，這個偶然的

行為可能只是他有生以來唯一的慷慨行為。

也許他進行慷慨行為時其內心的動機和意向是非常正當而合宜的,但是由於這種突發奇想的大方心情只是瞬間產生的情緒所引起,並不是天性中穩定且原本就存在的情緒,故它不會給行為者帶來多大榮耀。

我們所定義關於大方、仁慈、善良的品格,是表示某個人身上一種常見的並內化到心靈形成習慣的性情。任何單獨特殊的行動,不論其意向是如何地合宜、恰當,結果都表明這很少會是一種習慣。

試想,要是因為某一個別、善良的行動就給實行者打上美德的標記,則品格最低劣、最齷齪的人也可以自詡擁有所有的美德,在大部分的場合,人們都會謹慎行事、低調做人、有節制地且堅忍不拔地追求事業成功,即使有個別的善行,不論它如何值得稱讚,人們也會吝於表揚。

但是,一旦平時舉止正常的人犯下微小的罪行,就會極大地影響我們對他的印象,有時甚至完全破壞了我們原本關於他的美好印象。因為這種個別的惡劣行動可以說明:他的習慣不完美;較之我們以前根據其慣常行為所做的假設,他根本不是一個值得信賴的人。

亞里斯多德不喜歡別人把自己關於美德存在於行為習慣的看法當作是他反對柏拉圖學說的觀點。柏拉圖的觀點可以概括為:只要對於該做什麼事情、不該做什麼事情,有正確的情感認識和合理的理性判斷,就是最完備的美德。

他的這個學說是把美德視為某種科學。他還認為,沒有一個人可以明白無誤地瞭解什麼是正確的、什麼是錯誤的,並且採取相應的行動。

激情會使人類的行動有別於模稜兩可、不確定的看法,但大體上與簡單明確、淺顯易見的論斷還是相一致的。相反地,

亞里斯多德觀點的核心是：令人信服的理解未必能夠形成良好的根深蒂固的習慣，好的道德品質來自於行動而非來自認識。

❀ 3 根據斯多葛派學說創始人芝諾的看法，天性使得每個動物會自然地關心自己的利益，並且小心翼翼地愛護自己。

自愛的感情讓他不僅極力維護自己的生存，還會盡力地使天性中各種不同的構成要素互相統一，並達到完美無缺的境界。

因此，自私自利的感情俘虜了人的肉體及其各個組成部位，俘虜了人的內心，以及內心中各種不同的感知功能，並且要求把它們都保存和維持在最好、最完善的狀態。

因此，天性使人得出這樣的結論：一切有助於維持這種現存完善狀態的事物，都宜於選取；一切有破壞這種現存狀態的傾向的事物，都必須拋棄。

於是，我們會自然而然地選擇一些事物：健康、強壯的身體，靈活、協調的四肢，以及那些能促使其更加完善的外部有利條件，以及財富、權力、榮譽、別人的尊重和敬意等等，擁有這些比缺乏要好得多。

同時，我們也會很自然地躲開和逃避一些事物：羸弱多病的身體、笨拙的肢體、消極的感情，以及任何可能導致其外部的不利條件，以及貧困、弱勢、人們的輕視和憎恨等等。

在這兩類相對的事物中，每一類裡都有一些事物要比同類中其他事物更適於選擇或拋棄。

例如，在第一類中，健康顯然比強壯好，強壯又比靈活好；名聲比權力更值得追求，權力比財富更有力量。在第二類中，四肢笨拙不協調要比身患疾病強，貧窮總比無辜受辱好，失去特權又好過窮困潦倒。

當面對各種不同的事物和環境進行選擇和拋棄時，天性會

教導我們如何去判斷。美德和行為的合宜性，就存在於人們對它的選擇和拋棄之中，當人們不能全部選擇那些總是呈現在面前的各種條件時，就必須從中選取最值得的。

當人們無法避免那些總是不經意地遇到的各種弊害時，必須避重就輕選擇損害最微小的。斯多葛派學者宣稱，因為人類是依據每個事物在天地萬事萬物中所占的地位，運用公正和精確的識別能力做出選擇和拋棄的，從而得以恰如其分地重視和對待每一個事物，所以人類保持著構成美德實體的行為完全正確。

也就是說，人類要按照天性、按照自然或造物主給我們的行為規定始終如一地生活。從這個方面看，斯多葛派學者有關合宜性和美德的觀念，與亞里斯多德，以及古代逍遙學派學者的相關思想大體上是差不多的。

天性使我們會關心與自己息息相關的事物：家庭、親朋好友、祖國、全人類、整個宇宙，以及他們的幸福。天性也教導我們，兩個人分享幸福比一個人自娛自樂更有價值，所以大多數人或者全人類的幸福是極端重要的。

無論何時何地，當個體的幸福與群體的或者組織中某個重大的幸福發生衝突時，應當（即便是由我們自己作選擇也會是這樣）使個人的幸福服從於更為重要和有價值的整體的幸福。仁慈善良的上帝在安排這個世界上的一切事情，所以我們可以確信，在祂的旨意下所發生的一切都有助於促進整體的幸福和完美。

因此，當陷入貧窮、疾病或其他任何不幸時，我們首先應當盡自己最大的努力，在正義原則和對他人的責任所能允許的範圍內，盡快從困境中解脫出來。如果在竭盡全力之後仍無法脫離困境，我們就應當心安理得地習慣並滿足其中：是整個宇宙的秩序和完美原則要求我們在一定時段內處於這種境地。

而且，整體的幸福比我們自己微不足道的個人小幸福要重要得多，我們心裡也會這樣認為。

　　所以，如果要保持存在於天性中的情感和行為的合宜性、正確性，則無論境遇如何，我們都應當安於現狀且樂在其中。

　　任何解脫的機會一旦降臨，抓住這個機會實現理想就是自己的責任了。很顯然，宇宙的秩序不會讓我們永遠坐困愁城，而且偉大的上帝也明確地號召我們衝出逆境，並清楚地指示所要行走的道路。

　　如果不是自己，而是親朋好友，或是國家陷入不幸，情況也大抵如此。只要在不違背人類神聖職責的情況下，我們有能力去防止或者幫助他們走出泥沼，則毫無疑問地必須這樣做，因為行為的合宜性—亦即，朱庇特用以指導人類的行為所制定的法則—要求我們這樣做。

　　但是，如果幫助他們擺脫不幸遠在我們能力之上，就應當視這種不幸事件為合理的、能帶來幸運的前兆，因為我們相信，這件事將有助於社會整體的幸福和秩序，而這不正是我們（如果足夠明智和公正）所嚮往的一切中最重要的嗎？

　　個人的根本利益是整體利益的一部分，我們不僅要把整體的幸福當作一個原則，還應當把它作為唯一的追求目標。

　　為什麼某些事情被說成是與我們的天性相一致，另一些則是相違背的？

　　艾匹克蒂塔（Epictetus）認為，這是因為我們把自己看成是孤立的個體，與一切別的事情毫無關聯、相互分離。在這個意義上說，腳的本性是要保持清潔，可是如果你只把它看成一隻腳，不認為它與整個身體有什麼關係，有時必須將它踩在污泥上，有時又要踏在蒺藜上，有時甚至為了整個身體的健康而把它鋸掉，要是腳拒絕這樣做，它就不再是一隻腳了。

　　就類似的觀點來考量我們自己，如果認為自己是與世無涉、

與世無爭地活在個人所構築的空中樓閣裡，則長命百歲、坐擁家財就會使天性感到愉快。但是我們是什麼？是人。

把自己看成是一個人，看成是整個人類社會整體的一部分，為了這個整體，你有時會生病、有時會在海上漂流承受淒風苦雨，有時會窮困潦倒舉家食粥，有時會壽終正寢或暴斃身亡，你一定會為這些不平的遭遇抱怨不已，但是若果真如此，就像一隻腳不再是一隻腳那樣，你也不再是一個人了。

明智的人從來不怨天尤人。身處困頓潦倒、命運乖舛之際，他也不會認為這是因為命運的安排不公。他認為自己和天下萬物、自然界的一切都是相互關聯、相互影響的。他用來看待自己的眼光是他所想像出來的人類天性和全世界的偉大守護神用來看待他的那種眼光。

可以這麼說，神的情感依附在他身上，他把自己看成是廣袤無垠的宇宙體系中的一顆微粒，願意聽任整個體系的安排。

因為相信有一種智慧冥冥中在指導人類生活中的一切事件，所以面臨任何的命運或處境，他都樂天開朗，心平氣和，他自己希望得到的宿命就是宇宙的所有不同部分之間都相互聯繫、相互依賴。命運要他活下去，他就心滿意足地繼續人生的道路；命運要他即刻去死，自然界覺得他沒有繼續生存下去的必要，他也會心甘情願地走向黃泉。

某個憤世嫉俗的哲學家—他的學說與斯多葛派學說相類似—曾說：「無論落在我身上的是何種命運，富裕、快樂、健康也好，貧窮、痛苦、疾患纏身也罷，我都會高興滿意地接受，這一切沒什麼差別，我也不會去祈禱神祇們在什麼時候改變我的命運。

要是說除了神靈已經賜予的恩惠外，我真的還想得到什麼東西的話，那就是—神靈肯提前通知我，什麼事情會使祂們感到高興，這樣，我就可能依據自己的處境行事，並且高調顯示

出我接受祂們指派時的愉快心情。」

艾匹克蒂塔說：「如果我準備出海，我會選擇最堅固的船隻和最好的舵手，考慮最好的天氣條件，謹慎和合宜─神為了指導我的行動而給我制定的原則─要求我必須這樣做。

只是這些原則並不能帶來更多的東西，如果出海時遇到風暴，其力量是船和舵手無論使用何種技巧都無法抵禦的，我就不會自尋煩惱了，該做的事情都已經做了。指導我行動的神靈從未要求我去承受痛苦、焦慮、沮喪或恐懼。

是淹死，還是平安抵港，由朱庇特來決定，不關我的事。我只要把事情完全丟給祂就可以了，用不著心神不寧地考量祂會用哪種可能的方法來決定，懷著淡泊的心情，抱著自然而然的態度，我願意去面對並接受任何結果。」

由於對統治宇宙的仁慈的上帝充滿信任，完全認同上帝建立的任何秩序，斯多葛派哲人必然對人類生活中的一切事件漠不關心。

在他們看來，個人的全部幸福，首先存在於對宇宙大體系的幸福和完美的思考之中，存在於對人神共組的偉大政體的良性管理的思考之中，存在於對一切有理性、有意識的生物體的探索之中。

其次，幸福還存在於履行自己的職責之中，存在於努力正確地完成上帝指定他去做的一切微小事物中。努力是否合宜對他來說關係重大，但努力結果的成敗對其卻是無所謂的事情，既不會使他感到非常高興或悲傷，也不能使他產生強烈的慾望或嫌惡感。

如果他喜歡一些事情而討厭另一些事情，選擇一些處境而拋棄其他的處境，並不是因為他覺得前者比後者強，也不是因為幸運總比不幸要完美，而是出於行為的合宜性─亦即，神用以指導其行動的法則─須要他做出如此這般的取捨。

他有的只是兩種偉大的感情，一是想到如何履行自己職責時產生的感情；二是想到一切有理性、有意識的生物將得到最大可能的幸福時產生的感情。

　　心情坦然，他信賴偉大主宰者—宇宙的智慧和力量，從而滿足了自己的後一種感情。唯一讓他焦慮的是如何滿足前一種感情，不是顧慮結局，而是擔心自己各種努力的合宜性。

　　因為不論結局如何，他都相信宇宙巨大的力量和智慧會用這個結局去促進整個大局，但合宜性是他本人最願意看到的結局。

　　雖然早已指出了這種取捨的合宜性，且這種合宜性是藉由各種事物的展現而為我們所理解的；也就是說，我們是基於事物本身而做出的取捨。

　　但是，一旦透徹地理解了這種合宜性，合宜行為所展示出來的良好秩序、優雅風度和高尚品質，以及使我們在行為之後感受到的深刻幸福，必然會讓我們看見其更大的價值，亦即選擇它比選擇其他一切事物在實際上獲得的價值更大，而拋棄它則是一個重大的損失。

　　人類天性中的幸福和光榮會自覺地去關注這種合宜性，若忽視它就會招來苦惱和恥辱。

　　對一個富有理智、把自己的各種激情和衝動完美地置於天性中居於統治地位的節操絕對控制之下的人來說，在各種場合對合宜性進行精確無誤的觀察，是輕而易舉的。

　　身處順境，他會由衷地感謝朱庇特，他不費吹灰之力就可以適應這種環境，且在這種環境中幾乎沒有任何誘惑能把他引到邪路上去；身處逆境，他同樣答謝人類生活的導演把自己置身於諸多強勢有力的競爭者之中，因為競爭非常激烈，所以勝利後帶來的榮譽會更大，並且確定無疑自己會是勝利的一方。

　　還有比我們行為合宜、秋毫未犯卻慘遭不幸更讓人覺得鬱

悶和羞恥的事情嗎？在這種情況下，邪惡是不會產生的，只會催生最高尚和最優秀的東西。一個勇敢的人面對這樣的危險和挑戰會歡欣鼓舞，是命運、神使他捲入麻煩之中，而不是因為自己的魯莽行為。

危險、逆境只是為他提供了一個鍛煉英雄般的堅強無畏精神的機會，為了得到更大的合宜性和應得的讚揚而付出努力使他倍感愉悅。

一個能經得起考驗和打擊的人，不會介意別人用多麼嚴酷的辦法來測試他的力量和韌性。同樣地，一個能理智地控制所有激情或衝動的人，不論身處任何一種宇宙主宰安排的環境都會遊刃有餘。

神賜予他各種各樣的美德，使他能在所有環境中左右逢源：欣逢幸事，他會克制心中的興奮以約束驕傲的產生；遭遇痛苦，他會用堅定的意志去承受、克服；面臨危險或死亡，他會以大無畏的氣概和堅忍不拔的精神來鄙視它。

總之，生活中的沉浮百態、世態炎涼，都不會使他手足無措，或者茫茫然不知如何處理自己的感情和行為，而是使之合宜，不破壞已有的榮光和幸福。

斯多葛學派學者喜歡談人生如戲，光怪陸離，遊戲其中者需要具備高超的技巧。這個遊戲混雜著某種偶然性，或者說混雜著類似運氣的不可控制的因素。

人生遊戲中的賭注通常是微不足道的，它的所有樂趣來自過程：要玩得好、玩得公正、玩得有技巧。

然而，儘管已經使出渾身解數、玩盡全部技巧，卻因為一個偶然性的因素，遊戲中的聰明者輸了，這的確是件讓人遺憾的事，不過聰明之人是不會放在心上的，因為他沒有走錯一步，沒有舞弊，或做出任何令人不齒的事情，他只是充分享受著遊戲所能帶來的全部樂趣。

反之，一個笨拙的遊戲參與者，走錯了全部棋子，卻在偶然性下破天荒地贏了，這種成功只能帶給他不值一提的滿足感，因為：他一想到自己的所有臭棋就感到鬱悶、不屑，在整個遊戲過程中他並沒有享受到絲毫的樂趣，對未能掌握遊戲規則的懷疑心、恐懼感以及猶豫不決的心態等等令人不快的情感不斷地提醒他；在塞滿雜念的狀態下，他發現自己連連出錯，甚至是走了最糟的棋路，悔恨的心態使他對自己不滿到了極點。

　　斯多葛學派的學者把人生以及其中一切隨之而來的美好事物看成是個微不足道的賭金兩便士硬幣的賭注—渺小到根本不需要去關心，且唯一值得考慮的是遊戲方式而不是兩便士的賭金。因為把幸福押在贏得賭金上，就意味著把它寄託在超出我們控制範圍、完全不可預測的偶然因素上，由此必然會給自己帶來無止境的擔心和不安，並且會使自己陷入悲傷和屈辱的絕望之中。

　　若是把幸福寄託在玩得好、玩得公正、玩得聰明和有技巧上，寄託在行為的合宜性之上，也就是把幸福押在了有適當的訓練、教育和專注、自己完全有能力控制遊戲中的一切因素之上，幸福就徹底有了保證，我們也就擺脫了命運的影響。即使行為的結果超出了我們的控制能力範圍，我們也不會感到擔心或焦慮，亦不會悲傷、鬱悶，甚至失望。

　　斯多葛學派的學者根據不同的情況，把人類生活本身以及隨之而來的種種方便或不便因素分類成我們取捨的合宜條件。例如：在實際環境中，如果天性感到愉快的成分多於不快，也就是說，可選擇的條件多於需要拋棄的條件。

　　大體上，這種生活就是合宜的選擇條件，我們可以繼續合宜地生活下去。相反地，如果實際的處境非常糟糕，天性感到不快的成分多於愉快，亦即需要拋棄的條件多於可作為選擇的條件，對智者來說，這種生活狀態就必須拋掉，他有權擺脫這

種乏善可陳的生活，且依據神所指導他的行動的法則—即行為的合宜性—也會命令他這樣做。

艾匹克蒂塔：「人家禁止我住在尼科波利斯（Nicopolis），我就搬離尼科波利斯；人家禁止我住在雅典，我就遠離雅典；人家禁止我住在羅馬，我就作別羅馬；我只被允許待在狹小而多岩石的傑爾島上，蝸居在那裡。

但是傑爾島的房子經常受煙熏火燎，煙小的時候，我就暫且忍耐；濃煙滾滾的時候，我就躲到另一所房子，在那兒再也沒有什麼力量可以命令我離開，我總是不忘把門開著，在高興時走出來透氣，還可以踱步到另一所適宜的房子裡隱居，息絕交遊。

我的房子在任何時候都向世人打開門戶，因為除貼身的衣物和自己的肉體，再沒有一個活人可以對我呼三喝四，凌駕在我之上。」

這個斯多葛學派的學者說：「如果你不滿意自己的處境，如果你的房子煙濃得嗆人，你一定得出來走走，但應該是心平氣和、志得意滿、高高興興地走出來，而且還要邊走邊答謝神靈，而不是滿腹牢騷地抱怨。

偉人的神賜予我們極大的恩惠，並敞開了世界上最安全、平靜的避風港—死亡，祂隨時準備在生活的汪洋大海中接待我們。神準備的這個神聖不可侵犯的巨大避難所總是向人類敞開著，隨時歡迎我們入住，它不但把人類生活中的狂暴和不義完全排除在外，而且大得幾乎可以容納一切有意或無心到這兒來隱居的人。

避難所封住了一切抱怨的嘴巴，甚至消除了這樣一種幻想；亦即，除了因為愚蠢和軟弱而遭受不幸之外，人在生活中還會有什麼不幸！

斯多葛學派的學者們在其所流傳下來的一些哲學片斷中，

還以輕鬆的口吻談到愉快地拋棄生命。他們用一些段落來說服我們相信那些奇怪的想像只要感到些微的厭惡和不適，無論在什麼場合、什麼時間，人都可以帶著嬉戲和任性的心情輕鬆合宜地拋棄生命。

艾匹克蒂塔曾說：「當你和一個人共進晚餐時，你會為他在席間大講特講有關邁西恩戰爭中的冗長故事而發牢騷。他滔滔不絕地講完如何佔領某個地方的高地之後，又接著講述他是如何陷入包圍之中。如果你決心不再忍受他那冗長的故事的折磨，就不會將這頓晚餐進行到底。

若繼續赴宴，你就找不到一個最起碼的藉口去抱怨他滔滔不絕的說教。遇到這種情況跟遇到生活中的邪惡面差不多。不要輕易地埋怨、藐視那些你覺得自己隨時都有力量去擺脫的東西。」他的敘述口氣是帶著愉快，甚至輕鬆的味道。

然而，在大多數斯多葛學派的學者看來，拋棄生命還是繼續生活，絕對是個艱難的抉擇，需要極其嚴肅和慎重地做考慮。在得到主宰人類生活的力量明確要求我們拋棄生命的召喚之前，我們不應該擅自放棄生命，在早先正是這種力量把我們下放到人類生活中的。但我們並不是在生命無法延長的時候才會受到這樣的召喚。

無論何時，只要主宰一切力量的天意把我們歸類到需要拋棄的條件中，祂就等於為我們的行為規定了偉大的法則，要求我們必須拋棄生命：這是來自神靈的明確無誤的號召，多麼莊嚴而仁慈的聲音！

正是因為上述理由，所以在斯多葛學派的學者看來，離開生活對一個智者是十分幸福的，這可能是他的本分；相反地，繼續生活下去對一個意志薄弱者則必定是不幸的，這可能也是他的本分。

在智者的處境中，如果天性中感到需要拋棄的條件多於可

以選擇的條件，他就會拋棄糟糕的人生處境。神藉以指導其行為的準則要求他迅速離開這樣的情況。

當然，即使他認為自己實際上還可以繼續生活下去的時候，他也會毫不猶豫地離開，他把自己的幸福寄託於十分合宜的取捨行動，而不是獲得自己所選擇的條件或逃避所拋棄的條件。例如，他把幸福寄託在他為了追求幸福而做出的各種合宜的努力上，而非結果的成功之上。

相反地，對於意志薄弱者來說，只要天性中感到可以選擇的條件多於需要拋棄的條件，則他的處境就是合宜的，只需要本分地繼續生活下去即可。但他最終還是不幸的，因為他根本不知道如何利用順境，

如果抓得一手好牌，他也渾渾噩噩地不知道如何去玩，且不論遊戲過程或結束時會出現何種情況，他都不會玩得盡興，也得不到真正的滿足。

斯多葛學派的學者比古代任何其他學派的哲學家都更堅定地認為，在某些場合心甘情願地選擇死亡具有合宜性，但古代各學派的哲學家對這種合宜性卻有著共同的看法，尤其是只求太平中庸、不思進取的伊壁鳩魯（Epicurus）學派也是如此。

在伯羅奔尼薩斯戰爭期間以及戰爭結束後的許多年裡，是古代各種主要哲學流派百家爭鳴、思想大放異彩的時期。

此時，希臘的各個城邦幾乎全部陷入內亂，黨派鬥爭讓政局一片混亂；在國外，它們又捲入了極其殘酷的戰爭：參戰的各方不僅想佔領、統治，或者完全消滅一切敵對國家，甚至還喪失人性地要把他們趕盡殺絕，或者至少把他們逼入最壞的境地，如貶為可供在本國買賣市場上討價還價的奴隸。

參與戰爭的國家大都很小，內憂外患極易使它們陷入種種災難之中。災難可能是自己本來就承受著的，也可能是自己一心想要加害到鄰國頭上的。風雲詭譎的時代，即使是最正直的

高官顯要也無法保障任何人的安全,包括他的親戚朋友和同胞,都可能成為激烈恐怖派系鬥爭的犧牲品,被故意判處最嚴酷的刑罰。

如果一個人不幸在戰爭中成為俘虜,且他的家鄉也淪陷了,那種亡國奴身分所帶來的傷害和侮辱是筆墨所無法形容的。

但是,確切地說,每個人會自然而然地想像和預見生活中所可能會遭遇的各種災難。經常出海的水手會為船隻在海上遇到風暴、損壞,甚至沉沒做好一切思想和行動準備。
同樣地,一個美洲原住民會準備好自己的喪歌,並想好自己應該如何在敵人無休止的折磨和旁觀者的侮辱、嘲笑中體面地死去。

希臘的勇者也想到了自己可能會遇到的種種災難,他會很自然地經常用心思考:當自己被流放、監禁,甚至淪為奴隸、倍受蹂躪、走上絞刑架時,會有怎樣的痛苦等著自己去承受,自己又要如何應對。

各個學派的哲學家不僅將諸如智慧、正直、堅定和克制等品格定義為美德,並把它們表述成獲得快樂、一生幸福的必然手段,只是所有這些值得肯定的品行不一定會為自己的主人免除掉些許災難,有時反而會使他們加倍地去承受那些伴隨國家局勢變化而來的災難。

這表示幸福與命運完全或者起碼和是否具有美德是沒有關係的。斯多葛學派的學者認為幸福與命運完全無關,學院派和逍遙學派的哲學家也大抵持如是觀。

智慧、謹慎和高尚的行為一般會保障人們在各項事業中獲得成功;即使失敗了,內心也不會太難過,因為內在的美德會讓他自我讚賞、自得其樂,不管情勢有多糟,他的內心永遠是一片平靜、安寧的和諧。理智而公正的旁觀者會欽佩他的行為和自信心,對他的不幸也會給予理解和同情,這樣會讓他感受

到一些安慰。

哲學家努力地闡述，人在遭遇巨大的不幸時，會比想像中更堅強地去承受。

一個人在陷入貧困、被流放、遭到不公正的輿論指責以及在年老體衰、面臨死亡時，雙目失明或失去聽覺的情況下勞動的種種悲慘處境時，任何一絲細小的安慰都會給他龐大的力量。

當他身患頑疾，或者陷入喪子、好友故去的悲傷中不能自拔時，一想到還有很多需要做的事情尚未完成，他的意志就會逐漸堅定起來。

古代哲學家就「憂患中的安慰」這個課題撰寫了許多著述，流傳到現在的只有幾個片段，卻是最有教育意義和最具吸引力的文化遺產。

他們的學說所呈現出來的宏大氣魄和英雄氣概，與當代一些理論體系所透露出來的失望、悲觀、哀怨、無病呻吟形成了強烈的對比。

但是，當古代的哲學家試圖用盡方法來論證困境中需要加以考量的一切事情時，如彌爾頓（Milton）所說的要以三倍的頑強去充實冥頑不靈的心胸等，他們也努力地闡述另一個觀點：死亡沒有也不可能會有什麼罪惡。

若處境在某些艱難到再也無法忍受的時侯，還有一個簡單的解決辦法：走為上策，愉快且毫無畏懼地選擇離開。哲學家認為，如果在這個世界之外沒有另一個世界，人死了就一了百了，不存在什麼罪惡；如果在這個世界之外還有另一個世界，那一定是神的世界，神會保佑一個正直的人在那裡幸福地生活。

這些哲學家還為此準備了一首離喪歌曲—基本上可以這樣說—古希臘偉大的愛國者和英雄在最後的場合都會用到這首

歌。

必須承認的是,斯多葛學派各個不同的分支派別一定準備了更為激昂且振奮人心的喪歌。

自殺在希臘人中是個不常見的現象,除了克萊奧梅尼(Cleomenes)之外,我想不起還有哪個著名的愛國者或英雄選擇親手殺死自己。阿里斯托梅尼(Aristomenes)之死和埃阿斯(Ajax)之死發生在傳說時代,廣為流傳的迪米斯托克利(Themistocles)之死的故事雖然發生在可以考證的真實歷史時期,卻富有浪漫的情調。

在普盧塔克生平記述的所有希臘英雄中,克萊奧梅尼似乎是唯一選擇以自殺的方式結束生命的人。

塞拉門尼斯(Theramines)、蘇格拉底和福基翁(phocion),他們頑強地挺過監禁之苦並心平氣和地接受來自其同胞的不公正宣判,平靜地接受死刑。

勇敢的歐邁尼斯(Eumenes)聽任手下的叛將把自己出賣給敵人安提柯(Antigonus),情願餓死也不願做任何徒勞無功的反抗。這位後來被梅塞尼亞斯(Messenians)監禁起來的勇敢的哲學家,被丟入地牢祕密毒殺。當然還是會有幾個哲學家用自殺了結一生,只是關於他們生平的記述十分簡略,且大部分都是傳說,並不可信。

關於斯多葛學派學者芝諾之死有三種不同的記述版本。第一種是他非常健康地活了九十八歲之後,有一次在走出自己講學的書院時不小心跌倒在地,除了一根手指骨折或脫臼之外並沒有什麼大礙,但他氣憤地以手捶擊地面,並以歐里庇特斯(Euripides)筆下尼俄柏(Nivbes)的口氣叫喊:「我就要來了,為什麼你還催我?」旋即回家,上吊身亡。年事已高的人只需要具備一丁點兒繼續生活下去的耐心就可以,因此這種版本不大可信。

另一種記述是：同樣發生在九十八歲的高齡，同樣因為一樁偶發事件，他絕食而死。

　　第三種記述是：七十二歲時他就壽終正寢了。三者中以第三種記述的可信性最大，且也被一名相同時代的權威人士證實，此人在當時具備很好地瞭解真相的條件，他原來是一個奴隸，後來成為芝諾的朋友兼門徒。

　　泰爾（Tyre）的阿波羅尼奧斯（Apollonius）記錄了第一種說法，他大約生活在奧古斯都、凱撒統治的時期，在芝諾死後的二、三百年期間享有盛名，但我不清楚誰是第三種記述的作者。

　　阿波羅尼奧斯屬於斯多葛學派，他可能覺得這種記述會給大談自願結束生命，鼓吹自殺的派別創立者帶來榮譽。

　　雖然文人在死後贏得了人們更多的緬懷，他們活著的時候，卻是寂寞、不受人注意的，因為無足輕重，所以同時代的史學家鮮少記述關於他們的奇異經歷。為了滿足後人們的好奇心，且因為沒有權威性的文獻可以證實或推翻有關他們的敘述，一些史學家就依照自己的想像杜撰這些文人，而且穿鑿附會許多的傳說，甚至奇蹟。

　　就芝諾的情況而言，雖然關於其死亡的種種奇談怪論都沒有得到權威人士的證實，卻幾乎掩蓋了最真實的情況。

　　第歐根尼・拉爾修（DiogenesLaertius）認為阿波羅尼奧斯（LucianandLactantius）的記述更高一籌。盧西安和拉克坦提烏斯則願意相信老死的靈異記述，也願意相信關於自殺的記述。

　　相對於活躍、機靈、應變力強的希臘人，驕傲的羅馬人的自殺風氣更為盛行。羅馬人的自殺風氣在早期以及在後來被稱為講究德行的共和國時期都未形成。

　　流傳下來的關於雷古盧斯（Regulus）之死的故事是一種傳說，卻不完全是虛構的，人們喜歡揣測怎樣的恥辱會落到那個

耐心地忍受著迦太基人強加種種折磨的英雄身上。

在共和國的後期,這種恥辱通常會伴隨著屈從。羅馬帝國日漸衰落之前的各種內戰中,很多敵對政黨中的傑出人物,寧願選擇自行了斷也不願落入敵手。

西塞羅曾高度頌揚凱撒所指責的加圖之死,那是最令世人矚目的兩個偉大領導者之間爭議最大的問題,它無意間為自殺的死亡方式烙上了某種光輝的印記。

自殺的風氣後來延續了好幾個時代,西塞羅和凱撒之間的爭論最終以西塞羅勝出,人們讚美自殺多過對其責備求全,鼓吹自由的鬥士甚至認為加圖是共和黨的殉難者,而加以頂禮膜拜。

紅衣主教里茨曾經評論:「作為一個政黨的領袖,身分顯赫的加圖可以做任何他想做的事情,只要他能夠一直擁有朋友的信任,他就絕不會做錯事,加圖的生命體驗正好印證了這個至理名言。」

加圖也有缺點和瑕疵—貪杯好飲,敵人曾抨擊他是個大酒鬼。對此,塞內加如此反駁:「不管誰指責加圖的這個缺點,細思一下就會發現痛飲狂歌與其他引誘人墮落的邪惡相比,不知好多少倍。」

自殺風氣在君主的臣下之間曾流行過很長一段時間。普林尼(Pliny)的書信中有一段只是出於虛榮和矯情的記載,一些人選擇了自殺,他們的動機即使在冷靜和明智的斯多葛派學者看來也是不成立的。

有些婦人通常會在沒有必要的情況下用自殺結束自己的生命,顯然是在步先行者的後塵,例如,孟加拉的女子會跟隨自己的丈夫殉葬,這種不良的風氣一旦成為慣例,必定會造成許多的非正常死亡,對人性的毀滅程度比虛榮心和傲慢所能引起的破壞還要大。

自殺原則巧妙地運用了哲學理念，想使我們去稱許和贊同此種激烈的行為。但天性不會指使健全的人、狀態完好的人自殺。的確，人類會因為生活中的各種災難和挫折而陷入焦慮消沉的精神狀況，壓力過大時會有想毀滅一切的想法。

　　有的人外表看起來是高興的，他也以嚴肅而認真的宗教感情示人，留給人深刻的印象。但是這並不能消解他心中的苦悶和難過，真實情感無法宣洩可能使他鬱鬱寡歡、走向絕路。如果他實在受不了，選擇自殺這種悲慘的方式結束一切不快，人們不會去責備他褻瀆生命，而會更多地去同情他不幸的遭遇。

　　這個時候，不會有人要懲罰他的這種行為，懲罰的對象會是他尚在人世的親朋好友。雖然他們完全無罪，但一個親友的自我了結生命對他們而言是一個重大的災難。

　　在我們健康完好的時候，天性會促使我們努力地回避這種不幸，去奮力抵抗它，即使自己會遭到危險都要拚命保護自己。但是，當我們沒有能力保護自己抵禦不幸，也沒有完全放棄的想法時，脆弱的意識會讓我們做出自殺的決定，因為實在沒有勇氣再堅持下去，不再理會天性原則，也不再理會心中審判員的判斷，只有自殺在召喚我們。

　　我記得曾經讀到或聽到過一個故事：一個美洲原住民被敵對部落俘虜，為避免日後遭受折磨，且在敵人的侮辱和嘲笑中屈辱死亡，在被關押之前就會自殺身亡。他勇敢地承受這一切，並對敵人給予他的嘲笑報以十倍的輕視，這樣做讓他倍感滿足。

　　整個斯多葛學派的道德體系所賴以建立的兩個基本學說是輕生死、順天命，平常心看待生活中的每一件事情。放蕩不羈、精力充沛但往往待人苛刻的艾匹克蒂塔是前一個學說的真正創立者和宣導者；溫和富有人性的、仁慈的安東尼努斯，則是後一個學說的宣導者。

厄帕法雷狄托斯在獲得自由之前曾經是個奴隸，其年輕時飽受殘暴主人的折磨，年老時則因圖密善的猜疑和反復無常而被逐出羅馬和雅典，被迫蝸居尼科波利斯，且隨時都可能被暴君送到傑爾島或者處死。但是他依然對冷酷的人生報以最大的蔑視，心情非常平靜，不興奮也不懊惱，更不會措辭激烈地詛咒，生命中的快樂和痛苦對他來說是無關緊要。

　　性情溫良的皇帝，統治文明地區的權力至高無上的君主，沒有任何特殊的理由去抱怨自己所處的優越地位，他非常滿意事物的正常進程，也會經常指出普通觀察者很少注意到的細微處的優美。

　　他說：「無論是年老還是青春，這兩種生命狀態都具有各自的合宜和迷人之處，虛弱的風燭殘年與風華正茂的年輕一樣合於人的自然本性。好比兒童時期過了就成長為青年，青年期過了會步入中年，老年人必然會走向死亡，這是恰當而自然的結局。」

　　他還說：「就像醫生吩咐某個病人騎馬、另一個病人洗冷水浴、一個用赤腳走路一樣，主宰宇宙萬物無所不能的神也會讓這個人身患疾病、截肢，或者失去妻兒。因為相信吞下一帖又一帖的苦澀藥劑，經受過一次又一次痛苦的手術之後就會康復。即使康復希望很渺茫，我們仍會謹遵醫護人員的囑咐，抱著希望且樂觀地忍受治療的過程。

　　同樣地，病人相信無所不能的神會用最苛刻的處方來幫助自己恢復健康，最終將會獲得幸福。他充分信任朱庇特的一切偉大計畫，認為他開給人類的處方對全人類的健康、繁榮和幸福不僅是有益的，且是不可缺少的。

　　要不是這個原因，神靈才懶得制定一些計畫，這位無所不知的造物主和指導者不會容忍這類事情的發生。宇宙中即使是最小的事物也是相輔相成，彼此非常相稱，所有事物聯合起來

就組成一個巨大的、相互聯繫的一個整體。

與此類似，一連串表面看起來毫無關聯的事件接踵而至，會組成因果關係鏈中的一部分。

由於是來自整個宇宙的安排和設計，因果關係必然無始無終，它們對宇宙的延續保存、繁榮昌盛來說是必須的。誰不願意接受落在身上的事情，感到遺憾或詛咒它的降臨，誰就是希望在延續和保存整個宇宙有機體的同時去阻止它的運轉，就是在粉碎這條綿延不斷的因果鏈。

希望為了自己的蠅頭小利而擾亂和破壞整個世界的運轉。他憤憤不平地詰問：「啊！你這主宰一切的世界！對你來說相宜的事情落在我身上簡直就是災難，你認為及時的機遇，對我而言不是太早就是太遲，四季更迭以及隨之而來的事物就是我的自然果實。

一切都要任你擺佈，為了你的正常運轉只能投身於你的整體之中！有人說：『啊！聰明的塞克羅普斯臣。』為什麼你不說一聲：啊！這就『是可愛的天堂？』

斯多葛學派的學者，雖然不一定是全部的，但至少有一些人試圖根據這些卓越的學說去演繹他們的奇特思想理論。

聰敏的斯多葛學派學者盡力去理解宇宙主宰一切的觀點，並盡力用接近這位神祇的眼光去看待種種問題。

作為偉大主宰的宇宙按順序安排各種各樣的事情，其中一些在我們看來可能是無關緊要或者事關重大，但對於主宰者本人，就像蒲柏（Pope）先生比喻的那樣，尋常的就像極易破滅的肥皂泡，世界的毀滅也是一早就被宇宙安排好的，從它開天闢地時就已將這個結果安排在因果鏈的組成部分了，是同一種準確的智慧、同一種普施天下的、無邊無際的仁慈的結果。

對斯多葛學派的智者來說，所有不同的事件其本質上都是完全一樣的。在這些事件的進程中，他自己會稍加控制和支配

一小部分，盡其所能地做出合宜的行動，並按照自己認為正確的指令行事。

但他對自己付出真誠努力後的結果並不會患得患失，不管成功或失敗，都不會太在意。

他覺得那一小部分需要他承擔責任的體系進展順利或是遭到失敗完全無關緊要。如果由他來安排這些事件，他就會進行適當的選擇或拋棄，但他沒有這個權利，所以他選擇信任一個卓越的智者—主宰一切的宇宙，當所發生的事件如他所預期，是一切聯繫和因果關係的自然結果時，他會滿心歡喜，真摯且衷心地接受。

在宇宙所定原則的影響和指導下，他可以完美地做任何事情。所有的舉動，一如他為報效祖國而慷慨地獻出生命般值得稱頌和誇獎。對於主宰者宇宙，稍微揮舞一下手中的權力，或者最大限度地行使他的權力，一個世界就被締造出來或者毀滅，如同肥皂泡形成般易如反掌。

斯多葛學派的智者認為，通常我們所標榜的高尚行為，比起微不足道的舉動，並不需要做出更多的努力，前者與後者一樣輕而易舉就可以做到。根本都是源自同一原則，並沒有什麼值得大書特書的價值，也不值得受到更多的稱讚和誇獎。

凡達到上述盡善盡美的境界的人都是幸福的，稍嫌不足者則無論其如何想接近這種完美的境界，都很不幸。斯多葛學派的學者如是說，離水面僅一英寸的人與水面下一百碼的人一樣都不能進行呼吸。

所以，沒有完全克制住個人的、局部的、自私的激情的人，除了追求一般的幸福以及其他熱切慾望的人外，會因為狂熱追求自私的激情而陷入不幸和混亂之中，未能完全跨出深淵自由自在地呼吸新鮮空氣，他與深淵最下面的人一樣，不能享受到安全和幸福。

智者的所有行動都是非常完美的，而達不到大智慧境界的人都有著一些缺陷，斯多葛學派的學者也這樣認為：正確的真理在本質都是一樣的，謬誤者的本質還是謬誤，所以每一種真理的價值都是平等的，每一種謬誤的錯誤程度也差不多。

　　因此，一種光榮的行為並不值得得到比其他光榮行為更大的榮譽和讚賞，一種可恥的行為也不會比其他的可恥行為更值得羞辱。這和打靶時打偏一英寸、打偏一百碼都是沒有打中靶子的道理一樣。

　　所以，沒有充分的理由就不合宜地對我們做出毫無意義行為的人，與沒有充分的理由不合宜地對我們做出意義重大行為的人都犯了相同的錯誤。例如，隨便宰殺一隻公雞的人，跟隨便就弒父的人一樣，都是有罪過的。

　　兩個理論中的前一個幾乎是一種曲解，第二個則顯得荒唐，都不值得對其進行認真的觀察，讓人懷疑自己是不是在某種程度上被誤解或誤傳的地步。

　　無論如何，我覺得樸實認真、辯才卓越的芝諾或克萊安西斯（Cleanthes）不可能是斯多葛學派這些離題詭辯的怪論創造者，因為這不會為他們的理論體系帶來什麼榮譽。我傾向於認為是克里西波斯（Choysippus）創造了這些怪論，雖然他是芝諾和克萊安西斯的門徒和追隨者，但考證所有流傳至今有關他的著作，給人的感覺就是一個擅長辯證法、缺乏情趣和風采的空談家。

　　他極有可能是第一個把老師的學說改編成充滿矯揉造作的學院式或技術性體系之人，這種做法對於消弭可能存在於道德學說或形而上學學說中的良知是一種最好的權宜之計。人們很可能認為他過於刻板地曲解了老師對那些幸福的具有完善美德之人的描述，以及對缺乏這種品格的不幸之人的生動表述。

　　斯多葛學派的學者承認，即使有些人不具備完美的德行和

幸福,也同樣會在某種程度上取得一些成就。根據所取得的成就大小,他們把這些人分成幾種不同的類型。

例如,對待尚存缺陷的德行,也就是在他們看來本來可以完全實行的正直的、規矩的、適當的、正派的行為,他們用一種合理的或比較理性的名稱來定義。

西塞羅用拉丁文 officia 來表達,塞內加的表達則更精確:conuenientia。我們把那些不完美的但實際上是可以做到的德行學說稱為斯多葛學派的實用道德學學說。西塞羅《論責任》一書的主題即在於此。據傳馬庫斯·布魯圖(MarcusBrutus)也撰寫了與此一主題相關的著作,但現在已經找不到了。

有趣的是,斯多葛派哲學的主張似乎與造物主為了引導人類的行動所計畫出來的方案和次序完全不同。

造物主的觀點認為,我們最關心的事情:由我們自己操縱和指導的一小部分範圍的事件,或直接影響到自己、親朋好友或祖國的事件,極容易激起我們的慾望和厭惡、希望和恐懼、高興和悲傷之情;這種激情往往會過於強烈;這時,造物主就會及時地做適當的補救和糾正。

心中那個偉大的、真正的公正旁觀者和法官也會出現在我們面前,遏制這些激情,把它們控制到有節制且合宜的心情和情緒中。

然而,有時我們已經用盡全部力量了,仍然無法控制本來可以操縱在握的事情,它們還是帶來了不幸的,或是具有災難性的後果;這時,造物主不會對我們的傷心痛苦置之不理。

心中的公正無私旁觀者會用充分的讚賞帶給我們安慰,如果我們對指導人間一切事件的仁慈的智慧堅定信任、虔誠服從,遵守崇高和慷慨的原則,心裡會得到更大的安慰。

因為我們相信:正是因為自己的不幸對整體的利益是不可缺少的,仁慈的智慧才會容忍它們發生。

造物主指出卓越的沉思會使不幸中的人們得到些許安慰，但祂並沒有認為需要把沉思當作人生偉大的事業和工作。而斯多葛派哲學正好反之而行，他們認為沉思就是一項偉大的事業和工作。

　　這樣的哲學教導我們，除了平和的心情以及取捨合宜的行動之外，其他任何事情（除非它們屬於由偉大的主宰—宇宙管轄、我們既沒有權利也不應該去進行任何管理和支配的範圍）都不會激起我們熱切真摯的感情。

　　根據斯多葛派哲學的要求，我們要保持絕對冷靜的態度，努力節制甚至根除涉及私人的、局部的一切感情，不要對自身或者親朋好友乃至祖國的不幸而扼腕歎息，不要同情心中公正的旁觀者剛剛產生又馬上熄滅的激情，總之，就是對神指定給我們一生中要做的合宜的事業或工作等等一切事情的成敗不要太在乎，應該採取漠不關心的態度。

　　這種哲學論斷真是在混淆視聽，讓人們更加茫然無措，但它們是不可能打斷造物主所建立的因果之間的必然聯繫。不管斯多葛學派的一切論述聽起來是多麼的新奇有理，只要一些事情會自然而然地激起我們的慾望或厭惡、希望或恐懼、高興或悲傷之情，我們內心就會湧現相應的實際情感，每個人的感受程度可能會不同，卻一定會存在情愫的，這是行為必然導致的合宜結果。

　　然而，斯多葛學派的判斷仍有一定程度的正確性。偉大的公正無私旁觀者可能會在這些推斷的教導下壓抑我們一切個人的、部分的、自私的感情，讓它們慢慢減弱直到消失。

　　一切道德學說體系都想指導我們內心的無私旁觀者所做出的判斷。毋庸置疑地，斯多葛派哲學對其追隨者的品行產生了重大影響；有時可能還會促使他們行使不必要的暴力，但這種哲學的初衷是鼓勵他們做出無與倫比的高尚行為且廣為行善。

❀ 4 除了上述的古代哲學體系之外，我們還要討論一些現代的哲學體系。後者對於美德持有這樣的觀點：它們可能存在於合宜性之中，或者存在於恰當的感情，人們根據這種感情對激起它的源頭或條件採取行動。

克拉克博士的哲學體系認為，美德存在於根據事物的因果聯繫所採取的行動中，存在於是否對我們的行為進行了合乎情理的調整，使其適合於特定的事物或特定的聯繫之中。

沃拉斯頓（Woollaston）先生的哲學體系認為，美德存在於體悟到事物的真諦，並按照其合宜的本質所表現出的行為之中，或者存在於實事求是地對待各種事物的行為方式之中。沙夫茨伯里伯爵（Shaftesbury）的哲學體系則認為，美德存在於維繫各種感情恰如其分的平衡之中，存在於控制激情使他們不至於過頭的範圍之中。

但這三種哲學體系在描述同一個基本概念時都或多或少地存在一些錯誤。

他們都沒有指出，至少創立者沒有提出過任何可以弄清或判斷感情是否合宜的明確、清楚的衡量標準。這種衡量標準只能在公正無私、見聞廣博的旁觀者的同情感中找到，在其他任何地方都找不到。

此外，現代的哲學家似乎無法完全透澈地描述自己關於美德的哲學理念。雖然他們很想，或者一直都是這樣地準備著，當然，就他們的論述本身看，無疑還是非常公正的。美德存在於合宜性中，哪裡有合宜性，哪裡就值得一定程度的讚賞。

只是這樣描述美德還是不夠的，因為合宜性雖然是每一種美德行為所不可缺少的因素，卻不是唯一的成分。很多仁慈行為中是存在有其他性質的東西，因為這些性質使得行為不僅應當得到贊同，而且應當得到報答。

現代任何哲學體系都沒有對這種仁慈行為應該得到的高度

尊敬，或是這種行為可能激發出來的自然情感進行充分或者成功的說明。

他們關於罪惡的描述就更不完善了，原因跟美德差不多，他們不知道不合宜只是每一種犯罪行為的必然成分而不是唯一的成分。荒唐和不合宜的東西常常隱藏在很多看似沒有傷害性和沒有任何意義的行為之中。

一些經過深思熟慮之後企圖傷害我們周圍人的行為，除不合宜，還有其他的特定性質，因為摻雜這些性質，導致這些行為不只應該受到責備，還必須接受懲罰。它們不僅令人討厭，更想加以打擊和報復。

然而，現代任何哲學體系也沒有對於我們對這樣的行為感到高度憎惡，進行成功且充分的說明。

第二章　試論將美德置於謹慎之中的哲學體系

流傳至今認為美德存在於謹慎之中的所有哲學體系中，最古老的是伊壁鳩魯學說體系。

傳言其哲學的主要原則是抄襲自在他之前的一些哲學家，尤其是亞里斯提伯（Aristippus）。雖然有這種可能，且他的對手也提出這樣的批評，但他個人所闡述那些原則的方法則完全是他自己的理論。

伊壁鳩魯認為，天性慾望和厭惡的首要對象是肉體的快樂和痛苦，肉體最能誘發激情，這根本用不著去證明。的確，人們有時會回避快樂，原因不在於它是快樂，而是一旦享受了這種快樂，我們就會喪失更大的快樂或是遭受一些不必要的痛苦。

與其追求得不償失的快樂，倒不如避免可能降臨的痛苦。同樣地，人們有時會選擇故意痛苦，原因不在於它是痛苦，而是一旦承受了這種痛苦，我們就可以避免更大的不幸，或是獲

得預期中的快樂和成功。

所以，伊壁鳩魯要說肉體的痛苦和快樂是慾望和厭惡的天然對象，以上就已經充分證明了。他還進一步說，肉體是激情的唯一重要的條件。無論人們回避什麼或是渴望什麼，都是因為那些條件具有產生其他的快樂和痛苦感的傾向。

能引起愉快的條件使權力和財富成為人們所渴望的對象；反之，會引起痛苦的條件使得貧窮和卑賤變成人們討厭的對象。

因為得到與自己朝夕相處之人的尊敬和愛戴可以使我們感到愉快、遠離痛苦的感覺，所以我們會珍視榮譽和名聲。若因為無恥的行為和壞名聲而使周遭人對我們產生敵意，採取輕視或者憤怒的態度，我們的心情會倍感壓力，肉體也會沉重而痛苦，悔恨壞名聲破壞了我們的安全保障。

伊壁鳩魯的說法認為，內心的快樂和痛苦的最終來源是肉體。一想到過去肉體上的種種快樂，內心就無比愉悅，並希望得到更多的快樂。一思及肉體曾經受過的痛苦和折磨，內心就煎熬難受，害怕那些痛苦或更大的傷心事會捲土重來。

雖然內心的快樂和痛苦最終源自肉體，但它們比肉體原來的感覺要廣泛且深刻。肉體只是有當前的、短時間的感覺，內心的感覺卻統抬過往與將來，它不僅可以回憶，還可以預期，所以比肉體的感覺要豐富得多。

伊壁鳩魯認為，在肉體遭遇到最大的痛苦時，敏感一點就會發現：我們真正遭遇的痛苦不只限於眼前折磨自己的不幸，還有極其懊惱地回想起過去的痛苦，甚至幻想將來害怕會遇到的痛苦，這三重痛苦相加，必然是不堪忍受。

如果只專注於承受每種眼前的痛苦，不考慮其與過去以及將來一切痛苦之間的聯繫，那麼它只是小事一椿，很容易就會挺過去，這才是人們所說的肉體上尚能忍受的一切痛苦。

同樣地，當享受最大的快樂時，我們會感到：肉體上瞬間乍現的愉快感，只是我們愉快的回憶區塊中非常微小的組成部分；因為時時憶及過往的種種歡愉，憧憬未來的種種幸福，我們眼前的微小樂趣就會無限擴大。

　　當然，內心總是提供這種樂趣的源泉。

　　由於內心的感受決定了我們的愉快和痛苦，一旦這種只有一天是處於良好的傾向之中，想法和看法沒有受到什麼不好的影響，則不論肉體受到何種影響，都是很次要的事情。

　　如果肉體遭遇到了巨大的痛苦，理智和判斷力卻仍然保持它們的統治地位，則我們依舊可以最大限度地享受愉快。例如，我們可以追憶曾經的歡笑，可以展望將來會有的各種快樂，這樣一來痛苦就減少了，心情可以輕鬆愉快；也就是說，透過回憶快樂的方式可以減輕肉體現在的痛苦程度，這種方法是很有效的。

　　肉體上的感覺只是眼前一時的痛苦，其本身並不是十分強烈，但由於陷入對過去和未來所有痛苦的不安思慮與恐懼中，痛苦便加倍地放大。

　　這都是內心的感覺和想法所產生的作用。幸好這種想法是可以透過某些比較適當且溫和的情感進行修正。

　　例如，可以嘗試這些方法：如果此刻的痛苦是巨大的，且難以承受的，則它持續的時間必然會很短；如果痛苦持續的時間過長，則其必然是適度的，且在很多時侯有可能減輕。按照伊壁鳩魯的說法，死亡是所有感覺的終止，沒有痛苦快樂的分別，但它並不是一種罪惡。

　　我們活著，死亡就不存在，它一旦出現，我們就要告別人世。所以，死亡只是一個自然的歸宿，沒有什麼大不了的。

　　如果當下痛苦的實際感覺是微乎其微、不感到害怕的，就算是最微小的快樂都不值得去追求。快樂的感覺帶來的刺激自

然要比痛苦帶來的刺激要少得多。

因此,如果痛苦的感覺只能稍微地減少心情的愉快程度,快樂的感覺就不會使原本歡愉的心情更加開懷。肉體上沒有受到痛苦,內心就不會害怕和擔心;肉體上愉快的感覺增加也不意味內心的愉快會擴大。

總之,它不是什麼重要的事情。具體的情況可能會有所不同,但肉體上的快樂確實不會給上述處境帶來任何幸福感。

綜上,觀察伊壁鳩魯的觀點,人們所能享受到的最完美的幸福,也就是人性最理想的狀態,存在於肉體所感受到的舒適之中,存在於寧靜平和的內心之中。

所有美德的唯一目的是達到人類天性追求的這個偉大目標。誠如伊壁鳩魯所言,人們追求美德並不是因為它們本身具有吸引力,而是它們具有達到完美幸福境界的傾向。

謹慎是一切美德的根源和基本要素,根據伊壁鳩魯哲學,人們不是因為謹慎本身而追求它。謹慎所照應內心的那種小心翼翼、勤奮慎重的狀態,亦即始終聚精會神地踏實努力、思考,以及關切每種行為可能會產生的最深遠影響,才是使人們感到愉快和高興的事情。

謹慎的行事風格具有促成最大善行和消除最大邪惡的傾向。回避某些快樂,刻意控制和壓抑肉體對於享樂元素的天然激情─即,自我克制的職責─並不是因為人們樂意追求被束縛的感覺,而是人們在乎這種美德的全部效用和價值:它是為了讓我們將來享受更大的快樂才推遲了眼前的及時行樂,或者它可以使我們避免受到隱藏在眼前的享樂之後的某種巨大的痛苦。

總之,自我克制是一種謹慎態度,它與快樂有關。

人類天性中有一些目標是不願意主動追求的。例如,一些必須以堅忍不拔的精神去克服的處境,勤勞不懈、咬緊牙關、

勇敢地面對危險或死亡，之所以選擇這些處境只是為了避免未來可能會遭遇的更大不幸。

不辭辛勞地日夜奮鬥是為了避免貧窮淪落所可能招致的羞恥和痛苦，面對危險和死亡是為了捍衛自己的自由和財產安全不受侵犯，保護已經得到的快樂和幸福不被破壞，或者為了保衛自己的國家免於受到侵略，因為國家的安全就是個人的安全。

堅忍不拔的毅力會使我們心甘情願地為這一切付出所有的心血，做出對抗當前困境最有意義的行為。事實上，堅忍不拔就是在對痛苦、勞動和危險做出恰當評價時所表現出來的一種謹慎、良好的判斷和鎮定自若的能力，亦即為了避免以後可能遭遇到的更強烈的痛苦、勞動和危險，因此果斷地選擇現在相對比較輕微的痛苦、辛勞和危險。

正義也是一個道理。放棄覬覦屬於他人的東西，不是因為人們喜歡這樣做。我的東西如果為你所掌控，其價值可能會更大；但是，你卻不能因為如此而強行掠奪。

無論如何，你要放棄這個念頭，因為一意孤行只會招來人們的憎惡和憤怒，且你內心原有的安定和平靜也將蕩然無存。想想那樣做的後果：人們會給你各種的懲罰，且不會有任何正義的力量以及隱蔽的地方可以使你免於遭受這些懲罰，想到這些，你肯定會感到驚恐和憂慮吧！

還有一種正義存在於與自己有社會關係者之間，當親朋好友、鄰居同事等其中一人做了好事之後，一定會受到其他人的尊敬和愛戴。換作是我們，自己做了好事，大家也一樣會讚揚；但是，如果其中的某個人或自己做了不合宜的行為，必定會引起其他人的輕視和憎恨。

因為透過前一種行為我們會獲得內心的舒適和平靜，且這正是我們積極追求的最大、最根本的目標，後一種行為則會破

壞且危及這種舒適和寧靜。

因此,正義作為所有美德中最重要的品質,就是我們對自己周圍的人和事要持敬重和審慎的態度。

以上就是伊壁鳩魯關於美德本質的學說。奇怪的是,這個被描述為態度極為和藹的哲學家竟然沒有注意到,無論美德或是罪惡會對我們肉體上的舒適和安全感所帶來的影響,它們在其他人身上所激發出來的自然感情,比起所有其他的一切慾望或厭惡的條件更加強烈。

比起肉體上可能獲得的舒適和安全,善良的心靈更重視自己是否是一個和藹可親的人,是否受到別人尊敬、敬重,行為是否得體合宜。

相反地,如果自己被所有人鄙視、憎惡,成為其他人指責的對象,那種鬱悶感與單純只是肉體上所受到的藐視、憤恨要強烈得多,是更可怕的事情。也就是說,我們渴望或厭惡某種品格,並不是因為考量這些品格可能會給我們的肉體帶來什麼樣的後果。

毋庸置疑地,這樣的道德體系和我一直努力建立的體系完全不同。一眼就可以看出來這種體系產生於哪一方面,是基於對天性的什麼看法或觀點。

按照造物主的聰明安排,在所有的場合,包括塵世,美德就是最實在的智慧,是獲得安全和利益最可靠、最精明的手段。事業的成敗在很大程度上取決於人們平時對我們印象好壞的積累,取決於與我們朝夕相處者的支援與否或者反對。

但是,要想獲得利益並避免其他人對我們做出不利的判斷,最好的、最可靠的、最容易的、最精明的辦法無疑是使自己獲得成功而不是陷入失敗。

蘇格拉底說:「你想獲得一個優秀音樂家的稱號嗎?獲得它的唯一可靠的途徑就是成為一個優秀的音樂家。同樣地,你

想成為被世人稱讚的驍勇善戰的將軍，或是勵精圖治的政治家而為國效力嗎？最

好的辦法就是到戰場和政界獲得實際領兵打仗和治理國家的經驗，成為一個真正稱職的將軍或政治家。」同樣地，如果你想讓人們覺得你是一個理智的、能夠做到自我克制、堅持正義和平易近人者，你唯一要做的就是努力地向這些目標品格看齊。

如果你真正成為一個和藹可親、受人敬重的合宜對象，不消說，你很快就會獲得周圍人的尊敬、愛戴和敬意。因此，道德實踐通常是很有利的；反之，罪惡則不利於我們。

把所有美德都歸結為一種合宜性，是因為伊壁鳩魯放縱了一種癖好，所有人都有的天然癖好，尤其是某些哲學家似乎特別鍾情這種癖好，將它視為彰顯自己聰明才智的重要手段。這種癖好就是用盡可能少的原則來說明一切表面現象。

很明顯地，當伊壁鳩魯把所有慾望和厭惡的基本條件都歸結到肉體的快樂和痛苦上時，他就已經深陷這種癖好了。作為原子論哲學的偉大支持者，伊壁鳩魯從最明顯的且最常見的物質細小部分的形狀、運動和排列中推導出人體的一切力量和技能時感到無比快樂。

無疑地，他使用相同的方法，根據上述最明顯和最常見的現象來說明內心的一切情感和激情時，也感受到了一種同樣的快樂。

伊壁鳩魯的體系與前面論及的柏拉圖、亞里斯多德和芝諾的體系在某個方面是相同的；亦即，認為美德存在於一種行動之中：以最合宜的方法去獲得天性慾望的各種基本條件。

它與其他體系的區別主要表現在兩個方面：首先，對天然慾望的基本條件所作的說明不同；其次，對於美德的優點或者為什麼這種品德應當得到尊敬的原因，其所作的說明不同。

伊壁鳩魯認為，天然慾望的基本對象不是別的東西，而是肉體上的快樂和痛苦；其他三位哲學家的說法則較為豐富繁雜，他們認為除此之外還有許多其他的條件，例如知識、親朋好友、祖國的幸福等等，這些都是人們生活中的基本需要。

伊壁鳩魯還說，美德本身是不值得追求的，它也不是天然慾望的根本目標，只是因為它有避免痛苦、帶來舒適和快樂的傾向才成為適宜追求的東西。

其他三位哲學家則認為，美德之所以值得追求，不僅因為它是實現天然慾望及一些人生基本目標的手段，而且還因為它本身就是比所有值得追求的目標還重要的東西。

人是為了行動而生，所以人的幸福不僅存在於他對行動結果的愉快感覺之中，也存在於積極努力地追求某種幸福的合宜性之中。

第三章　試論將美德置於仁慈之中的體系

雖然認為美德存在於仁慈之中的道德體系不像我所討論的以上各種體系的時代遙遠，它也是一種非常古老的體系。

它大約產生於奧古斯都時代以及其後的一些哲學家的體系。這些哲學家自命為折衷派，自稱主要信奉柏拉圖和畢達哥拉斯的觀點，所以晚期也以柏拉圖主義者的稱號而聞名。

這些哲學家認為，仁慈或仁愛是行為的唯一規則，因為這是神的天性，神用它來指導所有其他品德的實踐。智慧的神發掘出可以達成其善良本性目的的一切手段，以便用祂神奇偉大的力量來實現。

仁慈還是一種至高無上，身處美德支配地位的品格，所有其他的品格都處於從屬地位，神的行為所表現出來的全部美德或全部道德其最終都源自仁慈這種品格。

人類內心的至善至美品格和各種行為美德，都與神的美德

的某些部分相似或相同，所以影響神的一切行為的仁慈、仁愛原則同樣也會影響到人類。

人類在這種原則的指導下所產生的行為無疑是值得稱讚的，即使在神看來也要驚歎讚揚。只有在行為中充滿博愛和仁慈，我們才是在模仿神的行為，且必須模仿得就像我們自己的自發行為一樣，才能對英明偉大的神的種種美德表達恭順和虔誠的讚美，才能在自己心中培養出同樣神聖的原則，把自己的感情薰陶成至善至美的品格，以成為神所喜愛和看重的合宜對象。

只有如此，我們最終才會達到與上帝直接交談和思想交流的地步，這也是這種哲學要求信徒達到的主要目標。

如同受到古代基督教許多神父的一致尊敬，宗教改革之後，這種哲學為一些極其虔誠、博學多才、態度和藹的神學家所接受，例如拉爾夫‧卡德沃思博士、亨利‧莫爾博士、劍橋的約翰‧史密斯先生。

在所有古往今來的支持者中，已故的哈奇森博士對此一哲學的推崇程度無疑是無人能出其右者。哈奇森博士是一個觀察力最敏銳的、最突出的、最富有哲理性的人，尤為重要的是，他很理智且見識廣博。

「美德存在於仁慈之中」，這個觀點已經被人類天性的許多表面現象所證實。前面提到：合宜的仁慈是一切感情中最優雅和最令人愉快的；天性的同情心促使我們珍視這種感情；仁慈必然傾向於行善，所以它是感激和報答的合宜對象等等。

由於以上種種原因，仁慈在我們的天然感情中有了比其他各種感情更高一級的地位。仁慈的行事方式在我們看來令人非常愉快，其他一些激情的癖好，例如過分的狠毒、過分的自私，或過分的憎恨總是讓人們感到極大的憎惡。即使過分的溺愛，甚至偏心的友誼，也會讓人生厭；唯有仁慈這種激情，可以盡量毫無限制地流洩，且毋須關心或注意其合宜性及程度，它會

永遠保持著焦點和迷人之處,其本能的善意之中就存在著一些令人感到高興的東西,這種善意不斷地做好事,從來不去理會其行為是否會受到責備或是贊同。

其他的一些激情就不是這樣了,它們一旦超過了限制,失去合宜感,就再也不是令人感到愉快的激情了。

包含仁慈感情因素的行為會產生一種高於其他行為的美,若一種行為缺乏仁慈,則其必然潛伏著與這種感情正好相反的傾向,而形成特殊的道德缺陷。有害的行為之所以會受到懲罰,是因為這種行為表現出它絲毫不將別人的幸福看在眼裡。

除了以上的論述,哈奇森博士還補充,如果一種行為被發現除了仁慈感情之外還摻雜著其他動機,人們對這種行為合宜性的美好感覺,就會因為此而減弱。

例如,一個原本被認為是出自感激之心的行為,被人發現其實只是想得到某種新的恩惠;或者,一個原本被認為出自公益精神的行為,被人發現它的根本動機是希望得到金錢報酬和積累名聲;諸如此類的行為,會完全抵銷這些行為原來所表現出來的優點和合宜性。

因此,混有任何自私、不可告人的動機的行為,會讓人質疑這種行為原來的仁慈、合宜本質。因此,哈奇森博士認為:毫無疑問地,美德只存在於純粹無私的仁慈之中。

相反地,如果發現某種被認為是自私的行為竟是出於仁慈的動機時,會大大增強我們對這些行為優點的理解和認識。我們會信任任何一個以這種努力方式去增進自己幸福的人只是想做一些有益的事情,或對自己的恩人做適當的報答,毫無其他意圖。我們當然會熱愛和尊重這個人。
這更加充分地證實了這個結論:只有仁慈的品質才能為任何一種合宜行為打上美德的印記。

最後,哈奇森博士提到:在異議者就行為的正當性所展開

的所有爭論中，最能合理地證明美德是什麼。公眾的利益是參與辯論者皆不斷提到的標準。

因此，他們普遍承認，任何有助於促進人類幸福的行為都是正確的、值得稱讚的、具有美德的；任何阻礙人類幸福的行為，都是錯誤的、應當責備的和邪惡的。在後來發生的關於消極順從和積極抵抗孰是孰非的爭論中，人們的看法在某一點上大相逕庭。

當特殊利益受到侵犯時，軟弱的屈服是否會比短暫的抵抗更可能帶來罪惡？最有利於人類幸福的行為在道德上是否也是善良的？哈奇森博士認為這從來就沒有成為一個讓大家注意的問題。

仁慈是使所有行為獲得美德品質的必要條件，所以某種行為包含的仁慈感情愈濃厚，愈能得到更多的讚揚。

由於那些旨在圖謀某個組織或團體的幸福的行為，其表現出比單純追求個人幸福的行為更大的仁慈，所以相應地，它們會具備更多的美德品質，也會得到更多的支持和讚揚。

因此，為一切有生命的生靈謀福祉的感情，在所有感情中才會最為崇高。只是在某一方面具備美德品質的行為可能感情會比較貧乏，例如只追求個人的幸福，或只是希望自己的子女、兄弟、朋友等有親密關係人獲得幸福。

完美的品德，它存在於指導人類全部行動以最大限度增加利益的過程中，存在於使所有低層次的感情都服從於對人類普遍幸福的追求之中，存在於只把個人當作芸芸眾生之一，只有在不違反或有助於全體利益時才會去追求個人幸福的行動之中。

無論從哪一個方面看，自愛都稱不上是一種美德。它一旦妨害眾人的利益，馬上就墮落成為罪惡的品質。若它除了使別人更關心自己的幸福外並沒有產生其他後果時，是一種無害的

品質,不值得稱讚也不需要責備。

富人所從事的慈善活動,雖然有很大一部分動機源於自私自利的心理,但仍然是具有美德,值得讚揚。因為,單就這些行為足以表明仁慈原則的力量和活力。

哈奇森博士不但不承認自愛是一種可能促成美德行為的動機,他還認為自愛是對孤芳自賞的一種畸形支援,是為了使良心得到安慰的某種形式的喝彩,它削弱了仁慈行為的優點。哈奇森說,自愛這種自私自利的動機,只要觀察一下它對所有行為產生了什麼作用,就可得出其並不是一種純粹而無私的仁慈弱點這個結論。

只有純粹無私的仁慈的感情,才能給合宜的行為打上美德品質的印記。

但按照人們的慣常看法,雖然自愛這種感情專注於對自己內心的讚賞,卻還不至於會減弱行為的某種美德因素,它應該被看作是旨在獲得美德品質的一種動機。

以上就是這個溫和的體系關於美德本質的種種說明。這種體系具有一個非常明顯的特點,就是透過把自愛描述成根本不可能為受其影響的人帶來任何榮譽,人們要在心中培養和助長一切感情中最高尚和最令人愉快的感情,從而去控制好過頭的自愛,且在一定程度上消除這種性情的消極影響。

如同其他的哲學道德體系未能充分解釋最高尚的品質—仁慈的特殊優點源於何處,這個學說體系也是有缺陷的:它沒有充分解釋人類對謹慎、警惕、慎重、自我克制、堅持不懈、堅定不移等較低級的美德的贊同源自何處。這種體系所關心的唯一重點是,人類各種感情的意圖和目的及其所產生的有益或有害結果的傾向性。至於激起這些感情的原因合宜與否、是否相稱,則完全不提。

很多時候,關心自己個人的幸福和利益,也是一種非常值

得稱讚的行為。人們通常將節儉、勤勞、專心致志和聚精會神的習慣的養成，歸因於自私自利的動機，而這些習慣同時也被認為是非常值得讚揚和肯定的品格，理應得到每個人的尊敬和贊同。

當某種仁慈感情的行為中混有自私自利的動機時，會損害其原本具有的美感。

但是，出現這種結果的原因，在於仁慈的原則在這種特殊場合顯得缺乏應有的強度，而不在於自愛之情配不上構成某種具有美德的行為的動機，並與它的行為條件完全不相稱。

當然，自愛的品質顯然是有缺陷的。總的說來，是應該受到責備而不是贏得稱讚。

若某種只是緣於自愛之情的行為中混雜仁慈的動機，我們對這種行為的不全然適當的合宜性仍然會有美好的感覺，對行為者的不全然完美的美德也會大加讚賞。

自愛之情絕不是人類天性中的弱點，或人們傾向喜歡猜疑的缺點，我們沒有必要動不動就猜測某人是否存在自私自利的缺陷。

然而，如果一個人並不關心自己的親戚朋友，也不適當地關心自己的身體健康、生命以及財產等這些他本來必須關注的事物，毫無疑問地，這是個缺點和遺憾。

而且這種缺點或多或少還是會有損他的尊嚴和人品，會削弱他身上那些原本讓人尊重的氣質。一般人不喜歡滿不在乎和奢侈的品性，這種品性不是因為缺乏仁慈，而是缺乏對自身利益的恰當關注。

一些詭辯家常常以人類的行為是否具有增進社會福利的傾向作為判斷行為正誤的標準。但並不能由此而斷定，對社會福利的關心是行為是否具有美德的唯一動機，只能說在評價行為的合宜性時，它會是一個重要的參考標準。

仁慈大概是神的行為所遵循的唯一原則，可以說服我們相信的理由很多。一個神通廣大、無所不能的神，祂的幸福可以不費吹灰之力就爭取到，一切都無求於外界，除了仁慈地幫助芸芸眾生，祂還會有其他的動機嗎？

　　上帝的情況就是這樣偉大而無私，但人這種不完美的生物要維持自己的基本生存需要則會在很大的程度上求助於外界，行事時也往往會帶有更多其他的動機。

　　如果任由天性、感情支配、影響我們的行動，而不管行為是否合宜，是否會得到別人的尊敬和稱讚，則人類的外界環境就會非常惡劣了。

　　到目前為止，對美德的本質做了主要說明的就是以上三種體系—把美德置於合宜性之中、把美德置於謹慎之中，以及認為美德存在於仁慈之中。儘管其他一切有關美德的描述，表面看起來差異甚大，卻都可以歸入上述三者之一。

　　認為美德存在於對神的意志的服從之中的體系，可以歸入將美德置於謹慎之中的哲學體系，也可以歸入把美德置於合宜性之中的哲學體系。

　　有人會質疑我們服從神的旨意的必要性：為什麼我們一切都要聽神的指揮、按照祂的意志行事？這個問題不僅是對神的大不敬，就其本質來說也是非常荒唐的，我只能告知兩種答案：

❀　一是因為神是法力無邊的，如果我們服從祂，祂就樂於源源不斷地施與我們幸福和快樂；若是我們逆其旨意行事，得到的將是祂永無休止的懲罰。

❀　二是撇開我們的幸福和一切關於神的報酬、懲罰不談，只要一個道理就可以說明為什麼要聽從神的安排：亦即，一個生靈應當絕對服從它的創造者，力量有限和不完善的人應當絕對服從力量無限和至善至美的神，這是頗具和諧性與合宜性的。

我想像不出除了這兩個答案之外還有什麼更好的回答。如果第一個答案是恰當的，則美德就存在於謹慎之中，或是指迫於神的意志去合宜追逐自己的根本利益和幸福。

如果第二個答案是恰當的，則美德就存在於合宜性之中，因為人類情感中的恰當性或和諧性順從了激起這些感情的客體優勢。

把美德置於效用之中的道德哲學體系與把美德置於合宜性之中的體系大致上是相似的。

這個體系認為，凡是對本人或他人而言是愉快或有益的品格，人們都會將其視為美德而予以讚賞，與此相反的一切品格，人們則會將其視為邪惡並加以反對。

任何感情的合宜性或效用，都取決於人們對這種感情的寬容度，

如果它在可以忍受的範圍之內，就是有用的，若超過了某個合宜的界限，就是有害的。所以這個體系主張，美德不是存在於某一種感情之中，而是存在於所有感情的合宜程度之中。

它與我一直在努力建立的學說體系的唯一區別是它沒有重視旁觀者的同情或相對應的感情，而是把效用作為合宜程度的自然的、根本的衡量尺度。

第四章　試論將美德等同於放蕩不羈的哲學道德體系

到目前為止所論述的所有思想體系都認為：不論美德和罪惡會存在於何處，它們的品質都有著真正的、本質的區別。感情的合宜和不合宜、仁慈和其他的行為原則間、謹慎小心和魯莽草率，都存在著真正的、本質上的差別。

另外，它們基本上都極力鼓勵值得稱讚的傾向、勸阻可能會受到責備的傾向。或許，它們中還有一些打破各種感情之間平衡的傾向，使人的內心更偏向於某些行為，使之超過其應有

的比例。

把美德置於合宜性之中的道德學說體系,主要是介紹一些高尚的、莊重的、令人尊敬的美德,以及自我控制、自我克制的美德。

例如,堅忍不拔的精神、寬宏大量的氣概、貧賤不移的傲骨、不愛錢財的清高、藐視痛苦的堅強,以及視死如歸的豪邁等等。行為中最高尚的合宜性就展現在這些偉大的努力中。

相較之下,這種道德學說體系很少強調和藹可親、溫柔敦厚、寬容仁愛的美德。特別是斯多葛學派的學者還把這些中庸的美德看作是缺點,認為一個富於理智的人不應該把這些缺點容納在心中。

把美德置於仁慈之中的學說體系只是以最大的熱忱來鼓勵和讚美所有較為溫和的美德,完全忽略了心靈中一些原本更莊重和更值得尊敬的品質。

它甚至不認為那些品質是美德,只稱之為道德能力,認為它們可以得到適當的尊重和讚賞。這種學說體系把那些以獲得個人利益為目的的行為原則看成是更壞、更糟糕的東西。

它認為這些原則本身不具備任何優良的品質,當它們恰好與仁慈這樣偉大的感情一起發生作用時,只會削弱後者的光芒。這種學說體系認為謹慎只是想增進個人利益,絕不是什麼美德。

認為美德存在於謹慎之中的學說體系不遺餘力地讚揚慎重、警覺、冷靜和明智的克制等習性,在很大程度上又貶低了上述溫和的、值得尊重的美德,它否定了溫和感情中的優良因素,也不認為那些值得尊重的美德顯得崇高。

儘管都有缺陷,這三個體系的基本傾向都是肯定人類心中最高尚的和最值得稱讚的習性。如果大部分人類,或者只有少數人決定遵循上述三種體系中的某一個道德哲學規則行事或生

活，則它對社會就是有用的。

我們都可以從三者之中學到有價值且有特點的東西。

訓誡和規勸可以激發心靈中堅忍不拔和寬宏大量的精神，古代強調合宜性的體系就是主張這一點；如果記住「己所不欲勿施於人」的原則，經常換位思考，就會激發我們對周遭人們的仁慈感情和博愛精神，強調仁慈感情的體系也是這樣思考的。

儘管伊壁鳩魯的體系是上述三種體系中最不完善的，我們也可以從中知道溫柔敦厚的美德，和令人尊敬的美德有助於增進人類今生今世的利益、舒適和清靜。

伊壁鳩魯把幸福歸入舒適和安定的獲得之中。

所以他努力使用奇特的思維方法說明，美德不只是最高尚、最可靠的品格，還是獲得諸如寧靜、舒適這類生活中無價之寶的唯一手段。

美德會給我們帶來內心的平靜和安定，這是為其他一些哲學家所看重和稱讚的。伊壁鳩魯沒有把這個問題一筆帶過、忽略不計，而是極力地強調和闡述溫質彬彬的品格會對人類外部處境的順利、安全問題產生積極的影響。

因此，古代各種不同哲學派別的人才熱衷於研究他的著作。

西塞羅是伊壁鳩魯學說體系頑固的反對者，但他曾經引用伊壁鳩魯最令人激賞的論點：「只有美德才可以保證你獲得幸福。」抨擊伊壁鳩魯最激烈的是斯多葛學派，但其代表學者塞內（Seneca）比誰都愛引用伊壁鳩魯的論述。

有一種學說體系試圖完全抹殺掉罪惡和美德之間的區別，這是十分危險且有害的—就是孟德維爾（Mandeville）博士的學說體系。

他的所有見解幾乎沒有一個正確的地方，若是以一定的方式觀察人類天性的某些表現，則還能證明孟德維爾的主張並不

是毫無可取之處。

　　他總是以粗魯樸素又活潑詼諧的辯才敘述並誇大自己的理論，為自己的學說加上了某些似是而非的真理外套，因此很容易吸引一些非常容易被騙、生活資歷淺的人。

　　根據某種合宜感，考慮到什麼行為會值得表揚和稱讚，孟德維爾博士把所有被表揚的行為詆毀成行為者為了追求讚揚和掌聲才做出的舉動。

　　或更坦白地說，只是一種愛好虛榮的行為。他認為，人的本性決定人只會更加關心自己的幸福，而不是時時牽掛他人的幸福，人只喜歡看到自己成功，不喜歡被別人超越。

　　如果看到一個人這樣做好事，就認為他是想欺騙我們，可以確信他的動機仍然是自私自利的；其中最強烈的莫過於虛榮心，周圍的人一旦給予他讚賞和好評，他馬上會感到榮幸和極大的振奮。

　　當表面上看他是為了同伴的利益而犧牲自己的利益時，事實上他只是為了獲得同伴們異乎尋常的稱讚，以大大地滿足他的虛榮心需要。

　　而且，從預期看，損己利人的行為會帶來更多的快樂，這種快樂遠遠超過自己所放棄的利益。綜上，他的行為根本就是一種自私自利的行為，出於某種自私的動機，一如在其他任何場合那樣。

　　但是，他覺得很滿足，這樣的信念讓他很開心，起碼他認為自己是無私的，要是自己還不作此想法，別人又怎會贊同？因此，根據孟德維爾的學說體系，視公眾利益高於個人利益的一切公益行動都是對人類的欺詐和哄騙，這種被大肆誇耀的、被人們爭相仿效的美德，只是自尊心和奉承心態的產物。

　　我不想去考證那些最慷慨大方、富有公益精神的行為是否出自某種自愛心理，這個問題對於確定美德的實質沒有太大意

義。因為自愛之心也往往是會促成具有美德品質的行為。

　　我只想強調，那種想做出光榮和高尚行為的慾望、想讓自己被大家尊敬及贊同的慾望，不能被冠以虛榮的名號。即使行為者本人確實嚮往名符其實的好聲望和名譽，確實想讓人們對自己的某些可貴品質表露出尊敬和讚美，也不能斥之為虛榮。

　　前一種可以定義為對美德的愛好，且這是人類天性中最高尚、最美好感情。後一種可以定義為對真實的榮譽的追求，這種感情無疑比前者低了一個等級，高尚程度也次於前者，但這兩者都值得褒揚。到底什麼是真正的虛榮？

　　亦即，自欺欺人地想讓別人誇讚自己，甚至自己也找不出有值得人讚許的地方，或者自己也對是否能獲得讚許表示懷疑，這是真的虛榮。還有一種虛榮體現在用華服或浮誇的外在行為來掩蓋自己空虛的本質，妄想獲得不可能有的其他人由衷的讚美，這種人才是真得了虛榮病。

　　他渴望以某種品德獲得真正的誇讚，也完全知道自己配不上那種誇讚，但他卻念念不忘。

　　虛榮的人總是附庸風雅，在表面上裝出一副知書達理的樣子，其實卻是個腹中空空、草莽的紈子弟；總是胡編亂造一些不切實際的冒險事蹟來騙取他人關注的無聊說謊者；總是盜用知名作者的名聲撰寫偽書的堆砌文字者。

　　上述這三種人才是被虛榮蒙蔽了心眼。

　　還有一種人也有虛榮的毛病，別人私下祕密地向他表示尊敬和讚賞，他會覺得不愉快，他喜歡來自人群的喧鬧、高分貝的喝彩聲，無言的敬意無法使他感到滿足，除非親眼見到、親耳所聞。

　　他總是迫不及待地強求周圍的人誇讚他，虛空的頭銜、溢美的歌功頌德、門前的車水馬龍、出入有眾多隨從、在公共場合感受到人們充滿敬意和關注的表情，或向他致意等等，他只

嚮往這些外在的浮華。

這樣的虛榮與前面提到的兩種激情完全不同，前兩者是高尚且偉大，虛榮卻是人類道德中最淺薄和最低級的感情。

雖然這三種感情，亦即想使自己成為被人尊敬的合宜對象的慾望，或使自己有資格得到人們讚許和敬佩的慾望，想以實際行動去贏得真正的榮譽和尊敬的慾望，想得到別人虛浮讚美的慾望—大不相同。

前兩種感情總是為人們所贊成及肯定的，而後一種感情則是為人們所藐視和唾棄的，但它們之間仍有著某種細微的雷同之處。

當伶俐無比的孟德維爾以幽默又迷人的口才把這種雷同加以誇大後，一些讀者就被他欺騙了。無論是虛榮心還是對於名符其實榮譽的愛好，目的都是想獲得尊敬和讚美，這樣看來似乎有相似之處。

但兩者之間的區別還是很明顯的：前者是一種正義的、合理的、公正的感情，後者則是一種齷齪的、荒唐的、可笑的感情。渴望獲得名符其實的榮譽者只是希望獲得自己本來就有資格獲得的東西，以及在公正合理的原則下就能取得的自己想要的東西。

相反地，在根本沒有資格的前提下想要獲得尊敬之人，就是在非法要求本來不屬於他的東西。前者很容易就會得到滿足，不會刻意猜疑人們是不是沒有給予他足夠的尊敬，也不會在意人們是不是把這種尊敬之情寫在臉上或掛在嘴上。

後者則從來就沒有滿足的時候，他總是疑神疑鬼地：為什麼他們不給我足夠的尊敬和讚揚？因為他內心有這樣一種意識在作怪，總是想得到更多的肯定，不管自己有沒有那個資格。

禮節上的輕微疏忽對他而言也是一種不能寬恕、簡直無法承受的侮辱，是輕視他的表現。他焦躁不安且極不耐煩，惶恐

地害怕失去人們對他的一切敬意。

　　所以，他必須確定自己總是得到新的尊敬和讚美，別人只有不斷地奉承他、諂媚他，他才能保持正常的心理狀態和性情。

　　想得到名副其實的榮譽和尊敬的感情，與那種只是想得到讚揚並使自己成為被讚揚的人的感情也有某些相似之處。

　　首先，它們的目的都旨在真正成為光榮的和高尚的人；其次，兩者對真正榮譽的熱愛都有一點類似於虛榮心的傾向，亦即會在不同程度上涉及他人的感情。

　　因為即使是品德最高尚無私的人，由於熱愛美德而渴望擁有美德的人，或者最不在乎別人對自己看法的人，也想弄清楚到底世人對他的看法和態度為何，想知道自己是否因值得讚賞的合宜行為得到了真正的榮譽和誇讚。

　　他意識到，如果人們是以冷靜、公正的態度，確實、恰當地瞭解其所有行為的動機和詳情，他們肯定會給予自己榮譽和讚賞。

　　雖然他不在乎人們實際上對他的看法如何，但他確實重視人們應當對他持有什麼看法，即他喜歡人們客觀公正地看待他。

　　所以，他的行為動機中較崇高的一點就是只要他認為是高尚的感情就會去主動追求，而不管別人對他的品格會有什麼樣的想法。如果他進行換位思考，不考慮別人會如何看待自己，而是考慮別人應該怎樣看待自己，他一定會得到來自其他人的最高評價。

　　因此，熱愛美德的感情中多少要考慮其他人的看法，但只須考慮別人的觀點是否理智、合宜，而不是專注於考量別人會抱持什麼樣的觀點。

　　從這一點看，熱愛美德和熱愛追求真正的榮譽是有雷同之處的。

當然，兩者之間還是有差別：一方面，只考慮什麼是正確的、合宜的，只憑合宜的行為得到同等程度的尊敬而行事的人，總是在人類天性所能想像到的最崇高的和最神聖的動機下採取行動；另一方面，如果一個人的合宜行為值得讚賞，但是他無休止地渴望立即獲得這種讚賞，也會遭到人們的質疑，因為他的動機混雜著某些人性的弱點。

　　他會因為人們不瞭解他的合宜行為和優良品德而感到屈辱，也害怕居心叵測的敵人會因為嫉妒他而破壞他的幸福。

　　相反地，有一種人因為從來不受命運的擺佈，不受與其相處的人的古怪想法所影響，幸福卻得到了保障。

　　在他看來，即使人們因為無知而輕視他、仇恨他，他也不會為此而感到屈辱，「人不知而不慍」，別人是以錯誤的觀念來看待他。

　　他相信：只要人們更好、更全面地瞭解自己，就會自然而然地尊敬和熱愛自己。

　　確切地說，人們所仇恨和輕視的不是他，而是另一個被他們誤認為是他的幻影。

　　試想，一個友人在化裝舞會上裝扮成我們的敵人，我們因為沒有認出他來而對其產生憤恨之情，如果友人是一個真正寬宏大量的人，在受到不正確的責備時也不會很在意，則其很可能會感到高興而不是屈辱。

　　然而，人類天性中很少有達到這種高尚境界者。人類中除了意志最薄弱的和最卑劣的傢伙會在意虛假的榮譽之外，其他人都會對它嗤之以鼻。

　　但是，與此矛盾且令人感到困惑的是，虛假的屈辱常常會使表面看起來最堅定、最有主見的人感到屈辱。

　　孟德維爾博士並沒有把虛榮心這種膚淺的動機完全說成是所有美德行為的根源。他盡力從其他方面來指責人類美德的不

完善。

他認為，所有的美德都沒有達到它們所宣稱，或者所表現出來的那種完全無私、高尚完美的地步，且它們沒有真正使我們折服，只不過是以某種小計謀暗中縱容了我們的激情。

無論何時，人類節制享樂慾望的程度遠遠不如下決心苦行的程度，所以過度的快樂在孟德維爾看來是不能苟同的奢侈和淫蕩。

他認為，每一件普通的東西都豪華得超出了可以滿足人類基本需要的限度，即使是一件乾淨的襯衫或一棟整潔的住宅在他而言也是有罪的。

他甚至抨擊人類最基本的性慾和性行為，認為對性交慾望的縱容，就是以最有害、最得不償失的方式來滿足這種激情，根本就是淫蕩。此外，他又嘲笑自我克制和貞潔的品質。

很多時候，他就是以一種巧妙的似是而非的推理來欺騙讀者，總是以模稜兩可、莫衷一是的語言掩飾其理論的殘缺。

很多人類感情沒有任何其他的稱呼，除了那些表示令人不快或令人作嘔的程度名詞以外。

但旁觀者更容易在這種程度上去關注那些感情，而不是因為其他的原因。

如果一些感情震撼了旁觀者的心靈，使他覺得反感、不舒服，他必然會身不由己地注意到它們，從而會給它們一個名稱。

如果某種感情符合其心情的自然狀態，他會很容易地就完全忽略它們，根本不會為它們冠上名稱，或者即使給了它們某種名稱，但由於它們處在感情輕易就可接受的範圍內。

所以，這並不表示它們被允許存在，而是他對這種感情的征服和抑制。所以，及時行樂和沉湎性愛，這兩個普通的名稱，標誌著尋求快樂和基本的生理需求已經達到邪惡、令人作嘔的程度。

另一方面，自我克制和貞節，這二個名詞並非表示這些感情還處在被允許的程度，而是它們受到了抑制和征服。

所以，當他身上或多或少還能顯示出這些感情的存在時，他就以為自己已完全否定了自我克制和貞節的美德的真實性，完全揭露了這些所謂的美德只是對人類天性的戕害和愚蠢的欺騙。

然而，對於那些美德試圖抑制的感情條件來說，美德不是要求它們完全處於麻木不仁的狀態，只是想把這些感情限制在理智和狂熱的分界處，以保證其不會傷害到他人，不會擾亂社會。

不去探討其程度如何以及作用條件為何，而是把每種激情統統說成是邪惡的，就是孟德維爾道德學說體系的荒謬所在。

他把每樣東西都說成是虛榮心，因為處在普遍聯繫之中的社會個體都會或多或少地考慮別人的感情，而這就是他的理論依據；在這種詭辯下，他自己做了個荒誕的結論：個人劣行即公共利益。

人類天性嚮往榮華富貴，追求高雅藝術，以及生活中一切先進美好的事物，喜歡華服、漂亮家具，以及典雅的設施，愛好建築物、雕塑、圖畫和音樂等等一切讓人愉快的事情。

但這些都被孟德維爾說成是奢侈、淫蕩和出風頭，而這還沒有囊括所有人們想追求的慾望。

他認為，人們追求奢侈、淫蕩和出風頭必然是因為這些是對公眾有利的。

因為，如果公眾不贊同這些事物—他很想給它們套上一些適當地可恥的名稱—所謂優雅的藝術就絕不會得到鼓勵，並會因為於事無補而枯萎凋零。

在孟德維爾的時代之前，曾經流行過一些發源於民間的制慾學說即認為美德的前提是人們徹底根絕和消除全部激情。這

個學說才是放蕩不羈體系建立的真正基礎。

於是，孟德維爾博士很容易地論證：首先，人們實際上從未完全征服自己的激情；

其次，要是人們普遍都做到了這一點，就會對社會產生毀滅性的影響，因為這將葬送一切工業和商業，最終在某種意義上葬送掉人類生活中的一切行業。

透過第一個命題，他證明了真正的美德並不存在，同時暗示了自以為是美德的事物其實只不過是欺詐和哄騙人類的一種伎倆；透過第二個命題，他得出了自己的結論：個人劣行即公共利益，沒有種種個人劣行，何來一個社會的繁榮興旺？

以上就是孟德維爾博士的體系，它曾經在國際學術界引起很大的迴響。

雖然與這種體系誕生之前的世界相比，它並未引起更多的罪惡，但它還是唆使了那種出於不可告人的目的而施行的罪惡，使其更加肆無忌憚，並且抱著讓人惱怒的無所謂態度欣然承認其腐壞的動機。

不過，無論這個體系如何有害，要是其中不包含一點真理，絕不可能欺騙到那麼多的人，不可能使信奉仁慈、合宜體系的人們感到那麼恐懼和驚慌。

某個自然哲學體系，表面看來似乎非常有理，且會在很長一段時期內為世人所普遍接受，但其實際上根本沒有堅實的基礎，與真理相距十萬八千里。

笛卡兒旋風就被富有智慧的日爾曼民族在將近一個世紀的時間看成是關於天體演化的最成功的說明。

但是，已經有人證明—且這個證明為所有人信服—有關那些奇妙結果的虛假原因，不僅實際上不存在，且根本不可能有，即使它們存在，也不可能產生這樣的結果。道德哲學體系與自然哲學體系完全不同。

一個口口聲聲想要解釋人類道德情感起源的哲學家不可能如此惡劣地欺騙人類，也不會離譜到背離真理的荒唐程度。

　　當一個旅行者向我們描述某個遙遠國度的情況時，他很可能會利用我們輕信別人的心理，把他毫無根據的、極其荒唐的虛構，天花亂墜地說成是非常可靠的事實。

　　但是，當一個人慌慌張張地告訴我們朋友發生了什麼事情，告訴我們教區什麼地方發生了什麼事情時。

　　雖然我們對周邊環境非常熟悉，但如果因為過於粗心而不用自己的眼睛去察看一下事情的真相或仔細思考時，他就可能成功地欺騙我們。

　　然而，即使是最大的謊言也必須與真相有些微的相像之處，甚至其中必須有相當多的事實元素。

　　一個研究自然哲學的物理學家—他聲稱要指出宇宙間許多重大現象的起源—宣示要對一個海外國家所發生的事情進行科學的說明，對於這些問題，他盡可以隨心所欲地告訴我們，只要他的敘述能保持在有可能的界限之內，就會贏得我們的信任與欣賞。

　　但是，若他只是向我們解釋感情和慾望產生的原因、人類贊同和不贊同的情感產生的原因時，或當他不僅提到我們居住的教區中的事情，或是提到關於我們自己的種種事情時，雖然我們也很可能像把一切都託付給某個欺騙自己的傭人的懶惰主人一樣，很可能上當受騙。

　　但我們還是不可能會忽略任何與事實毫無關係的說明。文章起碼得有充分根據，就是誇張過度的文章也要以某些事實為依據。

　　否則，欺騙很容易就會被識破，甚至人們只是大概的瀏覽都會找出錯誤。在最沒有判斷力和最缺乏經驗的讀者看來。

　　如果一個作者想把某種本性作為任何天然情感產生的原因，

而這種本性既與情感的原因沒有任何聯繫，也沒有什麼特別值得稱道的本質，這個作者就是一個荒唐可笑的人。

(END)

Meditations
一位古羅馬皇帝的人生獨白與智慧

原著／馬可·奧里略（Marcus Aurelius）

這部鉅著是古羅馬皇帝奧理略自我反省與心靈探索的精華，是他對人類有史以來所進行的最偉大的心靈交流記錄。他是一個比他的帝國更完美的人，然而，他的勤奮工作並沒有挽救古羅馬，但是他的《沉思錄》卻成為西方歷史上最感人的偉大名著。

透過樸素而又發人深省的睿智話語
讀《沉思錄》可以吸取先賢的智慧，感悟反省。
讓《沉思錄》洗滌沾滿塵埃的心靈，引領人生。
有史以來最偉大的作品之一，美國前總統柯林頓，英國前首相布雷爾，
法國前總統密特朗，二戰時期英國首相邱吉爾等國際領導人都在看的枕邊書。

新譯
中文版

沉思錄：讀了一百年還要再讀一百年的書
NT:270

國家圖書館出版品預行編目 (CIP) 資料

普通人都可以讀的道德情感論 / 亞當 . 斯密 (Adam
Smith) 原著 ; 邱益群譯 . -- 初版 . -- 臺北市 : 華志文
化事業有限公司 , 2022.03
　　面 ;　　公分 . -- (世界名家名譯 ; 9)
譯自 : The theory of moral sentiments.
ISBN 978-626-95495-8-0(平裝)
1.CST: 倫理學
190.1　　　　　　　　　　　111000350

日C系列／／世界名家名譯09

書名／／普通人都可以讀的道德情感論（The Theory of Moral Sentiments）

華志文化事業有限公司

原　　著　亞當・斯密（Adam Smith）英

編　　譯　邱益群

執　行　編　輯　簡煜哲

美　術　編　輯　楊雅婷

封　面　設　計　王志強

企　劃　執　行　張淑琴

社　　長　黃志中

總　編　輯　楊凱翔

出　版　者　華志文化事業有限公司

電子信箱　theway.a1688@msa.hinet.net

電　話　0937075060

地　　址　116 台北市文山區興隆路四段九十六巷三弄六號四樓

印　製　排　版　辰皓國際出版製作有限公司

總　經　銷　商　旭昇圖書有限公司

地　　址　235 新北市中和區中山路二段三五二號二樓

電　　話　02-22451480

傳　　真　02-22451479

郵　政　劃　撥　戶名：旭昇圖書有限公司（帳號：12935041）

出　版　日　期　西元二○二二年三月初版第一刷

書　　號　C409

Printed In Taiwan

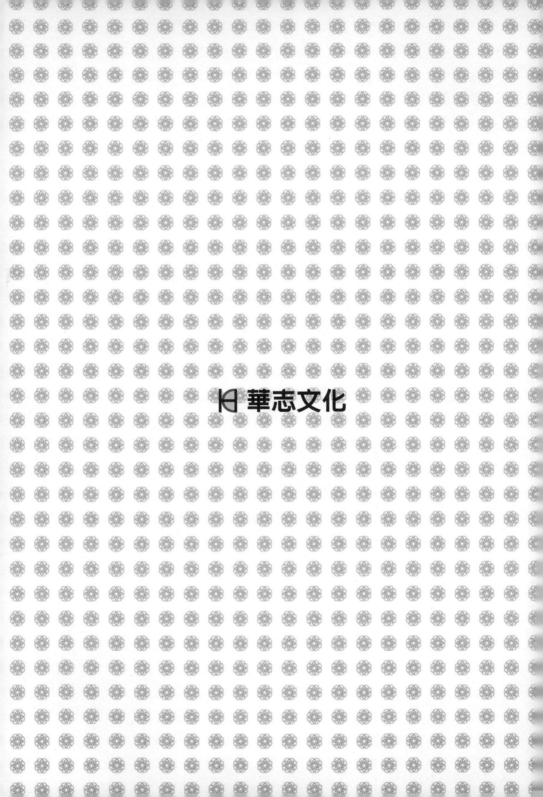